단기간 지텔프 점수가 필요하다면?

시원스쿨 지텔프 기출 시리즈

지텔프 공식 기출 문제집

G-TELP KOREA가 제공한
2022년 최신 공식 기출문제 7회분

지텔프 기출 보카

기본 단어 1,500개 총정리
기출문장을 활용한
30일 완성 필수 어휘 학습서

지텔프 기출 문법

최신 기출 포인트를 23개로
정리하여 문법 출제 패턴과
정답 공식을 빠르게 학습

지텔프 기출 독해

기출 7회분 포함 총 13회분
문제 풀이 전략 및
필수 패러프레이징 제공

지텔프 기출 청취

기출 7회분 포함 총 9회분
65점 이상 목표 필수 도서
노트테이킹 집중 연습까지

2022 지텔프 공식

기출문제+인강 0원 환급반

기초부터 실전까지 최신 기출로 최단기 목표점수 달성

* 환급조건 : 연속 출석 60일 + 목표성적 달성 성적표 + 2년 이내 목표점수 미달성 내역 + 수강후기 작성
* 환급반별 기준 상이, 제세공과금/교재비 등 제외, 자세한 사항은 유의사항 참고

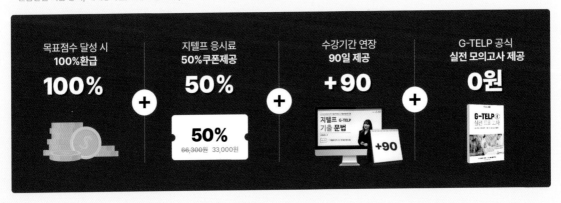

목표점수 달성 시 100%환급		지텔프 응시료 50%쿠폰제공		수강기간 연장 90일 제공		G-TELP 공식 실전 모의고사 제공
100%	+	50%	+	+90	+	0원

SIWONSCHOOL

지텔프

LEVEL 2

최신 기출 유형

문법 모의고사

문제지: TEST 1~12

시원스쿨 **LAB**

2주 완성 문법 고득점 필수 기본-실전서

SIWONSCHOOL

지텔프
LEVEL 2
최신 기출 유형
문법 모의고사

문제지: TEST 1~12

목차

GRAMMAR SECTION

DIRECTIONS:

The following items need a word or words to complete the sentence. From the four choices for each item, choose the best answer. Then blacken in the correct circle on your answer sheet.

Example:

The boys _____ in the car.

(a) be
(b) is
(c) am
(d) are

The correct answer is (d), so the circle with the letter (d) has been blackened.

ⓐ　ⓑ　ⓒ　●

NOW TURN THE PAGE AND BEGIN

1. *Friends* is a sit-com starring several well-known actors. It aired on NBC from 1994 to 2004, lasting 10 seasons. The whole season _____ since its final episode aired. It is still one of the most popular shows on television.

    (a) is continually rerunning
    (b) continually reruns
    (c) has continually been rerunning
    (d) would have continually rerun

2. An increase in visitors left the national park in poor condition. The park authorities recommended that it be temporarily closed to visitors, so its trails _____ regain their natural beauty. After one year of being closed, it is now as scenic as it ever was.

    (a) will
    (b) could
    (c) must
    (d) should

3. Recently, scientists proposed a design for a telescope ten times more powerful than any currently in existence, capable of capturing images of distant galaxies. If they successfully developed the telescope, it _____ our understanding of the universe.

    (a) is changing
    (b) changes
    (c) will have changed
    (d) could change

4. David is excited about his favorite rock band's concert next month. Before buying the ticket, his parents reluctantly allowed him to go to the concert because he agreed _____ home no later than 10 P.M.

    (a) to come back
    (b) coming back
    (c) will be coming back
    (d) to have come back

5. Certain foods are held in different regards in various regions of the world. For instance, in the United Kingdom, Spam is considered a cheap junk food. _____, this canned cooked pork is appreciated throughout Asia and used in several popular dishes.

    (a) Actually
    (b) On the other hand
    (c) In other words
    (d) Finally

6. Gill has had a bad week at work. On Monday, she _____ important contracts in her office when she knocked over her coffee cup. Unfortunately, the coffee spilled out and ruined all of the documents.

    (a) has been preparing
    (b) prepares
    (c) prepared
    (d) was preparing

7. Greta's husband has been putting off painting the rooms in their house for months. Today, he said he was too tired to paint the bedroom. Frustrated, Greta demanded that he at least _____ the living room walls.

    (a) paints
    (b) paint
    (c) will paint
    (d) is painting

8. A team of British healthcare experts developed an advertisement to highlight the dangers of tobacco smoke. The innovative commercial had been designed _____ people of all ages from smoking.

    (a) discouraging
    (b) having discouraged
    (c) to discourage
    (d) to have discouraged

9. Shawn has always wanted to have a guitar. So when his brother bought one for him this morning, he couldn't stop trying to learn songs on it. He _____ the guitar in his bedroom for six hours by the time dinner is ready.

    (a) plays
    (b) will be playing
    (c) had played
    (d) will have been playing

10. To encourage staff motivation, the company is offering a reward to the most successful call center team. The team _____ by the end of the week wins a paid day of vacation.

    (a) when it achieves the most telephone sales
    (b) whose the sales are achieved most
    (c) that achieves the most telephone sales
    (d) how it achieves the most telephone sales

11. The host of the awards ceremony made some inappropriate comments during his opening monologue. His remarks offended many of the event attendees. No one _____ if only the speaker had stuck to his planned speech.

    (a) would have been upset
    (b) is upset
    (c) had been upset
    (d) would be upset

12. The Curvier's Beaked Whale can remain underwater for more than two hours at a time. However, being a mammal that requires breathable oxygen, it _____ surface regularly to survive, which is why it is sometimes spotted around the bay area.

    (a) can
    (b) must
    (c) would
    (d) might

13. Since I've had a lot of muscle and joint pain recently, Maria recommended that I sign up for a yoga class. I _____ them at my local gym as soon as I am finished working on my current work assignment.

(a) attended
(b) have attended
(c) will be attending
(d) am attending

14. At several points during the past year, the company took out full-page advertisements in local newspapers. They typically run these ads _____ they want to promote brand new products or services.

(a) whenever
(b) unless
(c) until
(d) while

15. Steve owns shares in a company that is doing poorly. He's reluctant to sell the shares in case the company's financial standing improves. If I were him, I _____ the shares, regardless of the consequences.

(a) will be selling
(b) would sell
(c) am selling
(d) had sold

16. One of the world's most well-known entrepreneurs is also one of its most reclusive. Silas Ashmore, _____, lives in a small home in a remote region of Wyoming, and is seldom seen in public.

(a) that established the environmental organization Worldcare
(b) when he established the environmental organization Worldcare
(c) which established the environmental organization Worldcare
(d) who established the environmental organization Worldcare

17. Laura never leaves things to the last minute, so she prepares for her exams well in advance. Right now, she _____ her biology textbooks even though the exam is two months away, and she revised her chemistry notes last week.

(a) has been studying
(b) is studying
(c) studies
(d) had studied

18. In our city, bikes are not allowed on public walkways. In fact, a law passed in 2015 prohibited _____ bicycles on sidewalks. Since there are many designated cycle paths on roads, cyclists should use them at all times.

(a) to ride
(b) having ridden
(c) riding
(d) to be riding

19. Unlike my sister, I don't have a well-paying job. I just work part-time as a waitress, and I struggle to get interviews for better jobs. If only I had the same academic qualifications as my sister, perhaps I _____ more job opportunities.

(a) would have
(b) will be having
(c) have had
(d) would have had

20. Peter Jenkins is a former member of a jazz band who is renowned for his musical ability as a saxophonist. He _____ with the Birchmore Quartet for 35 years before retiring to spend time with his family.

(a) will perform
(b) performs
(c) was performing
(d) had been performing

21. Ever since Fred read an article about rare bird species, he has been fascinated by birds. He even saved up his pocket money to buy a pair of binoculars, so he can enjoy _____ every weekend when he visits the local park.

(a) birdwatching
(b) to birdwatch
(c) having birdwatched
(d) to be birdwatching

22. People who have fallen unconscious typically will not breathe properly, increasing the risk of a lack of oxygen reaching the brain. As such, it's crucial that one quickly _____ cardiopulmonary resuscitation, commonly referred to as CPR, while administering rescue breaths.

(a) attempt
(b) attempts
(c) will be attempting
(d) is attempting

23. Mr. Grant's house was severely damaged by a tornado while he was with family members in a neighboring town. Luckily, his neighbor knew that a serious storm was coming and warned Mr. Grant. He then broke into the house _____ Mr. Grant's dog that was panicking inside.

(a) saving
(b) having saved
(c) to save
(d) that save

24. More than ten thousand people died during the Ebola outbreak in Western Africa between 2013 and 2016. Several researchers worked together to develop vaccines to stop the spread of the disease. The death toll would have been even higher if the researchers _____.

(a) do not collaborate
(b) have not collaborated
(c) have not been collaborating
(d) had not collaborated

25. The Air Wave ear buds could initially only be used with specific MP3 players and mobile phones. Electronic engineer Chuck Harmon suggested _____ the design of the ear buds, making them compatible with more devices.

(a) altering
(b) to alter
(c) having altered
(d) to have altered

26. The singer of the band had to end the concert suddenly because of his high blood sugar. He didn't take his insulin, even though he felt faint before going on stage. Had he taken his medication, he _____ the performance.

(a) would probably finish
(b) will probably be finishing
(c) would probably have finished
(d) had probably finished

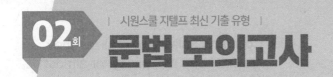
GRAMMAR SECTION

DIRECTIONS:

The following items need a word or words to complete the sentence. From the four choices for each item, choose the best answer. Then blacken in the correct circle on your answer sheet.

Example:

The boys _____ in the car.

(a) be
(b) is
(c) am
(d) are

The correct answer is (d), so the circle with the letter (d) has been blackened.

ⓐ ⓑ ⓒ ●

NOW TURN THE PAGE AND BEGIN

1. Hungarian doctor Ignaz Semmelweiss discovered the importance of handwashing among medical staff accidentally. He _____ patients in a maternity ward when he noted that those who had been touched by autopsy physicians were more likely to develop infections.

   (a) has examined
   (b) was examining
   (c) examine
   (d) is examining

2. Ben's wife is not speaking to him because he forgot to buy her a gift for their anniversary. If I were him, I _____ and take her out for an expensive, romantic meal.

   (a) would have apologized
   (b) apologized
   (c) will be apologizing
   (d) would apologize

3. The Soviet Union's Foreign Minister, Vyacheslav Molotov, encouraged collaboration with Western nations. In a memorandum to the Soviet presidium, he proposed that the USSR _____ the North Atlantic Treaty Organization, an intergovernmental military alliance, established after World War II.

   (a) join
   (b) joins
   (c) will join
   (d) is joining

4. Colin and Sally have realized they haven't been on holiday for almost 10 years, and they want to see more of the world. Colin recommended _____ their family members in Canada, but Sally thinks it would be better to take a trip somewhere more exotic.

   (a) visited
   (b) having visited
   (c) visiting
   (d) to have visited

5. In 2010, an earthquake caused catastrophic damage to Port-au-Prince, the capital and most populous city of Haiti. Many charities and international organizations donated money _____ restore the city to its original state.

   (a) to help
   (b) helping
   (c) to have helped
   (d) having helped

6. With the sun coming out for the first time in about two weeks, my two sons decided to spend the day outdoors at the tennis courts. They _____ for five hours straight by the time I pick them up.

   (a) will be playing
   (b) will have been playing
   (c) would have played
   (d) had been playing

7. Last week, I took my car to my first Classic Cars event. Here is a photograph that a local reporter took to show off some of the classic vehicles showcased at the event. The Corvette _____ is my car.

(a) what has a blue stripe painted along its side
(b) when a blue stripe is painted along its side
(c) how a blue stripe is painted along its side
(d) that has a blue stripe painted along its side

8. Robert sometimes uses strong chemicals to restore valuable brass and bronze antiques. However, this _____ not be done indoors. The fumes from the chemicals are highly toxic and can irritate people's eyes and throats in enclosed spaces.

(a) might
(b) could
(c) should
(d) would

9. Ever since Edward's grandmother got him interested in world history, he has been trying to read new books on historical events every week. Right now, he _____ the library for books about the Industrial Revolution.

(a) is scouring
(b) scours
(c) will scour
(d) has been scouring

10. Lindsey Vonn is a former alpine ski racer, who won three Olympic medals during her career. She officially retired in 2019 after around two decades of competition. She said that she _____ skiing if only she still had had the physical fitness for the sport.

(a) will continue
(b) has continued
(c) had continued
(d) would have continued

11. Justine was disappointed to see Lionel putting up a potentially offensive poster on the university's notice board. She demanded that he _____ before it upsets someone, or else she will tell the university's student services team about it.

(a) takes it down
(b) take it down
(c) would take it down
(d) will be taking it down

12. Research has conclusively shown the negative qualities of fatty foods. These include high salt and fat content, and a high number of artificial additives. _____, many people still eat fast food on a regular basis.

(a) Instead
(b) Furthermore
(c) Nevertheless
(d) Likewise

13. Harrison Ford's role in *Raiders of the Lost Ark* was initially offered to Tom Selleck, but he was busy with another role. If Selleck had taken the role, Harrison Ford _____ one of the most popular actors in the world.

(a) will not have become
(b) had not become
(c) did not become
(d) would not have become

14. Edenburg Cardinals, one of the local baseball teams, called Mr. Howard yesterday to offer him a contract. He _____ with the board members tomorrow to discuss his potential role as the team's new coach.

(a) would meet
(b) will be meeting
(c) was meeting
(d) meets

15. Representatives of the late British Author Adrian Jacobs sued J.K. Rowling in 2011 for allegedly stealing ideas from one of his books for *Harry Potter and the Goblet of Fire*. Rowling denied _____ the author's writing, and she eventually won the lawsuit.

(a) plagiarizing
(b) to have plagiarized
(c) to plagiarize
(d) plagiarize

16. I was walking along the sidewalk when an old man crossing the road tripped and fell. I quickly approached him _____ if he was injured. Luckily, apart from a grazed elbow, he was fine.

(a) to have checked
(b) checking
(c) to check
(d) having checked

17. Over several centuries, the Chinese imperial system assumed several defining characteristics. After the death of Gaozu, _____, the system retained these characteristics until it was overthrown in the early 20th century.

(a) that was the first emperor of China's Han dynasty
(b) what was the first emperor of China's Han dynasty
(c) why he was the first emperor of China's Han dynasty
(d) who was the first emperor of China's Han dynasty

18. Many people I know believed in Santa Claus when they were children. When I was young, I thought that I would get extra gifts from Santa if I _____ a cookie and a glass of milk out for him on Christmas Eve.

(a) leave
(b) left
(c) would leave
(d) will leave

19. When Steven was a younger man, he was proud of how good his long-distance vision was. Now that he's almost 50, he _____ not even read a car's license plate from more than 20 meters away.

(a) can
(b) may
(c) should
(d) might

20. The Office of the Belgian Royal Family issued a new policy that must be followed during all official meetings between royals and government officials. According to the rule, each person in attendance is required _____ while a member of the royal family is introduced.

(a) stands
(b) to stand
(c) standing
(d) to have stood

21. Jason was already 20 minutes late for his job interview when he remembered it was taking place, so he had to call up to apologize. He _____ if he had added the event to his online calendar.

(a) will be remembering
(b) had remembered
(c) would remember
(d) would have remembered

22. The overthrowing of the Spanish government by General Franco sparked the bloody Spanish Civil War. Apparently, rebel army officers _____ the coup for months while a leftist coalition sought to win the Spanish elections.

(a) have been plotting
(b) are plotting
(c) had been plotting
(d) would have plotted

23. The CEO of a pharmaceutical firm has been criticized for a significant price hike of a common pain medication. In a statement to the press, the chief executive justified _____ the price by saying that the costs of research and development had recently tripled.

(a) increasing
(b) to be increasing
(c) to increase
(d) to have increased

24. Visiting Mount Agung is a highly recommended activity for those traveling to Indonesia. Tour groups typically set off at around three in the morning _____ the group members can enjoy the sunrise from the top of the mountain.

(a) although
(b) so that
(c) but otherwise
(d) as soon as

25. Standing at more than two meters in height, Ryan is used to people saying amusing things about how tall he is. If he had had a nickel for every time someone commented on his height, he _____ a millionaire now.

(a) will be
(b) is
(c) would be
(d) would have been

26. Countless African artifacts were stolen by colonizing nations and are now displayed throughout Europe. Several African countries _____ the return of the artifacts to their respective nations for more than a century now.

(a) had demanded
(b) demand
(c) were demanding
(d) have been demanding

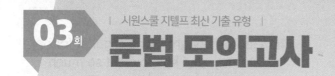

GRAMMAR SECTION

DIRECTIONS:

The following items need a word or words to complete the sentence. From the four choices for each item, choose the best answer. Then blacken in the correct circle on your answer sheet.

Example:

The boys _____ in the car.

(a) be
(b) is
(c) am
(d) are

The correct answer is (d), so the circle with the letter (d) has been blackened.

ⓐ ⓑ ⓒ ●

NOW TURN THE PAGE AND BEGIN

1. Evie only buys gourmet food and never purchases cheaper items manufactured by grocery store chains. If she were more like her economical brother, own-brand supermarket products _____ sufficient for her.

   (a) would be
   (b) will be
   (c) are
   (d) would have been

2. It's already 2 A.M., and Rose is still drinking and dancing with her friends at a nightclub. By the time she leaves when the club closes at 3, she _____ for more than 10 hours.

   (a) would party
   (b) has been partying
   (c) will have been partying
   (d) is partying

3. Nimsdai Purja, fearless Nepalese mountain climber, summited many of the tallest mountains in the world. _____, He was featured in a documentary titled *14 Peaks: Nothing is Impossible* in 2021.

   (a) Instead
   (b) Besides
   (c) Otherwise
   (d) On the other hand

4. George bought Elena a guitar for her birthday, and she loves it so much that she can't put it down. Even though her fingers are already sore, Elena can't stop _____ chords.

   (a) to practice
   (b) to have practiced
   (c) having practiced
   (d) practicing

5. Gina had a sore throat but decided not to take any cough syrup before hosting the seminar. As a result, she coughed a lot. If she had taken some medicine, she _____ more clearly during the event.

   (a) was speaking
   (b) spoke
   (c) would have spoken
   (d) would speak

6. Despite ending in 1998, the American sitcom *Seinfeld* is still a popular TV show. Currently, many channels _____ it on a regular basis, even though there is no shortage of modern sitcoms.

   (a) broadcasted
   (b) has been broadcasting
   (c) will be broadcasting
   (d) are broadcasting

7. Ryan Kang won several music awards and gained a wide variety of new fans over the past year. As a result, the pop singer is expected _____ a new album targeted at a wider audience.

(a) to release
(b) releases
(c) to have released
(d) releasing

8. Seemingly minor symptoms can quickly lead to serious gum disease. Medical professionals said that it is important that people _____ a dentist when they notice any sensitivity or pain in their gums.

(a) visit
(b) to visit
(c) is visiting
(d) will visit

9. Matthew is moving to Spain tomorrow to start a new job. So if you want to see him to wish him farewell, you'd better meet him this evening as he _____ at 10 in the morning.

(a) has been leaving
(b) will be leaving
(c) had left
(d) would have left

10. Sheena's temporary office building has a free gym for all workers. However, Sheena isn't interested in working out and would rather watch TV shows during her lunch break. If I were her, I _____ my physical fitness while I have the chance.

(a) would improve
(b) am improving
(c) would have improved
(d) will improve

11. Gary Connor frequently produces films to highlight important environmental issues. In fact, a recent article states that his production company _____ provide financing for a documentary on renewable energy next month.

(a) can
(b) should
(c) will
(d) must

12. Magnus Carlsen is the reigning five-time World Chess Champion. He holds the record for the longest unbeaten run at the elite level in classical chess. The reason for his unmatched skill is that he _____ the game since he was 5.

(a) were playing
(b) would have played
(c) will have played
(d) has been playing

13. Rachel always washes the dishes and cleans the apartment. She does this because her roommate promises _____ her dinner if she does most of the housework.

(a) to have bought
(b) to buy
(c) buying
(d) have bought

14. A popular Hollywood actress recently donated one million dollars to an organization planning to develop a local children's park. She said she hoped that her contribution _____ be enough to make the project a success.

(a) would
(b) shall
(c) must
(d) might

15. A fire drill took everyone by surprise at our factory yesterday. Many staff members _____ work when the alarm sounded. Some panicked about the alarm, thinking that there was a real emergency, but most followed the evacuation procedure calmly.

(a) are just starting
(b) just started
(c) would just start
(d) were just starting

16. With several managers currently overseas attending a training seminar, our assistant manager Reece has temporarily been assigned the position of office manager. His new role includes _____ all employees at our headquarters.

(a) to supervise
(b) supervising
(c) having supervised
(d) to be supervising

17. Oil companies say that our natural oil reserves should last for another fifty years. However, if demand for oil-based products were to increase, natural oil _____ even sooner.

(a) will surely be depleted
(b) would have been surely depleted
(c) would surely be depleted
(d) is surely depleted

18. Craig is a talented painter, despite his lack of formal artistic training. All of the landscapes he paints turn out to be stunning. That is why his mother is strongly encouraging him _____ art at college.

(a) studies
(b) to study
(c) studying
(d) to be studying

19. Mike wanted to propose to Natalie in a fancy location. So he booked a 3-night stay at Ash Hills, _____, in the hopes that she will agree to marry him.

(a) whose resort is the most luxurious in the region
(b) which is the most luxurious resort in the region
(c) who is the most luxurious resort in the region
(d) where the most luxurious resort in the region is

20. Television actress Betty Raines recently won an Entertainment Weekly award for her role as a doctor in *Boston Medical*. It was just another award for her though, because before that, she _____ awards consistently for the past three months.

(a) had been winning
(b) wins
(c) would have won
(d) was winning

21. Our condominium manager, Lance, has been given a breakdown of all necessary building repairs. To keep tenants informed, he recommended that a list of all upcoming repairs _____ to each building resident.

(a) to provide
(b) be provided
(c) will be provided
(d) is provided

22. We were all surprised when Peter joined a new gym. Previously he had told us that he would never consider _____ for a gym membership because he loves working out at home so much.

(a) to sign up
(b) sign up
(c) having signed up
(d) signing up

23. Recently, many people have started using subways and buses more frequently in large cities. They say that public transportation makes them save their time and money _____ they can commute to and from work without worrying about parking and the parking fee.

(a) while
(b) though
(c) since
(d) whenever

24. Craig's soccer team did not advance to the semi-finals of the National Cup last year because many important players were injured. If the team had only been at full strength, they _____ the semi-finals.

(a) would have reached
(b) would reach
(c) are reaching
(d) had reached

25. Jenna's most prized possession is an autographed band T-shirt. She says that she got the shirt signed by a girl group member named Leah Long, _____.

(a) that was her favorite Summer Girls singer
(b) whose favorite Summer Girls singer was
(c) who was her favorite Summer Girls singer
(d) which favorite Summer Girls was a singer

26. Matthew got into a car accident during his business trip while he was driving a rented car. If he _____ insurance when renting a car, he wouldn't have had to pay for all the damage.

(a) just purchased
(b) had just purchased
(c) was just purchasing
(d) will just purchase

GRAMMAR SECTION

DIRECTIONS:

The following items need a word or words to complete the sentence. From the four choices for each item, choose the best answer. Then blacken in the correct circle on your answer sheet.

Example:

The boys _____ in the car.

(a) be
(b) is
(c) am
(d) are

The correct answer is (d), so the circle with the letter (d) has been blackened.

ⓐ ⓑ ⓒ ●

NOW TURN THE PAGE AND BEGIN

1. As soon as Jason got home, he was excited to tell someone what he had seen while walking in the park. He told his father that he caught sight of a beautiful swan swimming while he _____ around the pond.

   (a) had been strolling
   (b) was strolling
   (c) strolling
   (d) would be strolling

2. Large corporations often require employees to attend training workshops to improve their spirit of teamwork. Nonetheless, some workers say that they are having trouble _____ along with their coworkers.

   (a) getting
   (b) to be getting
   (c) having gotten
   (d) to get

3. When wind is impeded by large geographical features, its strength is diminished. While wide open plains are often very windy, places _____ generally experience less wind.

   (a) that are situated near tall mountain ranges
   (b) who are situated near tall mountain ranges
   (c) where tall mountain ranges are situated near
   (d) when situated near tall mountain ranges

4. Jane missed the midnight countdown to New Year because she accidentally fell asleep at around 11 P.M. If only she had not been so tired, she _____ late to enjoy the countdown with her friends.

   (a) had stayed up
   (b) could stay up
   (c) would be staying up
   (d) could have stayed up

5. Sasha always cooks amazing new meals, but she never seems to be able _____ them the same way twice. She thinks she should write down her recipes on paper instead of trying to remake them from memory.

   (a) makes
   (b) to make
   (c) making
   (d) to be making

6. Last week, the COO of Lentz Manufacturing announced his resignation, with immediate effect. He _____ to take on the role of CEO until allegations of financial irregularities forced him to step down from his role.

   (a) has actually planned
   (b) was actually planning
   (c) had actually been planning
   (d) would have been actually planned

7. Clutch control exercises are useful to anyone who practices driving. By successfully understanding the clutch and gas pedals, a new driver learns _____ a vehicle effectively using both feet together.

(a) to have controlled
(b) controlling
(c) to control
(d) having controlled

8. Eight Manchester United players lost their lives in the Munich Air Disaster in 1958. Soccer fans often wonder what these players _____ in their later careers had they survived the crash.

(a) will be accomplishing
(b) had accomplished
(c) would accomplish
(d) would have accomplished

9. The interior decorators turned up at Ms. Linton's home at 10 A.M. When they arrived, she made them each a cup of tea and told them that she _____ in her living room if they have any questions.

(a) is exercising
(b) will be exercising
(c) exercises
(d) would exercise

10. A loud sound woke Trevor up in the middle of the night. He turned on the bedroom light and saw his door shut tight. It _____ have closed due to a gust of wind coming in through the window.

(a) must
(b) would
(c) can
(d) shall

11. Some people are lucky enough to win millions of dollars by playing the lottery. If I _____ one who won the lottery, I would donate a large amount to charity and spend the rest on my family.

(a) am
(b) were
(c) had been
(d) will be

12. Many people are under the impression that sales only revolves around product promotion. However, top sales representatives often point out that their job also involves _____ other strategies such as rapport building and conflict resolution.

(a) incorporating
(b) having incorporated
(c) to be incorporating
(d) to incorporate

13. Dieters may sometimes feel they are struggling to lose body fat as effectively as they once were. Once a person _____ for a while, a plateau period occurs, which can be overcome with the addition of exercise.

(a) is dieting
(b) will have been dieting
(c) has been dieting
(d) diets

14. Nancy and her husband are planning to do something special on Saturday and Sunday. Her husband has suggested they attend the Martin Scorsese Movie Festival at Atlus Theater, _____ all weekend.

(a) that the famous director's best movies will be showing
(b) which the famous director's best movies will be showing
(c) whose famous director's best movies will be showing
(d) where the famous director's best movies will be showing

15. Some vital medical tools run on batteries, and a life-threatening situation could occur if they lose power unexpectedly. It is therefore recommended that the users _____ spare batteries before they expire.

(a) carry
(b) are carrying
(c) have carried
(d) will be carrying

16. Gavin waited outside the concert venue for an hour in the hopes he could get the band members' autographs, but he eventually gave up. If Gavin had only waited a few more minutes, he _____ the band's lead singer as she exited the venue.

(a) would meet
(b) would have met
(c) had met
(d) met

17. Brian was in a long line for an amusement park ride when he suddenly had to go to the toilet. He asked the woman in front of him if she wouldn't mind _____ his place until he got back.

(a) to be watching
(b) having watched
(c) watching
(d) to watch

18. John Jacob Astor was a renowned businessman and patron of the arts. _____, at the time of his death in 1848, he was the wealthiest individual in the United States.

(a) Hence
(b) Likewise
(c) As a result
(d) In addition

19. The biodiversity of a given region is largely dependent on the interactions between various species in a food web. Therefore, if one species suddenly vanished, the food web _____, greatly affecting the biodiversity of the region.

(a) will completely be breaking down
(b) have completely broken down
(c) would have completely broken down
(d) would completely break down

20. Hearing my grandmother play the piano sparked my interest in the musical instrument and it prompted me to sign up for a series of piano classes. By the time I complete the course, I _____ piano for nine months.

(a) will be learning
(b) have been learning
(c) will have been learning
(d) would be learning

21. At my previous company, new employees did not receive formal contracts on their first day of work. The workers were not officially hired _____ they finished a mandatory one-month probationary period.

(a) until
(b) since
(c) unless
(d) as long as

22. Some of the most beautiful temples in the world are located on mountain peaks. Most of these temples are too difficult to visit because of the steep, rocky terrain. If they included easily accessible footpaths, tourists _____ there.

(a) could probably travel
(b) can probably be traveling
(c) would have probably traveled
(d) have probably traveled

23. Some charitable organizations offer people the privilege of "adopting" an animal that is an endangered species. However, it is important that the public _____ that these animals are not always cared for properly.

(a) is aware
(b) has been aware
(c) will be aware
(d) be aware

24. Stefan's landscaping proposal aims to improve the appearance of the park outside City Hall. Currently, he _____ the layout of the flowerbeds, which consist of both roses and peonies.

(a) will be designing
(b) is designing
(c) designs
(d) has designed

25. Mr. Dillon hadn't decided whether to leave work early for his dental appointment or stay at the office to meet the new company clients. After he heard that the meeting was postponed to tomorrow, he informed his dentist that he _____ attend the appointment today.

(a) should
(b) must
(c) will
(d) may

26. A lingerie advertisement displayed on billboards in Italy caused controversy in 2014. The ad was blamed for an increase in road traffic accidents, and many advertising agencies were forced _____ it.

(a) removing
(b) to remove
(c) to be removing
(d) to have removed

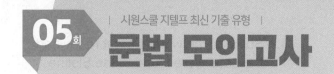

GRAMMAR SECTION

DIRECTIONS:

The following items need a word or words to complete the sentence. From the four choices for each item, choose the best answer. Then blacken in the correct circle on your answer sheet.

Example:

The boys _____ in the car.

(a) be
(b) is
(c) am
(d) are

The correct answer is (d), so the circle with the letter (d) has been blackened.

ⓐ ⓑ ⓒ ●

NOW TURN THE PAGE AND BEGIN

1. Marcus often asks me to go out for dinner with him and his friends. I never accept his invitation because I'm always really busy at work. For sure, I _____ dinner with them if I weren't so overworked.

   (a) am having
   (b) would have
   (c) would have had
   (d) will be having

2. Requiring that hard hats and safety goggles are worn at all times by construction workers is necessary to ensure the safety of all people working on the building site. This regulation prevents _____ situations that can lead to serious injury.

   (a) to encounter
   (b) having encountered
   (c) encountering
   (d) being encountered

3. Several factory owners in Pittsburgh once disposed of waste illegally despite risking heavy penalties. To avoid paying waste disposal fees, they used to dump waste into a nearby river. This practice _____ for decades until it was detected by health inspectors.

   (a) had been continuing
   (b) continues
   (c) would have continued
   (d) are continuing

4. Some of the world's most renowned frescoes were found in the Sistine Chapel in the Vatican Palace. Despite their age, the fresco scenes from the Old Testament, _____ more than five centuries ago, are still in excellent condition today.

   (a) when it was painted
   (b) that were painted
   (c) who were painted
   (d) which were painted

5. A person who is learning to play chess should not avoid complex strategies. To become a more well-rounded player, it is advisable that one _____ these strategies by studying historical matches and practicing diligently.

   (a) acquired
   (b) will acquire
   (c) acquires
   (d) acquire

6. A lady in Sussex missed an opportunity to earn half a million pounds because she was unaware of the true value of a vase she was selling at an auction. If she had known about and declared the vase's historical significance, the bidder _____ her a higher amount.

   (a) was offering
   (b) offered
   (c) would have offered
   (d) would offer

7. The compact disc was by far the most popular medium for recorded music during the 1990s, accounting for more than 90 percent of music sales. _____, its popularity rapidly decreased when the first MP3 players were launched.

(a) However
(b) Instead
(c) Moreover
(d) Finally

8. Sandy will be visiting Byron Bay in July and hopes to stay at the Laguna Resort. Since the resort is normally very busy in summer, she _____ a room at the moment to ensure that she won't have to stay elsewhere.

(a) reserves
(b) has been reserving
(c) will reserve
(d) is reserving

9. Musical Chairs is a game in which players run around a row of chairs until the music stops. Then the participants must find places _____ before the one player left standing is eliminated from the game.

(a) to be sat
(b) to sit
(c) sitting
(d) having sat

10. Fiona gave herself food poisoning yesterday. Her brother said Fiona mistakenly ate an out-of-date chicken breast, which she thought was fresh. If only she had seen its expiration date, she _____ all weekend lying on her bed.

(a) wouldn't have spent
(b) wouldn't spend
(c) hadn't spent
(d) wasn't spent

11. Many corporations have been adopting new recruitment strategies since 2022. These approaches promote _____ diverse employees from a wide variety of cultural backgrounds. For example, companies strive to ensure that all ethnicities are equally represented.

(a) having hired
(b) to hire
(c) hiring
(d) to be hiring

12. Twisted ankles can heal faster if they are treated properly. First, it is crucial that an ice pack _____ over the affected area. Then, after around 15 minutes, tightly wrap the ankle with medical bandages.

(a) have been applied
(b) applies
(c) will be applied
(d) be applied

13. Last month, a local theater in Seoul announced a new rule in efforts _____ that there are no distractions during performances. This new policy requires that the audience not bring outside food and drink in the theater.

(a) to have ensured
(b) will ensure
(c) ensuring
(d) to ensure

14. A wind turbine does not require an electrical power supply in order to function. Its blades _____ constantly once the wind becomes strong enough to move them.

(a) would turn
(b) will be turning
(c) would have turned
(d) have been turning

15. Homeowners should always take appropriate action if their home has termites. Although they do not carry any diseases that are harmful to humans, these insects look for wooden structures _____, which damages the structural integrity of a home.

(a) to gnaw
(b) to be gnawing
(c) gnawing
(d) having gnawed

16. When driving to any destination, a delivery driver must always use a satellite navigation system to plan the route efficiently. Using this beneficial device _____ significantly reduce travel time.

(a) can
(b) must
(c) shall
(d) might

17. Rebecca has brought a homemade carrot and almond cake to Frank's birthday party. However, she wasn't aware that he was allergic to nuts. If only Frank did not have food allergies, he _____ the dessert.

(a) is enjoying
(b) would have enjoyed
(c) will be enjoying
(d) would enjoy

18. Since it was founded, the British Academy of Film and Television Arts (BAFTA) has been hosting the BAFTA Film Awards. The organization _____ more than 1,000 awards by the time it turns 75.

(a) has been presenting
(b) will have been presenting
(c) had been presenting
(d) is presenting

19. Spider silk is known for its strength and durability. It consists of a network of protein chains _____ in a tube-like arrangement. This silk is ideal for building complex webs and other structures.

(a) which they are firmly connected
(b) that are firmly connected
(c) who are firmly connected
(d) where they are firmly connected

20. Ed Sheeran started off as a busker before becoming a world-famous recording artist. He _____ the guitar in a subway station when a music producer heard him and offered him a recording contract on the spot.

(a) was playing
(b) had played
(c) will be playing
(d) is playing

21. My work schedule requires me to stay at the office until 7 P.M. on most nights, so I find it difficult to visit the gym these days. If I did not have to work so late every day, I _____ at the gym at least twice a week.

(a) worked out
(b) am working out
(c) would work out
(d) will work out

22. Lemon meringue pie is a delicious dessert that is surprisingly difficult to make at home. In fact, many aspiring bakers are fond of the pie and try _____ one in their own kitchens, but the results are often disappointing.

(a) to have baked
(b) to be baking
(c) having baked
(d) baking

23. Boracay is a scenic island in the Philippines that has long been a popular destination for tourists. Unfortunately, the government closed the island in 2018 and any tourists _____ the island since then.

(a) isn't visiting
(b) wouldn't have visited
(c) hasn't been visiting
(d) didn't visit

24. Virtual Reality (VR) involves advanced viewing headsets and motion-sensitive devices. This technology makes users feel _____ they are moving around inside a computer-generated world.

(a) although
(b) as if
(c) unless
(d) while

25. Cheryl always encouraged her friends to watch the films of Ben Wheatley. She believed that had more people watched Wheatley's films, he _____ as one of the world's greatest directors.

(a) would be considered
(b) was considered
(c) had been considered
(d) would have been considered

26. Goldfish require clean water and an environment that is free from waste. In fact, even water that is not changed for two days can be harmful to the fish. Installing an oxygen generator _____ be helpful, but it doesn't clean up the fish's excrement.

(a) might
(b) must
(c) should
(d) will

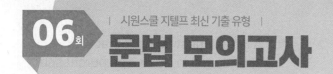

GRAMMAR SECTION

DIRECTIONS:

The following items need a word or words to complete the sentence. From the four choices for each item, choose the best answer. Then blacken in the correct circle on your answer sheet.

Example:

The boys _____ in the car.

(a) be
(b) is
(c) am
(d) are

The correct answer is (d), so the circle with the letter (d) has been blackened.

ⓐ   ⓑ   ⓒ   ●

NOW TURN THE PAGE AND BEGIN

1. After visiting a couple of tourist attractions, my tour bus broke down. The driver is urging that the passengers _____ seated so that they are ready to go as soon as the bus has been repaired.

    (a) remain
    (b) having remained
    (c) will be remaining
    (d) to remain

2. Several diners reported feeling sick after eating at Henley restaurant, but the proprietor accepted no responsibility. Suspicious, a health inspector recommended _____ a thorough investigation. Results showed that expired ingredients were being used.

    (a) having conducted
    (b) to conduct
    (c) conducting
    (d) to be conducting

3. Liza recently started a new job at an event planning agency. Before taking charge of its advertising department, she _____ first meet the company's other managers in order to be acquainted with all her new colleagues.

    (a) might
    (b) should
    (c) would
    (d) will

4. A large industrial park that was abandoned in 2010 was purchased by Guildford City Council last year. Currently, urban planners _____ rejuvenation and redevelopment strategies to convert the area and its buildings into an entertainment district.

    (a) consider
    (b) would have considered
    (c) will be considering
    (d) are considering

5. Electrical engineers were installing underground cables when they accidentally cut a power supply line. As a result, more than 500 homes in the area lost power. If the engineers had been more careful, they _____ the power cut.

    (a) would not have caused
    (b) will not be causing
    (c) have not caused
    (d) not cause

6. When MP3 players began generating buzz in the United States, Sony Electronics was skeptical at first about the trend. Accordingly, the company carried out a national consumer survey _____ if demand for such products would last.

    (a) to be ascertaining
    (b) having ascertained
    (c) ascertaining
    (d) to ascertain

7. The restaurant owners want to purchase heaters for the outdoor patio area to ensure that diners are warm enough. They plan on purchasing heaters _____ instead of electricity for reasons of convenience.

(a) what use fuel
(b) who use fuel
(c) that use fuel
(d) when using fuel

8. Colin started searching for accommodation for his trip to Spain. He liked the first hotel he checked out but chose to keep browsing. Three hours later, he _____ various rooms when he decided that the first hotel was the best choice.

(a) had still compared
(b) was still comparing
(c) would have still compared
(d) still compares

9. Lizzie did not pass the language proficiency test for her job application. Without studying, she failed to get the required score of 75%. If only she had been a bit more studious, she definitely _____ a passing grade.

(a) has attained
(b) attains
(c) will be attaining
(d) would have attained

10. An art collector recently claimed to be in the possession of a lost painting by the artist William Blake. However, not everyone is convinced it is the work of Blake. Art experts ask that the painting _____ to confirm its authenticity.

(a) be examined
(b) are examined
(c) will be examining
(d) being examined

11. A team of sailors set off across the Atlantic from Bermuda to Plymouth three days ago. They are supposed to reach their destination on Friday, but inclement weather will likely slow them down. They _____ for around six days by the time they actually arrive in Plymouth.

(a) sail
(b) would have sailed
(c) will have been sailing
(d) had been sailing

12. Pierluigi Casiraghi was a promising Italian soccer player who fulfilled his potential. He played for Juventus, Lazio, and Chelsea, scoring more than 90 goals during his career. _____, several serious injuries led to his early retirement from the sport.

(a) Specifically
(b) Unfortunately
(c) Therefore
(d) As a result

13. Ms. Bellingham displays the organic candy near the entrance to her health food store, but it sells poorly. If I were her, I _____ the display beside the checkout because candy is often bought by parents waiting in line with their children.

(a) will be moving
(b) would move
(c) had moved
(d) move

14. Travel experts give lots of advice to backpackers and other people traveling on a tight budget. For example, they suggest _____ at a hostel or with a local family to keep travel costs low.

(a) to stay
(b) having stayed
(c) staying
(d) to be staying

15. An architectural firm plans to show its designs for the redeveloped Lakeside Hotel soon. The project managers are confident that this is a major step towards attracting more tourists to the area. They _____ the building blueprint next month.

(a) will be unveiling
(b) had been unveiling
(c) would have unveiled
(d) unveil

16. After the Second World War, the GI Bill was passed by the US government. The GI Bill was created _____ the veterans who returned to the United States after the war.

(a) to be helping
(b) having helped
(c) helping
(d) to help

17. Many parents who took their children to see a popular entertainer were upset that the character was played by a different actor. Nobody _____ if the performance had only been accurately advertised.

(a) would be disappointed
(b) will be disappointed
(c) would have been disappointed
(d) has been disappointed

18. Dave Grohl, a frontman of the popular rock band Foo Fighters, broke his leg when he fell off the stage during the concert in 2015. After receiving first aid and getting a cast, he asked the doctor to hold his broken leg so that he _____ sing for the rest of the concert.

(a) should
(b) would
(c) may
(d) could

19. As the manager of a five-star hotel, Jeffrey visits many interesting cities around the world on business. His trips are always filled with work meetings. If he had more time to relax, he _____ on a sightseeing tour.

(a) would surely go
(b) is surely going
(c) will be surely going
(d) will have surely gone

20. Stanley Moore is in charge of Dawkins Tennis Club, an association that I recently joined. Stanley is organized and experienced, and he _____ as the club president for over thirty years.

(a) is serving
(b) would serve
(c) served
(d) has been serving

21. Hawthorne Candle Company has hired a marketing manager who wants the company to be more eco-friendly. The new manager proposed _____ products in recycled boxes as a more environmentally friendly way of packaging.

(a) to sell
(b) having sold
(c) selling
(d) to be selling

22. Brett Rodgers, a well-known local marathon runner, recently retired after undergoing surgery for a long-term knee injury. He _____ in national marathons for 24 years before deciding to stop.

(a) having run
(b) will have been running
(c) would have run
(d) had been running

23. ALK Corporation rewards staff members who enroll in advanced training workshops. They also encourage other employees _____ with new and innovative ways to expand their skill set and knowledge.

(a) would come up
(b) to come up
(c) coming up
(d) to have come up

24. A build-up of waste in Sierra River has been blamed for the extinction of at least three local fish species. Experts believe that more fish species could become extinct _____ a plan to clean up this river is implemented.

(a) unless
(b) after
(c) when
(d) because

25. Two explorers recently attempted to travel around the world in the fastest time, but their plan was delayed due to a civil war in Africa. They _____ a new record for circumnavigation of the planet if only they had planned their route more thoroughly.

(a) achieve

(b) will be achieving

(c) to have achieved

(d) would have achieved

26. Every year, communities throughout Mexico hold special festivals to commemorate the life and death of ancestors. This celebration, _____, usually takes place on the first two days of November.

(a) who is locally called "Dia de los Muertos"

(b) when it is locally called "Dia de los Muertos"

(c) which is locally called "Dia de los Muertos"

(d) that is locally called "Dia de los Muertos"

GRAMMAR SECTION

DIRECTIONS:

The following items need a word or words to complete the sentence. From the four choices for each item, choose the best answer. Then blacken in the correct circle on your answer sheet.

Example:

The boys _____ in the car.

(a) be
(b) is
(c) am
(d) are

The correct answer is (d), so the circle with the letter (d) has been blackened.

ⓐ ⓑ ⓒ ●

NOW TURN THE PAGE AND BEGIN

1. The Lamborghini Huracan Evo is the fastest-accelerating automobile in the world in the 0-60 mph range. The car _____ reach a speed of 62 mph in as little as 2.9 seconds!

   (a) will
   (b) should
   (c) can
   (d) might

2. Before becoming a globally ubiquitous social media platform, Facebook was limited only to students of Harvard College. However, when Mark Zuckerberg made it a public access resource, he transformed it into a platform that billions of people enjoy _____ today.

   (a) having used
   (b) to use
   (c) to be using
   (d) using

3. After avoiding coffee for several years, Ian never imagined that he would end up addicted to it. Now, he _____ his fourth cup of coffee of the day, and wonders if he will ever be able to give up caffeine.

   (a) had drunk
   (b) is drinking
   (c) was drinking
   (d) drank

4. American singer Michael Jackson used to have a chimpanzee named "Bubbles." The ape traveled everywhere with Jackson and was even allowed _____ interviews and meet foreign dignitaries.

   (a) to join
   (b) having joined
   (c) joining
   (d) to be joining

5. Our volleyball team recently qualified for next month's championships in Toronto. To ensure the trip runs smoothly, my coach is insisting that each of us closely _____ the itinerary he prepared for transportation and accommodation.

   (a) is following
   (b) follow
   (c) follows
   (d) will follow

6. Django Reinhardt was a renowned jazz guitarist who drastically altered his playing style after his hand was badly burned in a fire. If he hadn't developed such an innovative technique, he _____ playing the guitar after his accident.

   (a) wasn't continuing
   (b) wouldn't continue
   (c) didn't continue
   (d) wouldn't have continued

7. Mick Jagger started playing concerts with the Rolling Stones when he was 19 years old. After achieving international success with the band, he has continued to play live to audiences all over the world. In fact, Jagger _____ for 60 years already!

(a) has been performing
(b) is performing
(c) will have been performing
(d) performs

8. American tennis player Billie Jean King protested when she was awarded only $600 in prize money in 1970, because many male players were earning thousands of dollars. If women had earned the same as men then, she _____ a far higher sum of money.

(a) would receive
(b) would have received
(c) received
(d) was receiving

9. *Braveheart* is a popular movie about a late-13th century Scottish warrior named William Wallace. _____ the film received several awards, it has also been heavily criticized for its historical inaccuracies.

(a) Because
(b) However
(c) Unless
(d) Although

10. Anti-virus software can eliminate the risk of computer problems by scanning files and hard drives and blocking suspicious programs. It is recommended that a person with an Internet connection _____ an anti-virus program on their computer.

(a) will install
(b) is installing
(c) install
(d) installs

11. Anglerfish are bony fish known for their unique method of attracting prey. The fish use a modified luminescent fin ray _____ creatures into feeding range before swallowing them whole.

(a) to lure
(b) having lured
(c) luring
(d) to be luring

12. Recently, Sally has been too busy to spend time with her family. In fact, she kept _____ visiting her parents' house for a family meal. She only went there when she was told off by her father.

(a) to reschedule
(b) to be rescheduling
(c) rescheduling
(d) having rescheduled

13. According to statistics compiled by Apptopia, TikTok was the world's most downloaded mobile application in 2021. The app, _____, allows people to create and share 15-second videos about any topic.

    (a) when it was downloaded by about 656 million users that year
    (b) who was downloaded by about 656 million users that year
    (c) that was downloaded by about 656 million users that year
    (d) which was downloaded by about 656 million users that year

14. Mitch was beginning to work on his college essay in the library when the fire alarm sounded. So, he ended up going out to eat lunch with his friends instead. If the alarm had not sounded, he _____ writing the essay.

    (a) would have already finished
    (b) had already finished
    (c) would already finish
    (d) was already finishing

15. My cousin Dennis didn't originally intend to enter our local art competition. He _____ his favorite comic book character in his notebook when a local artist saw his work and encouraged him to take part in the competition.

    (a) is only sketching
    (b) only sketched
    (c) was only sketching
    (d) only sketches

16. Mike barely goes more than two days without eating pizza. It makes him feel satisfied and happy whenever he feels hungry. If he were to pick only one food to eat for the rest of his life, he _____ that food to be pizza.

    (a) is surely choosing
    (b) would surely choose
    (c) will surely choose
    (d) has surely chosen

17. The U.S. Border Patrol (USBP) has to ensure that all individuals attempting to enter the U.S. are legally permitted to do so. _____, the USBP checks if an individual has the necessary documents before allowing them to cross the border.

    (a) Furthermore
    (b) Nevertheless
    (c) Otherwise
    (d) Therefore

18. The Mariella Theater is delighted to hold the 10th Annual Independent Movie Awards. The theater _____ the show in its newly-renovated Magneta Ballroom at the end of the month.

    (a) will be hosting
    (b) hosts
    (c) has been hosting
    (d) will have hosted

19. Coronavirus can cause a respiratory disease that affects people in various different ways. According to medical professionals, people need _____ the coronavirus booster to reduce the risk of developing severe symptoms.

(a) getting
(b) to get
(c) to have gotten
(d) having gotten

20. The new restaurant near my apartment has amazing steaks and ribs, but the prices are a bit high for me. If I ran the restaurant, I _____ its menu to make it more affordable.

(a) would modify
(b) modify
(c) will modify
(d) am modifying

21. A lot of people think that being knowledgeable about the taste and smell of wines is enough to be a sommelier. The truth is that there is much more to it than that. Being a sommelier also involves _____ the growing conditions and production techniques used at vineyards.

(a) having researched
(b) to research
(c) researching
(d) research

22. Eventually, Pete Gray was appointed as the Director of Pharmacy for the province of Ontario. He _____ as pharmacist at Braeview Hospital for 35 years before he received his overdue promotion.

(a) would work
(b) was working
(c) worked
(d) had been working

23. *The Terminal* is a 2004 comedy-drama partly based on the real-life experience of Mehran Nasseri. It portrays the story of Victor Navorski, a traveler and refugee _____ stranded alone in John F. Kennedy International Airport.

(a) which spent 9 months
(b) how he could spend 9 months
(c) who spent 9 months
(d) whom he could spend 9 months

24. Patricia is almost finished with doing the group project for her economics class. But Tim, her study partner, hasn't offered to help at all. By the time Patricia finishes, he _____ Web sites on his phone for almost three hours.

(a) is browsing
(b) will have been browsing
(c) has been browsing
(d) will browse

25. Michelle often loses her temper with her husband because he forgets to do housework. Of course, this leads to frequent arguments between them. If I were Michelle, I _____ a chore schedule so he has no excuses.

(a) am making
(b) would make
(c) will make
(d) make

26. You can test the legal suitability of a vehicle's tires with a tire tread depth gauge. Tires with a tread depth of at least 1.6 millimeters are suitable for use, while ones that have less tread depth are unsafe to use. They _____ be replaced.

(a) will
(b) may
(c) must
(d) can

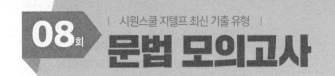
GRAMMAR SECTION

DIRECTIONS:

The following items need a word or words to complete the sentence. From the four choices for each item, choose the best answer. Then blacken in the correct circle on your answer sheet.

Example:

The boys _____ in the car.

(a) be
(b) is
(c) am
(d) are

The correct answer is (d), so the circle with the letter (d) has been blackened.

ⓐ ⓑ ⓒ ●

NOW TURN THE PAGE AND BEGIN

1. Megan is a courtroom typist who hopes to become a lawyer herself in the future. In fact, she envisions _____ the one cross-examining witnesses whenever she records the proceedings of a trial.

   (a) to have been
   (b) to be
   (c) having been
   (d) being

2. The original design for the Butland Mall was very outdated and unattractive. Fortunately, architect Ray Luiz took charge of the project and made some improvements. If Mr. Luiz had not intervened, the first visitors of the mall _____ at the grand opening.

   (a) will be disappointed
   (b) would have been disappointed
   (c) would be disappointed
   (d) will have been disappointed

3. Beatrice, ever since she was a child, has dreamed of becoming a professional musician. She guesses that by the time she eventually records her first album, she _____ music for more than five years.

   (a) will have been playing
   (b) will be playing
   (c) is playing
   (d) will play

4. Being consistently late and failing to work well with team members are two things that are frowned upon by most employers. These habits _____ prevent one from advancing within a company, drastically impacting their chances of promotion.

   (a) must
   (b) will
   (c) should
   (d) can

5. Jimmy planned to go straight home after his exercise session so he could take a shower. However, while he _____ to his apartment, he bumped into an old school friend, who invited him for coffee.

   (a) is jogging
   (b) was jogging
   (c) jogged
   (d) had jogged

6. Propane tanks are designed to keep flammable gas inside, but small amounts of the gas may escape from them. Therefore, it is crucial that propane tanks _____ away from any naked flames to avoid fires or explosions.

   (a) are
   (b) would be
   (c) be
   (d) is

7. My husband and I wanted to make sure the food at our wedding was perfect. We'd been to many weddings where the food was very disappointing. That's why we hired a caterer _____ to provide all of our food.

   (a) which was also our long-time friend
   (b) what was also our long-time friend
   (c) whose long-time friend also was
   (d) who was also our long-time friend

8. Real-time Strategy (RTS) games require an individual to make strategic decisions in order to achieve victory. _____, RTS game players must manage resources and build bases, or make other choices that can affect their chances of success.

   (a) Eventually
   (b) Otherwise
   (c) However
   (d) For example

9. My nephew always liked to collect comic books. As he got older, he turned his hobby into a profitable activity. According to his recent e-mail, he _____ his own comic book shop for almost two years now.

   (a) has been running
   (b) is running
   (c) runs
   (d) had been running

10. At the restaurant where I work, diners rarely return for a second meal after seeing their bill. If only the place didn't have such high prices, we _____ a higher success rate of retaining customers.

   (a) would have had
   (b) would have
   (c) will have
   (d) will have had

11. Ken was very upset when realized he had left the umbrella on the subway. He apologized for losing the umbrella, _____, and promised him to buy a brand new one.

   (a) whom he borrowed from his housemate
   (b) what his housemate borrowed from him
   (c) which he borrowed from his housemate
   (d) that he borrowed from his housemate

12. Large areas of Indonesia are now dead and barren due to palm oil companies cutting down all the trees. If the government had banned deforestation long ago, these regions _____ like lush jungles.

   (a) will look
   (b) will have looked
   (c) had looked
   (d) would look

13. Since my friends and I will all be off work this weekend, I reserved a lodge for six of us at our favorite ski resort. We _____ there to ski and relax as soon as we wake up on Saturday.

(a) will be going
(b) was going
(c) has been going
(d) will have been going

14. Danny's girlfriend thinks he is wasting his time trying to become an actor. She believes that he'll never get cast in a TV show or movie. Regardless of what she thinks, Danny won't stop _____ for whatever parts he can.

(a) to have auditioned
(b) to audition
(c) auditioning
(d) having auditioned

15. My uncle told me to always take opportunities to travel to other countries. He advised me _____ as much as I can about other cultures because the world is becoming more culturally diverse.

(a) to be learning
(b) learning
(c) will learn
(d) to learn

16. When the moon orbits directly between the Sun and the Earth, the result is an eclipse. This phenomenon is visible to us roughly once every 18 months. If the moon were to be destroyed, the eclipses that it causes _____.

(a) would not occur
(b) would not have occurred
(c) will not occur
(d) will not have occurred

17. Vernon has become interested in martial arts because of how fun it is to see people fight in movies. He even enrolled at a karate school a few months ago. Right now, he _____ his techniques before his first contest.

(a) perfects
(b) is perfecting
(c) will perfect
(d) has perfected

18. Heat from the Sun is crucial for the survival of all living organisms on Earth. Indeed, if the Sun's energy had long ceased to warm our planet, life on Earth _____ wiped out a long time ago.

(a) will be
(b) will have been
(c) would have been
(d) would be

19. It had been ages since our company organized an outing for staff members. So, our boss took us out to a local food festival. All the employees enjoyed _____ the various international foods on offer.

(a) eating
(b) having eaten
(c) to eat
(d) to have eaten

20. Due to a severe toothache, Vivienne had to leave work early to go to the dental hospital. She informed her dentist that her tooth _____ sore for three hours before she thought of making an emergency appointment.

(a) was feeling
(b) felt
(c) has felt
(d) had been feeling

21. Fentanyl is a drug that is prescribed to treat patients who are in severe pain. However, some medical experts want _____ this drug since patients could get addicted to it and develop a lifelong dependence.

(a) to have banned
(b) to ban
(c) having banned
(d) banning

22. My grandmother loves to cook her own donuts at home, and often lets me sample her donuts that she tried with new recipes. After cooking, these donuts are very hot, but _____ they cool for a while, they are ready to eat.

(a) because
(b) once
(c) since
(d) even though

23. Robert is happy to give his friends rides because he is the only one who has a driving license. Also, he thinks that his friends _____ him more if he offered to drive them to places whenever they need a ride.

(a) would like
(b) likes
(c) would have liked
(d) will like

24. Some pieces of equipment that are essential to skateboarding are safety pads. They are tightly strapped around the elbows and knees _____ grazing. These pads also lessen the impact on joints when a skateboarder falls.

(a) to prevent
(b) to have prevented
(c) having prevented
(d) preventing

25. Our music teacher is very strict when telling us how to learn new compositions. He insists that we _____ each piece every morning and evening so we can play it perfectly.

(a) will practice
(b) are practicing
(c) practice
(d) have practiced

26. It was reported that a new respiratory disease was found in Africa a week ago. When Dr. Okonwu, an infectious diseases expert, said that governments _____ take swift steps to address the problem, the number of patients was increasing at an alarming rate.

(a) will
(b) might
(c) could
(d) must

GRAMMAR SECTION

DIRECTIONS:

The following items need a word or words to complete the sentence. From the four choices for each item, choose the best answer. Then blacken in the correct circle on your answer sheet.

Example:

The boys _____ in the car.

(a) be
(b) is
(c) am
(d) are

The correct answer is (d), so the circle with the letter (d) has been blackened.

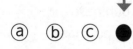

NOW TURN THE PAGE AND BEGIN

1. Marilyn prefers to book outdoor tables when she eats at restaurants downtown. I suppose she _____ reserve one soon if she is asked to take our clients out for dinner next week.

   (a) should
   (b) must
   (c) shall
   (d) might

2. In 2021, a man found a valuable painting that had been discarded. He and his wife _____ from the theater when they spotted the artwork sitting in a nearby garbage can.

   (a) coming out
   (b) are coming out
   (c) were coming out
   (d) will be coming out

3. Internet security is more important now than ever before. It is crucial that you _____ your computer against potential threats, such as malware, viruses, and other harmful computer programs.

   (a) is protecting
   (b) protect
   (c) will protect
   (d) to protect

4. Most animals in captivity are provided with a very strict diet that reflects what they would normally eat in the wild. That is why zookeepers encourage people _____ the animals while visiting the zoo.

   (a) not to feed
   (b) not feeding
   (c) will not feed
   (d) not feed

5. British boxer Tyson Fury lost his heavyweight title while suffering from depression and other health issues. _____, he mounted a comeback and regained his title with the support of his trainers and fans.

   (a) In the first place
   (b) And then
   (c) Consequently
   (d) Nevertheless

6. Dana was reluctant to buy the new Astro cell phone, but her friend recommended it highly. If her friend had not sent her a discount voucher, she _____ the product.

   (a) had not purchased
   (b) would not have purchased
   (c) did not purchase
   (d) would not purchase

7. Tenants took Mr. Lonegan to court after he announced a significant rise in monthly rental rates. However, a judge decided that he has the entitlement _____ the rent in any way he likes.

(a) adjusts
(b) adjusting
(c) will adjust
(d) to adjust

8. Barry is a popular social media influencer. Sponsored by an energy drink company, he received their latest beverage to review. Right now, he _____ the drink's taste and packaging to present a full review to his followers.

(a) is evaluating
(b) will evaluate
(c) evaluated
(d) evaluates

9. Tour companies offer lower rates during the monsoon season in the Philippines. With the price reduction, tourists consider signing up _____ inclement weather will probably occur during their tour.

(a) supposing that
(b) now that
(c) even if
(d) insofar as

10. Students who have a hard time understanding their lessons are recommended to seek tutoring. Aside from giving individual attention, a tutor _____ help a student ask questions without feeling embarrassed.

(a) must
(b) would
(c) can
(d) should

11. Over the last twenty years, traffic congestion in Indian cities has risen, resulting in terrible traffic jams. If more local residents considered using public transport instead, the size of traffic jams _____ particularly in busy urban areas.

(a) had decreased
(b) is decreasing
(c) decreased
(d) would decrease

12. Marvin was tired of seeing an old, discarded sofa sitting by the side of his street. Annoyed, he called the city council's waste disposal department _____ them to remove the furniture as quickly as possible.

(a) asking
(b) to ask
(c) asked
(d) having asked

13. Bradley congratulated his girlfriend after finding out that she got a promotion at work. To mark the occasion, he _____ her to her favorite restaurant and buying her an expensive meal later today.

(a) will be taking
(b) has been taking
(c) was taking
(d) will have been taking

14. Last year, David Mitchell, the leader of Turner Corporation, was badly injured in a motor accident. If Mitchell, who was the company's CEO at that time, had succumbed to his injuries, the Chief Operating Officer _____ the leadership role.

(a) would assume
(b) had assumed
(c) would have assumed
(d) had been assuming

15. Based on research, alcohol consumption is linked to an urge to escape real-world emotions and responsibilities. Since a state of drunkenness allows _____ about our worries, many alcoholics think that consuming alcohol is a numbing experience.

(a) to be forgetting
(b) having forgotten
(c) to forget
(d) forgetting

16. Nina and her brother were hosting a barbecue party in their backyard. Her brother _____ cooked it so long that it burned and lost all its flavor. When the party guests complained, Nina's brother ordered takeout food instead.

(a) whose grilled the meat
(b) which grilled the meat
(c) who grilled the meat
(d) what grilled the meat

17. The manager of Palmville Resort recommends his guests to join local tours. He says if guests were to ignore such activities, they _____ on all the amazing sights and attractions the island's tourist board is promoting.

(a) would miss out
(b) had missed out
(c) would have missed out
(d) had been missing out

18. Appropriate clothing is important for safari visitors. Park rangers strongly advise that safari participants _____ any colorful garments when joining a tour of the park. This helps reduce the chance of animal attacks.

(a) are not wearing
(b) not wear
(c) will not wear
(d) have not worn

19. One reason why people are getting more cavities is that we often choose sugary soda over water. To reduce our risk of tooth decay, we should avoid _____ beverages that are high in sugar.

(a) to drink
(b) having drunk
(c) to have drunk
(d) drinking

20. Our soccer team's goalkeeper Bert Lansing has extended his contract for another season. By the end of the new soccer season, the goalkeeper _____ for nearly two decades. Still, he continues to perform at the highest level!

(a) will play
(b) will be playing
(c) will have been playing
(d) has been playing

21. Fans of Robin Williams believed that he was as happy as he appeared in TV shows and movies. What they didn't realize is that he _____ with depression that was only diagnosed after the comedian overdosed on prescription medication.

(a) had been dealing
(b) dealt
(c) was dealing
(d) will deal

22. Bill called his wife right after a rejection for a work promotion. He said that he _____ the promotion had he participated more enthusiastically in meetings, since the manager preferred employees who made significant contributions.

(a) could get
(b) could have gotten
(c) had gotten
(d) had been getting

23. Over the years, customers have commented that the employees look unprofessional. Yesterday, our CEO announced that our company banned _____ casual clothing and will instead provide new work uniforms.

(a) putting on
(b) to put on
(c) having put on
(d) to be putting on

24. Nancy searched for weekend driving lessons so she could continue learning even after starting her new job. Luckily, she found an available instructor, so she _____ her driving skills every weekend since she began working.

(a) improves
(b) is improving
(c) will be improving
(d) has been improving

25. Earlier this morning, Timothy was chosen to organize this year's company trip. If I were him, I _____ activities the staff members might be interested in so that we could avoid any boredom or disappointment.

(a) would research
(b) would be researching
(c) would have researched
(d) will be researching

26. Few divers have descended to the very bottom of the Mariana Trench. The Mariana Trench, _____, is home to a wide range of unique organisms, such as rare species of snailfish and flatfish.

(a) what has the greatest depth among all oceanic trenches
(b) that has the greatest depth among all oceanic trenches
(c) which has the greatest depth among all oceanic trenches
(d) who has the greatest depth among all oceanic trenches

GRAMMAR SECTION

DIRECTIONS:

The following items need a word or words to complete the sentence. From the four choices for each item, choose the best answer. Then blacken in the correct circle on your answer sheet.

Example:

The boys _____ in the car.

(a) be
(b) is
(c) am
(d) are

The correct answer is (d), so the circle with the letter (d) has been blackened.

ⓐ ⓑ ⓒ ●

NOW TURN THE PAGE AND BEGIN

1. Mr. Jenner has complained to his neighbors about their tree that leans over their fence into his garden, but they haven't done anything about it. Annoyed, he _____ branches off the tree once he buys some tools.

   (a) is cutting
   (b) will be cutting
   (c) will have cut
   (d) cuts

2. The writers of the annual *NY Food Guide* advised the owner of Broadway Bistro to modernize his menus to improve his chances of inclusion. If the restaurant's owner had been willing to make changes, maybe it _____ in this year's guide.

   (a) would be included
   (b) had been included
   (c) would have been included
   (d) was being included

3. Without highly developed driving skills, a police officer cannot pursue suspects in vehicles and the arrest of criminals is unlikely. As such, it is essential that a police officer _____ regular advance driving courses during their career.

   (a) take
   (b) will take
   (c) to take
   (d) takes

4. Even though it's typically used in cooking, people also use lemon juice diluted with water to lighten their hair color. In fact, some people recommend _____ it directly onto hair to maximize the effect.

   (a) to put
   (b) having put
   (c) to be putting
   (d) putting

5. Molly may only be nine years old, but she has already impressed several professional artists with her watercolor portraits. According to her parents, she _____ like this since she first picked up a brush at the age of five.

   (a) will paint
   (b) has been painting
   (c) is painting
   (d) paints

6. Ancient population figures must be tallied with caution _____ they only counted men of military age and their taxable property. Women, children, and the elderly were not included in this early form of census-taking.

   (a) because
   (b) although
   (c) until
   (d) when

7. Ken gets a much higher annual salary than Mickey. This is probably because Ken can speak Japanese and Mandarin, which are languages spoken by many of our clients. If Mickey could speak several languages, his salary _____ just as high.

(a) will probably be
(b) would probably be
(c) would have probably been
(d) has probably been

8. Blue whales are such efficient feeders that they can consume 3.6 million metric tons of krill per day. To do so, blue whales move slowly through the ocean waiting for krill _____ close before opening their gigantic mouths.

(a) coming
(b) having come
(c) to come
(d) to be coming

9. Kareem Abdul-Jabbar holds the record for the most points scored in the NBA. Abdul-Jabbar, _____, scored 38,387 points during a professional basketball career that spanned thirty years.

(a) who made history as the center of the Los Angeles Lakers
(b) that made history as the center of the Los Angeles Lakers
(c) whose history as the center of the Los Angeles Lakers
(d) what made history as the center of the Los Angeles Lakers

10. Roy decided to finish his work project before his friends came over to his apartment for a movie night. Unfortunately, he lost track of time and didn't realize his guests were due to arrive. Roy _____ hard when they knocked on the door.

(a) is still working
(b) still worked
(c) still works
(d) was still working

11. Chinese soldiers often used smoke signals to convey messages. Several different materials were used to create different types of smoke. _____, a mixture of wolf dung, salt peter, and sulfur would create thick black smoke when burned.

(a) In addition
(b) On the contrary
(c) For example
(d) After all

12. Scott needed to hang up his wet clothes to dry while camping. However, he didn't put them far enough away from the campfire. The clothes then went up in flames. If only he had hung up the clothes further away, they _____ fire and burned.

(a) will not be catching
(b) had not caught
(c) would not catch
(d) would not have caught

13. Sandra had been eager to learn how to drive a car until she decided that she didn't want to contribute to atmospheric pollution. So, she quit _____ driving lessons and will purchase a bicycle instead.

(a) booking
(b) having booked
(c) to book
(d) to be booking

14. A coup d'état is a seizure and removal of a government and its powers. For a coup d'état to be effective, it requires organization by a popular, charismatic leader, _____.

(a) which is often a member of an opposing political party
(b) that is often a member of an opposing political party
(c) who is often a member of an opposing political party
(d) what is often a member of an opposing political party

15. The National Biotechnology Association maintains an online archive of journals and research papers related to biotechnology. But only members of the association have access. If it were open to the general public, everyone _____ the archive.

(a) will access
(b) could access
(c) accesses
(d) could have accessed

16. Impulse buying refers to a sudden purchase without any rational thought. This often results in people buying inferior products due to aggressive advertising. While it's tempting to buy the first product we see, we _____ consider other options before making a purchase.

(a) should
(b) will
(c) would
(d) might

17. The local government decided to renovate St. Mark's Cathedral to attract more tourists, so it hired workers to improve its appearance. By the end of this year, the workers _____ the cathedral for 18 months.

(a) have been restoring
(b) will restore
(c) will have been restoring
(d) are restoring

18. The coronavirus pandemic that began in 2020 caused a significant change in working habits and company policies. Many companies recommended that employees work from home _____ the spread of the virus.

(a) reducing
(b) to reduce
(c) to have reduced
(d) having reduced

19. Creative blocks can be described as the inability to access one's internal creativity. Those who are in creative professions such as writers, musicians, and artists are often more likely to be affected by creative blocks, which _____ last for days, weeks, months, or even more than a year.

(a) would
(b) will
(c) should
(d) can

20. Kelly didn't sign up for a membership with the business training institute. So, when she went to one of its seminars, she had to pay a $25 admission fee. Had she registered as a member, she _____ the seminar for free.

(a) can attend
(b) could attend
(c) could have attended
(d) had attended

21. Vicki has difficulty following the map on her phone. She _____ in circles right now because she has such a bad sense of direction, so if she wants to make it to her job interview on time, she'll have to ask someone for directions.

(a) walks
(b) is walking
(c) was walking
(d) will walk

22. Fenton Enterprises has scored poorly on its recent health and safety inspection, resulting in rumors that its factory may be closed down. The safety inspector urged that the firm _____ its outdated assembly line machinery.

(a) is immediately replacing
(b) immediately replaced
(c) will immediately replace
(d) immediately replace

23. Several tech companies have moved from California to Texas over the past few years. Perhaps one of the primary reasons the companies decided _____ there is the lower cost of living.

(a) to have relocated
(b) relocating
(c) to relocate
(d) having relocated

24. Humberside Town Council is grateful to all the local musicians who agreed to perform at the upcoming town festival. If it weren't for them, the festival _____ dull for some of the attendees.

(a) will maybe be turning out
(b) would have maybe turned out
(c) will have maybe turned out
(d) would maybe turn out

25. Even though we should try to tell the truth, a white lie is sometimes a better idea. White lies can be a useful way to avoid unnecessarily upsetting someone. For that reason, we should consider _____ a white lie in cases where a person's feelings may be hurt.

(a) telling
(b) having told
(c) to have told
(d) to tell

26. Nick has just completed his comic book collection with the *Amazing Fantasy* #15 comic. He _____ for the rare comic book at comic book conventions all around the country for two years before he finally found it at a local flea market.

(a) is searching
(b) would have searched
(c) searched
(d) had been searching

GRAMMAR SECTION

DIRECTIONS:

The following items need a word or words to complete the sentence. From the four choices for each item, choose the best answer. Then blacken in the correct circle on your answer sheet.

Example:

The boys _____ in the car.

(a) be
(b) is
(c) am
(d) are

The correct answer is (d), so the circle with the letter (d) has been blackened.

ⓐ   ⓑ   ⓒ   ●

NOW TURN THE PAGE AND BEGIN

1. In dense urban areas, elevated motorways are commonly constructed. This is done _____ the traffic congestion that is common in big cities, which makes it very difficult to get around.

   (a) avoiding
   (b) to be avoiding
   (c) to avoid
   (d) having avoided

2. Last month, Mark bought himself a new laptop computer, but then he realized he could have bought a better one for less. Had he researched on other models, he _____ so much money.

   (a) would not spend
   (b) would not have spent
   (c) had not spent
   (d) will not be spending

3. The female praying mantis often exhibits unusual behavior following the mating ritual. Specifically, some females bite the heads off their partners _____ they mate with them.

   (a) after
   (b) since
   (c) as long as
   (d) because

4. After the first half of the concert, the members of our orchestra are feeling tired already. We _____ for ninety minutes, but we still need to play for another 90 minutes to finish the concert.

   (a) perform
   (b) were performing
   (c) performed
   (d) have been performing

5. A tracheostomy is a procedure that involves the insertion of a tube into a person's windpipe to help them breathe. It is crucial that the procedure _____ promptly on a person because the inability to breathe properly can be fatal.

   (a) is conducted
   (b) will be conducted
   (c) be conducted
   (d) has been conducted

6. I recently purchased a painting and hung it in my living room, but I noticed that it was less attractive than I originally thought. After a few days, I couldn't stand _____ at the artwork anymore and took it down immediately.

   (a) looking
   (b) to look
   (c) having looked
   (d) to be looking

7. This evening's defeat cost the soccer team the chance to advance to the cup final. When thinking back to the match, the manager remarked, "We _____ the final had we only performed at a higher standard."

(a) would have reached
(b) reached
(c) would reach
(d) will reach

8. Pete's vacation to the Philippines is organized for next month. He is currently informing his coworkers that he _____ at Nusa Resort for the first five days should they need to call him about work.

(a) was staying
(b) stays
(c) will be staying
(d) would stay

9. According to a recent study, many people still do not drink enough water. Health experts suggest _____ daily water consumption to improve hydration, blood circulation, and various physiological functions.

(a) having increased
(b) increasing
(c) to increase
(d) to be increasing

10. Mr. Munro was once a member of a baseball team that plays in the highest local league. _____, after sustaining several injuries during his career, he was eventually forced to quit sports altogether.

(a) Therefore
(b) Furthermore
(c) Otherwise
(d) However

11. Neil had just started having his dinner when his sister called him. He was reluctant _____ his phone because he ate nothing the whole day and he thought he could call her back after dinner.

(a) answered
(b) to answer
(c) answering
(d) to have answered

12. Many people still believe the Great Wall of China can be seen from space despite there being no reported sightings by astronauts. If the Great Wall were indeed visible from space, it _____ impossible for astronauts to notice the structure.

(a) was
(b) would have been
(c) would be
(d) is

13. Mindy works as an interior designer for a large company based in Toronto. Her primary role is to help clients to choose optimal layouts for their building interiors. At the moment, she _____ the lobby of hotel situated in downtown Ottawa.

(a) is designing
(b) designs
(c) will be designing
(d) has designed

14. Earlier in the morning yesterday, Jeff's teenaged daughter ignored her alarm and didn't make it to her school on time. Jeff told his daughter later that day that she _____ sleep late only on the weekends.

(a) might
(b) would
(c) will
(d) could

15. Oliver arrived at the movie theater earlier than expected. He intended _____ around for some refreshments while waiting for his friend. He had been choosing which snacks to buy for almost 15 minutes when his friend turned up.

(a) to look
(b) looking
(c) having looked
(d) to be looking

16. Rachel is still unemployed despite her best efforts. To increase her chances of finding a job, she inquires about every vacancy available. Altogether, she _____ for almost four months by the time she celebrates her birthday in June.

(a) applies
(b) is applying
(c) will have been applying
(d) has applied

17. British rock band Radiohead released *OK Computer* in 1997 to critical acclaim. *OK Computer*, _____, is still highly praised by music critics, who often comment on the songs' intricate structures and the innovative use of electronics.

(a) that is Radiohead's third album
(b) which is Radiohead's third album
(c) who is Radiohead's third album
(d) where Radiohead's third album is

18. Kerry's movie review channel on Youtube has not been doing well recently due to increased competition. If I were her, I _____ on reviewing popular, mainstream films rather than trying to give exposure to lesser-known filmmakers.

(a) am concentrating
(b) can be concentrating
(c) would have concentrated
(d) would concentrate

19. A team of dancers was tasked with performing a routine at the city's anniversary celebration. They _____ on their performance for three weeks already when the event coordinator suddenly decided to switch the dance routine with a musical performance.

(a) work
(b) have been working
(c) had been working
(d) worked

20. At Joseph's workplace, a "bonus" is awarded if an employee makes more than 20 sales in one day. In addition to the commission gained from the sales themselves, that employee _____ receive a $25 gift certificate.

(a) might
(b) will
(c) may
(d) can

21. Despite the success of Sherwood Entertainment Complex, the city council is considering shutting it down. It is a very popular place, so many local residents _____ if the entertainment complex suddenly closed.

(a) would complain
(b) would have complained
(c) are complaining
(d) will be complaining

22. Last weekend, Dennis held a talk on writing short stories. During the talk, several members of the audience interrupted him with irrelevant questions while he _____ about narrative structures.

(a) had explained
(b) explained
(c) was explaining
(d) has been explaining

23. Marcus had been using the popular music streaming service Spotify for a month before the free trial period ended. Because he wanted to enjoy its full range of services with no advertisements, he ended up _____ to it for 10 dollars per month.

(a) to subscribe
(b) subscribing
(c) having subscribed
(d) to be subscribing

24. In the 1999 movie *Man on the Moon*, Jim Carrey portrayed the real-life comedian Andy Kaufman. The film's director proposed that he _____ some of the lines to make his performance more natural and spontaneous.

(a) improvised
(b) had improvised
(c) improvises
(d) improvise

25. Gerard only stayed until the very end of the concert because he wanted to see the headlining act. If he had known how bad the final performer was, he _____ the concert earlier.

(a) would leave
(b) left
(c) will be leaving
(d) would have left

26. Children's book author Roald Dahl had a chance encounter at his publisher's office. It was there that he met the cartoonist Quentin Blake _____. The pair collaborated on 18 books during their careers, many of which remain popular all over the world.

(a) who illustrated many of Dahl's books
(b) which illustrated many of Dahl's books
(c) whom illustrated many of Dahl's books
(d) when many of Dahl's books were illustrated

GRAMMAR SECTION

DIRECTIONS:

The following items need a word or words to complete the sentence. From the four choices for each item, choose the best answer. Then blacken in the correct circle on your answer sheet.

Example:

The boys _____ in the car.

(a) be
(b) is
(c) am
(d) are

The correct answer is (d), so the circle with the letter (d) has been blackened.

ⓐ ⓑ ⓒ ●

NOW TURN THE PAGE AND BEGIN

1. Monica will be taking part in a music competition next month. With her excellent songwriting and playing abilities, her teacher, Mr. Gower, is sure that she will win the competition. Right now, they _____ her composition.

   (a) are rehearsing
   (b) rehearse
   (c) have rehearsed
   (d) will have been rehearsing

2. Russell's company recently announced a wage decrease, and he's now concerned about paying his monthly rent for his new apartment. He says that if only he had known he would receive a pay cut, he _____ the place last week.

   (a) has not moved into
   (b) will not be moving into
   (c) would not move into
   (d) would not have moved into

3. United Way Worldwide, the largest non-profit organization in the United States, is one of the world's oldest and most successful charitable groups. In fact, by the end of this year, it _____ money continuously for around 135 years since being founded.

   (a) has raised
   (b) will have been raising
   (c) had been raising
   (d) is raising

4. Ms. Noonan's job requires her to concentrate with no interruptions. That's why she makes sure to instruct her employees to work quietly and refrain from making any noise _____ she's in the office.

   (a) wherever
   (b) however
   (c) whichever
   (d) whenever

5. Chad Becker is a prominent driver on the rally circuit. Apart from racing professionally, he also adores _____ his cars. He reportedly plans to regularly attend car shows after his racing career ends.

   (a) is driving
   (b) drives
   (c) driving
   (d) to drive

6. Norma wishes she could talk to his musical idols so she could ask them for some tips. If it were possible to meet any musician, dead or alive, she _____ to meet John Lennon, who wrote her favorite song "Imagine."

   (a) would definitely choose
   (b) is definitely choosing
   (c) definitely chooses
   (d) would have definitely chosen

7. The Statue of Unity is the tallest statue in the world. With a height _____, it's 60 meters taller than the Spring Temple Buddha in China. It is located in Gujarat, India, and depicts the Indian statesman Vallabhbhai Patel.

(a) who reaches 182 meters
(b) when 182 meters reaches
(c) that reaches 182 meters
(d) which 182 meters reaches

8. In order to reduce the chances of workplace accidents, the factory manager wants to introduce new safety training. That's why, beginning next month, we _____ safety seminars every Wednesday to teach employees about safe work practices.

(a) have held
(b) would be holding
(c) will have held
(d) will be holding

9. Dave was reprimanded because he behaved in an unprofessional manner at work last Monday. He was told not _____ at the company's monthly management meeting during the CEO's speech.

(a) having slept
(b) sleeping
(c) to sleep
(d) to be sleeping

10. On Brian's first day at university, he went straight to his first class, only to find out his classmates were attending a welcome lecture in the auditorium. He _____ have checked his schedule to avoid the mistake.

(a) should
(b) must
(c) would
(d) might

11. Last night, Eve ate some food that was out-of-date. As a result, she felt ill this morning. She kept thinking, "If I _____ the expired food, I would not have gotten sick."

(a) will not eat
(b) had not eaten
(c) would not have eaten
(d) was not eating

12. Remembrance Day is an annual holiday in the United Kingdom that's often associated with the wearing of red poppies. It's marked _____ all the brave soldiers who died fighting in World War Two.

(a) to have remembered
(b) remembering
(c) having remembered
(d) to remember

13. Philip Seymour Hoffman was an award-winning actor with many fans. When he died in 2021, many people were shocked by the news. It was only then that his close friends admitted that he _____ with drug addiction prior to his death.

(a) struggled
(b) had been struggling
(c) struggles
(d) was struggling

14. Fiona is very intelligent. She began counting to 100 at the age of two, and learned how to add and subtract when she was four. Now, at the age of eight, she _____ already solve math problems intended for teenagers.

(a) can
(b) would
(c) should
(d) might

15. James decided to cook a new dish for the dinner party he was going to host that night. The complicated recipe took so long. He didn't even notice when his party guests arrived while he _____ the food.

(a) is still cooking
(b) has still been cooking
(c) will still cook
(d) was still cooking

16. The president of the tennis club, Mike Cosgrove, is in charge of several important things. These responsibilities include _____ facilities and services for club members. He often asks members for their feedback so that he can make things better at the club.

(a) to have improved
(b) improve
(c) improving
(d) to improve

17. The increase in theft in Jasmine's town makes her concerned about her fitness equipment. Since her home is quite small, she has to keep some of her equipment in her yard. If her house had more space, she _____ it indoors.

(a) would have stored
(b) is storing
(c) will store
(d) would store

18. Exhaustion can significantly impair cognitive abilities, making complex actions such as driving very difficult and dangerous. That is why physicians suggest that drivers _____ a good rest when they feel exhausted.

(a) will take
(b) take
(c) were taking
(d) to take

19. We stayed at a 5-star resort in Barbados last month. The resort was amazing, and the staff were so attentive. In fact, _____ we arrived in the lobby, the concierge immediately served us some refreshments.

(a) as soon as
(b) since
(c) because
(d) even if

20. Laura likes socializing with friends more than studying. Last week, she felt ashamed because she was unable to answer any of the questions on her history exam. Had she been more sensible about studying, she _____ enough knowledge.

(a) will have had
(b) would have had
(c) will be having
(d) has had

21. Not knowing which movie to watch last night, Veronica asked her brother for a recommendation. Her brother advised _____ for a documentary to enhance her understanding of current events.

(a) search
(b) to search
(c) searching
(d) having searched

22. Rhonda is beginning to regret her decision to study Japanese. She _____ the language for nine months now, but she still finds herself struggling to speak it well.

(a) is learning
(b) learns
(c) has been learning
(d) learned

23. Tyson Fury will retire from boxing after his bout with Dillan Whyte. Fury, _____, announced his decision during a recent press conference. Fury has fought 33 times during his career and remains undefeated.

(a) who is the world heavyweight champion
(b) whose is the world heavyweight champion
(c) whom is the world heavyweight champion
(d) which champion is the world heavyweight title

24. The moon is important to Earth because its gravitational force keeps our planet at a consistent tilt. If the moon were to suddenly vanish, the Earth's tilt _____, resulting in extreme weather and possible ice ages.

(a) had likely varied wildly
(b) was likely varying wildly
(c) would have likely varied wildly
(d) would likely vary wildly

25. Liam was permitted by his bosses to attend the business management seminar on one condition: They would not authorize the use of a company car. Instead, he needed _____ his own vehicle.

(a) driving
(b) to drive
(c) having driven
(d) to be driving

26. Joe wants to buy his first house, so he's meeting with his mortgage advisor, Gwen. She told him that aside from having a good credit rating, it's best that he also _____ a large deposit to improve his lending options.

(a) saves
(b) was saving
(c) to save
(d) save

ANSWER

SHEET

G-TELP

시원스쿨 LAB

※ TEST DATE

MO.	DAY	YEAR

성 명		등급	① ② ③ ④ ⑤

감독확인관인

성명란

(초성/중성/종성 한글 자모 마킹란 4세트)

수 험 번 호

(0-9 마킹란)

1) Code 1.
| ⓪①②③④⑤⑥⑦⑧⑨ |
| ⓪①②③④⑤⑥⑦⑧⑨ |
| ⓪①②③④⑤⑥⑦⑧⑨ |

2) Code 2.
| ⓪①②③④⑤⑥⑦⑧⑨ |
| ⓪①②③④⑤⑥⑦⑧⑨ |
| ⓪①②③④⑤⑥⑦⑧⑨ |

3) Code 3.
| ⓪①②③④⑤⑥⑦⑧⑨ |
| ⓪①②③④⑤⑥⑦⑧⑨ |
| ⓪①②③④⑤⑥⑦⑧⑨ |

주민등록번호 앞자리 － 고유번호
(0-9 마킹란)

답란

문항	답란	문항	답란	문항	답란	문항	답란	문항	답란
1	ⓐⓑⓒⓓ	21	ⓐⓑⓒⓓ	41	ⓐⓑⓒⓓ	61	ⓐⓑⓒⓓ	81	ⓐⓑⓒⓓ
2	ⓐⓑⓒⓓ	22	ⓐⓑⓒⓓ	42	ⓐⓑⓒⓓ	62	ⓐⓑⓒⓓ	82	ⓐⓑⓒⓓ
3	ⓐⓑⓒⓓ	23	ⓐⓑⓒⓓ	43	ⓐⓑⓒⓓ	63	ⓐⓑⓒⓓ	83	ⓐⓑⓒⓓ
4	ⓐⓑⓒⓓ	24	ⓐⓑⓒⓓ	44	ⓐⓑⓒⓓ	64	ⓐⓑⓒⓓ	84	ⓐⓑⓒⓓ
5	ⓐⓑⓒⓓ	25	ⓐⓑⓒⓓ	45	ⓐⓑⓒⓓ	65	ⓐⓑⓒⓓ	85	ⓐⓑⓒⓓ
6	ⓐⓑⓒⓓ	26	ⓐⓑⓒⓓ	46	ⓐⓑⓒⓓ	66	ⓐⓑⓒⓓ	86	ⓐⓑⓒⓓ
7	ⓐⓑⓒⓓ	27	ⓐⓑⓒⓓ	47	ⓐⓑⓒⓓ	67	ⓐⓑⓒⓓ	87	ⓐⓑⓒⓓ
8	ⓐⓑⓒⓓ	28	ⓐⓑⓒⓓ	48	ⓐⓑⓒⓓ	68	ⓐⓑⓒⓓ	88	ⓐⓑⓒⓓ
9	ⓐⓑⓒⓓ	29	ⓐⓑⓒⓓ	49	ⓐⓑⓒⓓ	69	ⓐⓑⓒⓓ	89	ⓐⓑⓒⓓ
10	ⓐⓑⓒⓓ	30	ⓐⓑⓒⓓ	50	ⓐⓑⓒⓓ	70	ⓐⓑⓒⓓ	90	ⓐⓑⓒⓓ
11	ⓐⓑⓒⓓ	31	ⓐⓑⓒⓓ	51	ⓐⓑⓒⓓ	71	ⓐⓑⓒⓓ		
12	ⓐⓑⓒⓓ	32	ⓐⓑⓒⓓ	52	ⓐⓑⓒⓓ	72	ⓐⓑⓒⓓ		
13	ⓐⓑⓒⓓ	33	ⓐⓑⓒⓓ	53	ⓐⓑⓒⓓ	73	ⓐⓑⓒⓓ		
14	ⓐⓑⓒⓓ	34	ⓐⓑⓒⓓ	54	ⓐⓑⓒⓓ	74	ⓐⓑⓒⓓ		
15	ⓐⓑⓒⓓ	35	ⓐⓑⓒⓓ	55	ⓐⓑⓒⓓ	75	ⓐⓑⓒⓓ		
16	ⓐⓑⓒⓓ	36	ⓐⓑⓒⓓ	56	ⓐⓑⓒⓓ	76	ⓐⓑⓒⓓ		
17	ⓐⓑⓒⓓ	37	ⓐⓑⓒⓓ	57	ⓐⓑⓒⓓ	77	ⓐⓑⓒⓓ		
18	ⓐⓑⓒⓓ	38	ⓐⓑⓒⓓ	58	ⓐⓑⓒⓓ	78	ⓐⓑⓒⓓ		
19	ⓐⓑⓒⓓ	39	ⓐⓑⓒⓓ	59	ⓐⓑⓒⓓ	79	ⓐⓑⓒⓓ		
20	ⓐⓑⓒⓓ	40	ⓐⓑⓒⓓ	60	ⓐⓑⓒⓓ	80	ⓐⓑⓒⓓ		

password
(0-9 마킹란)

시원스쿨 **LAB**

G-TELP

시원스쿨 **LAB**

※ TEST DATE

MO.	DAY	YEAR

감독관	확인

성 명		등급	① ② ③ ④ ⑤

성 명 란

	초성	ㄱ ㄴ ㄷ ㄹ ㅁ ㅂ ㅅ ㅇ ㅈ ㅊ ㅋ ㅌ ㅍ ㅎ
	중성	ㅏ ㅑ ㅓ ㅕ ㅗ ㅛ ㅜ ㅠ ㅡ ㅣ ㅐ ㅒ ㅔ ㅖ ㅘ ㅙ ㅚ ㅝ ㅞ ㅟ ㅢ
	종성	ㄱ ㄴ ㄷ ㄹ ㅁ ㅂ ㅅ ㅇ ㅈ ㅊ ㅋ ㅌ ㅍ ㅎ ㄲ ㄸ ㅃ ㅆ ㅉ

수 험 번 호

문항	답 란	문항	답 란	문항	답 란	문항	답 란	문항	답 란
1	ⓐⓑⓒⓓ	21	ⓐⓑⓒⓓ	41	ⓐⓑⓒⓓ	61	ⓐⓑⓒⓓ	81	ⓐⓑⓒⓓ
2	ⓐⓑⓒⓓ	22	ⓐⓑⓒⓓ	42	ⓐⓑⓒⓓ	62	ⓐⓑⓒⓓ	82	ⓐⓑⓒⓓ
3	ⓐⓑⓒⓓ	23	ⓐⓑⓒⓓ	43	ⓐⓑⓒⓓ	63	ⓐⓑⓒⓓ	83	ⓐⓑⓒⓓ
4	ⓐⓑⓒⓓ	24	ⓐⓑⓒⓓ	44	ⓐⓑⓒⓓ	64	ⓐⓑⓒⓓ	84	ⓐⓑⓒⓓ
5	ⓐⓑⓒⓓ	25	ⓐⓑⓒⓓ	45	ⓐⓑⓒⓓ	65	ⓐⓑⓒⓓ	85	ⓐⓑⓒⓓ
6	ⓐⓑⓒⓓ	26	ⓐⓑⓒⓓ	46	ⓐⓑⓒⓓ	66	ⓐⓑⓒⓓ	86	ⓐⓑⓒⓓ
7	ⓐⓑⓒⓓ	27	ⓐⓑⓒⓓ	47	ⓐⓑⓒⓓ	67	ⓐⓑⓒⓓ	87	ⓐⓑⓒⓓ
8	ⓐⓑⓒⓓ	28	ⓐⓑⓒⓓ	48	ⓐⓑⓒⓓ	68	ⓐⓑⓒⓓ	88	ⓐⓑⓒⓓ
9	ⓐⓑⓒⓓ	29	ⓐⓑⓒⓓ	49	ⓐⓑⓒⓓ	69	ⓐⓑⓒⓓ	89	ⓐⓑⓒⓓ
10	ⓐⓑⓒⓓ	30	ⓐⓑⓒⓓ	50	ⓐⓑⓒⓓ	70	ⓐⓑⓒⓓ	90	ⓐⓑⓒⓓ
11	ⓐⓑⓒⓓ	31	ⓐⓑⓒⓓ	51	ⓐⓑⓒⓓ	71	ⓐⓑⓒⓓ		
12	ⓐⓑⓒⓓ	32	ⓐⓑⓒⓓ	52	ⓐⓑⓒⓓ	72	ⓐⓑⓒⓓ		password
13	ⓐⓑⓒⓓ	33	ⓐⓑⓒⓓ	53	ⓐⓑⓒⓓ	73	ⓐⓑⓒⓓ		
14	ⓐⓑⓒⓓ	34	ⓐⓑⓒⓓ	54	ⓐⓑⓒⓓ	74	ⓐⓑⓒⓓ		
15	ⓐⓑⓒⓓ	35	ⓐⓑⓒⓓ	55	ⓐⓑⓒⓓ	75	ⓐⓑⓒⓓ		
16	ⓐⓑⓒⓓ	36	ⓐⓑⓒⓓ	56	ⓐⓑⓒⓓ	76	ⓐⓑⓒⓓ		
17	ⓐⓑⓒⓓ	37	ⓐⓑⓒⓓ	57	ⓐⓑⓒⓓ	77	ⓐⓑⓒⓓ		
18	ⓐⓑⓒⓓ	38	ⓐⓑⓒⓓ	58	ⓐⓑⓒⓓ	78	ⓐⓑⓒⓓ		
19	ⓐⓑⓒⓓ	39	ⓐⓑⓒⓓ	59	ⓐⓑⓒⓓ	79	ⓐⓑⓒⓓ		
20	ⓐⓑⓒⓓ	40	ⓐⓑⓒⓓ	60	ⓐⓑⓒⓓ	80	ⓐⓑⓒⓓ		

1) Code 1.

	⓪①②③④⑤⑥⑦⑧⑨
	⓪①②③④⑤⑥⑦⑧⑨
	⓪①②③④⑤⑥⑦⑧⑨

2) Code 2.

	⓪①②③④⑤⑥⑦⑧⑨
	⓪①②③④⑤⑥⑦⑧⑨
	⓪①②③④⑤⑥⑦⑧⑨

3) Code 3.

	⓪①②③④⑤⑥⑦⑧⑨
	⓪①②③④⑤⑥⑦⑧⑨
	⓪①②③④⑤⑥⑦⑧⑨

주민등록번호 앞자리 － 고유번호

시원스쿨 **LAB**

G-TELP

※ TEST DATE

MO.	DAY	YEAR

성 명		등급	① ② ③ ④ ⑤

감독확인
관인

성명란

초성 중성 종성 (한글 자모 표기란)

수 험 번 호

문항	답 란	문항	답 란	문항	답 란	문항	답 란	문항	답 란	문항	답 란
1	ⓐⓑⓒⓓ	21	ⓐⓑⓒⓓ	41	ⓐⓑⓒⓓ	61	ⓐⓑⓒⓓ	81	ⓐⓑⓒⓓ		
2	ⓐⓑⓒⓓ	22	ⓐⓑⓒⓓ	42	ⓐⓑⓒⓓ	62	ⓐⓑⓒⓓ	82	ⓐⓑⓒⓓ		
3	ⓐⓑⓒⓓ	23	ⓐⓑⓒⓓ	43	ⓐⓑⓒⓓ	63	ⓐⓑⓒⓓ	83	ⓐⓑⓒⓓ		
4	ⓐⓑⓒⓓ	24	ⓐⓑⓒⓓ	44	ⓐⓑⓒⓓ	64	ⓐⓑⓒⓓ	84	ⓐⓑⓒⓓ		
5	ⓐⓑⓒⓓ	25	ⓐⓑⓒⓓ	45	ⓐⓑⓒⓓ	65	ⓐⓑⓒⓓ	85	ⓐⓑⓒⓓ		
6	ⓐⓑⓒⓓ	26	ⓐⓑⓒⓓ	46	ⓐⓑⓒⓓ	66	ⓐⓑⓒⓓ	86	ⓐⓑⓒⓓ		
7	ⓐⓑⓒⓓ	27	ⓐⓑⓒⓓ	47	ⓐⓑⓒⓓ	67	ⓐⓑⓒⓓ	87	ⓐⓑⓒⓓ		
8	ⓐⓑⓒⓓ	28	ⓐⓑⓒⓓ	48	ⓐⓑⓒⓓ	68	ⓐⓑⓒⓓ	88	ⓐⓑⓒⓓ		
9	ⓐⓑⓒⓓ	29	ⓐⓑⓒⓓ	49	ⓐⓑⓒⓓ	69	ⓐⓑⓒⓓ	89	ⓐⓑⓒⓓ		
10	ⓐⓑⓒⓓ	30	ⓐⓑⓒⓓ	50	ⓐⓑⓒⓓ	70	ⓐⓑⓒⓓ	90	ⓐⓑⓒⓓ		
11	ⓐⓑⓒⓓ	31	ⓐⓑⓒⓓ	51	ⓐⓑⓒⓓ	71	ⓐⓑⓒⓓ				
12	ⓐⓑⓒⓓ	32	ⓐⓑⓒⓓ	52	ⓐⓑⓒⓓ	72	ⓐⓑⓒⓓ				
13	ⓐⓑⓒⓓ	33	ⓐⓑⓒⓓ	53	ⓐⓑⓒⓓ	73	ⓐⓑⓒⓓ				
14	ⓐⓑⓒⓓ	34	ⓐⓑⓒⓓ	54	ⓐⓑⓒⓓ	74	ⓐⓑⓒⓓ				
15	ⓐⓑⓒⓓ	35	ⓐⓑⓒⓓ	55	ⓐⓑⓒⓓ	75	ⓐⓑⓒⓓ				
16	ⓐⓑⓒⓓ	36	ⓐⓑⓒⓓ	56	ⓐⓑⓒⓓ	76	ⓐⓑⓒⓓ				
17	ⓐⓑⓒⓓ	37	ⓐⓑⓒⓓ	57	ⓐⓑⓒⓓ	77	ⓐⓑⓒⓓ				
18	ⓐⓑⓒⓓ	38	ⓐⓑⓒⓓ	58	ⓐⓑⓒⓓ	78	ⓐⓑⓒⓓ				
19	ⓐⓑⓒⓓ	39	ⓐⓑⓒⓓ	59	ⓐⓑⓒⓓ	79	ⓐⓑⓒⓓ				
20	ⓐⓑⓒⓓ	40	ⓐⓑⓒⓓ	60	ⓐⓑⓒⓓ	80	ⓐⓑⓒⓓ				

1) Code 1.
⓪①②③④⑤⑥⑦⑧⑨
⓪①②③④⑤⑥⑦⑧⑨
⓪①②③④⑤⑥⑦⑧⑨

2) Code 2.
⓪①②③④⑤⑥⑦⑧⑨
⓪①②③④⑤⑥⑦⑧⑨
⓪①②③④⑤⑥⑦⑧⑨

3) Code 3.
⓪①②③④⑤⑥⑦⑧⑨
⓪①②③④⑤⑥⑦⑧⑨
⓪①②③④⑤⑥⑦⑧⑨

주민등록번호 앞자리 - 고유번호

password
⓪①②③④⑤⑥⑦⑧⑨

시원스쿨 LAB

G-TELP

시원스쿨 **LAB**

※ TEST DATE

MO.	DAY	YEAR

감독관	확인

성 명	

등급 ① ② ③ ④ ⑤

성 명 란

초성 ㄱ ㄴ ㄷ ㄹ ㅁ ㅂ ㅅ ㅇ ㅈ ㅊ ㅋ ㅌ ㅍ ㅎ
중성 ㅏ ㅑ ㅓ ㅕ ㅗ ㅛ ㅜ ㅠ ㅡ ㅣ ㅐ ㅒ ㅔ ㅖ ㅘ ㅙ ㅚ ㅝ ㅞ ㅟ ㅢ
종성 ㄱ ㄴ ㄷ ㄹ ㅁ ㅂ ㅅ ㅇ ㅈ ㅊ ㅋ ㅌ ㅍ ㅎ ㄲ ㄳ ㄵ ㄶ ㄺ ㄻ ㄼ ㄽ ㄾ ㄿ ㅀ ㅄ ㅆ

수 험 번 호

(number grid 0–9)

1) Code 1.
⓪ ① ② ③ ④ ⑤ ⑥ ⑦ ⑧ ⑨
⓪ ① ② ③ ④ ⑤ ⑥ ⑦ ⑧ ⑨
⓪ ① ② ③ ④ ⑤ ⑥ ⑦ ⑧ ⑨

2) Code 2.
⓪ ① ② ③ ④ ⑤ ⑥ ⑦ ⑧ ⑨
⓪ ① ② ③ ④ ⑤ ⑥ ⑦ ⑧ ⑨
⓪ ① ② ③ ④ ⑤ ⑥ ⑦ ⑧ ⑨

3) Code 3.
⓪ ① ② ③ ④ ⑤ ⑥ ⑦ ⑧ ⑨
⓪ ① ② ③ ④ ⑤ ⑥ ⑦ ⑧ ⑨
⓪ ① ② ③ ④ ⑤ ⑥ ⑦ ⑧ ⑨

주민등록번호 앞자리	−	고유번호

(number grid 0–9)

문항	답 란	문항	답 란	문항	답 란	문항	답 란	문항	답 란
1	ⓐⓑⓒⓓ	21	ⓐⓑⓒⓓ	41	ⓐⓑⓒⓓ	61	ⓐⓑⓒⓓ	81	ⓐⓑⓒⓓ
2	ⓐⓑⓒⓓ	22	ⓐⓑⓒⓓ	42	ⓐⓑⓒⓓ	62	ⓐⓑⓒⓓ	82	ⓐⓑⓒⓓ
3	ⓐⓑⓒⓓ	23	ⓐⓑⓒⓓ	43	ⓐⓑⓒⓓ	63	ⓐⓑⓒⓓ	83	ⓐⓑⓒⓓ
4	ⓐⓑⓒⓓ	24	ⓐⓑⓒⓓ	44	ⓐⓑⓒⓓ	64	ⓐⓑⓒⓓ	84	ⓐⓑⓒⓓ
5	ⓐⓑⓒⓓ	25	ⓐⓑⓒⓓ	45	ⓐⓑⓒⓓ	65	ⓐⓑⓒⓓ	85	ⓐⓑⓒⓓ
6	ⓐⓑⓒⓓ	26	ⓐⓑⓒⓓ	46	ⓐⓑⓒⓓ	66	ⓐⓑⓒⓓ	86	ⓐⓑⓒⓓ
7	ⓐⓑⓒⓓ	27	ⓐⓑⓒⓓ	47	ⓐⓑⓒⓓ	67	ⓐⓑⓒⓓ	87	ⓐⓑⓒⓓ
8	ⓐⓑⓒⓓ	28	ⓐⓑⓒⓓ	48	ⓐⓑⓒⓓ	68	ⓐⓑⓒⓓ	88	ⓐⓑⓒⓓ
9	ⓐⓑⓒⓓ	29	ⓐⓑⓒⓓ	49	ⓐⓑⓒⓓ	69	ⓐⓑⓒⓓ	89	ⓐⓑⓒⓓ
10	ⓐⓑⓒⓓ	30	ⓐⓑⓒⓓ	50	ⓐⓑⓒⓓ	70	ⓐⓑⓒⓓ	90	ⓐⓑⓒⓓ
11	ⓐⓑⓒⓓ	31	ⓐⓑⓒⓓ	51	ⓐⓑⓒⓓ	71	ⓐⓑⓒⓓ		
12	ⓐⓑⓒⓓ	32	ⓐⓑⓒⓓ	52	ⓐⓑⓒⓓ	72	ⓐⓑⓒⓓ		
13	ⓐⓑⓒⓓ	33	ⓐⓑⓒⓓ	53	ⓐⓑⓒⓓ	73	ⓐⓑⓒⓓ		
14	ⓐⓑⓒⓓ	34	ⓐⓑⓒⓓ	54	ⓐⓑⓒⓓ	74	ⓐⓑⓒⓓ		
15	ⓐⓑⓒⓓ	35	ⓐⓑⓒⓓ	55	ⓐⓑⓒⓓ	75	ⓐⓑⓒⓓ		
16	ⓐⓑⓒⓓ	36	ⓐⓑⓒⓓ	56	ⓐⓑⓒⓓ	76	ⓐⓑⓒⓓ		
17	ⓐⓑⓒⓓ	37	ⓐⓑⓒⓓ	57	ⓐⓑⓒⓓ	77	ⓐⓑⓒⓓ		
18	ⓐⓑⓒⓓ	38	ⓐⓑⓒⓓ	58	ⓐⓑⓒⓓ	78	ⓐⓑⓒⓓ		
19	ⓐⓑⓒⓓ	39	ⓐⓑⓒⓓ	59	ⓐⓑⓒⓓ	79	ⓐⓑⓒⓓ		
20	ⓐⓑⓒⓓ	40	ⓐⓑⓒⓓ	60	ⓐⓑⓒⓓ	80	ⓐⓑⓒⓓ		

password

(number grid 0–9)

시원스쿨 LAB

G-TELP

시원스쿨 **LAB**

※ TEST DATE	MO.	DAY	YEAR

성 명		등급	① ② ③ ④ ⑤

감독관 확인	

성 명 란	초성	㉠ ㉡ ㉢ ㉣ ㉤ ㉥ ㉦ ㉧ ㉨ ㉩ ㉪ ㉫ ㉬ ㉭
	중성	
	종성	
	초성	
	중성	
	종성	
	초성	
	중성	
	종성	
	초성	
	중성	
	종성	

수 험 번 호

—			—		

⓪①②③④⑤⑥⑦⑧⑨

1) Code 1.
⓪①②③④⑤⑥⑦⑧⑨
⓪①②③④⑤⑥⑦⑧⑨
⓪①②③④⑤⑥⑦⑧⑨

2) Code 2.
⓪①②③④⑤⑥⑦⑧⑨
⓪①②③④⑤⑥⑦⑧⑨
⓪①②③④⑤⑥⑦⑧⑨

3) Code 3.
⓪①②③④⑤⑥⑦⑧⑨
⓪①②③④⑤⑥⑦⑧⑨
⓪①②③④⑤⑥⑦⑧⑨

주민등록번호 앞자리	—	고유번호
	—	

⓪①②③④⑤⑥⑦⑧⑨

문항	답란	문항	답란	문항	답란	문항	답란	문항	답란
1	ⓐⓑⓒⓓ	21	ⓐⓑⓒⓓ	41	ⓐⓑⓒⓓ	61	ⓐⓑⓒⓓ	81	ⓐⓑⓒⓓ
2	ⓐⓑⓒⓓ	22	ⓐⓑⓒⓓ	42	ⓐⓑⓒⓓ	62	ⓐⓑⓒⓓ	82	ⓐⓑⓒⓓ
3	ⓐⓑⓒⓓ	23	ⓐⓑⓒⓓ	43	ⓐⓑⓒⓓ	63	ⓐⓑⓒⓓ	83	ⓐⓑⓒⓓ
4	ⓐⓑⓒⓓ	24	ⓐⓑⓒⓓ	44	ⓐⓑⓒⓓ	64	ⓐⓑⓒⓓ	84	ⓐⓑⓒⓓ
5	ⓐⓑⓒⓓ	25	ⓐⓑⓒⓓ	45	ⓐⓑⓒⓓ	65	ⓐⓑⓒⓓ	85	ⓐⓑⓒⓓ
6	ⓐⓑⓒⓓ	26	ⓐⓑⓒⓓ	46	ⓐⓑⓒⓓ	66	ⓐⓑⓒⓓ	86	ⓐⓑⓒⓓ
7	ⓐⓑⓒⓓ	27	ⓐⓑⓒⓓ	47	ⓐⓑⓒⓓ	67	ⓐⓑⓒⓓ	87	ⓐⓑⓒⓓ
8	ⓐⓑⓒⓓ	28	ⓐⓑⓒⓓ	48	ⓐⓑⓒⓓ	68	ⓐⓑⓒⓓ	88	ⓐⓑⓒⓓ
9	ⓐⓑⓒⓓ	29	ⓐⓑⓒⓓ	49	ⓐⓑⓒⓓ	69	ⓐⓑⓒⓓ	89	ⓐⓑⓒⓓ
10	ⓐⓑⓒⓓ	30	ⓐⓑⓒⓓ	50	ⓐⓑⓒⓓ	70	ⓐⓑⓒⓓ	90	ⓐⓑⓒⓓ
11	ⓐⓑⓒⓓ	31	ⓐⓑⓒⓓ	51	ⓐⓑⓒⓓ	71	ⓐⓑⓒⓓ		
12	ⓐⓑⓒⓓ	32	ⓐⓑⓒⓓ	52	ⓐⓑⓒⓓ	72	ⓐⓑⓒⓓ	password	
13	ⓐⓑⓒⓓ	33	ⓐⓑⓒⓓ	53	ⓐⓑⓒⓓ	73	ⓐⓑⓒⓓ		
14	ⓐⓑⓒⓓ	34	ⓐⓑⓒⓓ	54	ⓐⓑⓒⓓ	74	ⓐⓑⓒⓓ	⓪①②③④⑤⑥⑦⑧⑨	
15	ⓐⓑⓒⓓ	35	ⓐⓑⓒⓓ	55	ⓐⓑⓒⓓ	75	ⓐⓑⓒⓓ		
16	ⓐⓑⓒⓓ	36	ⓐⓑⓒⓓ	56	ⓐⓑⓒⓓ	76	ⓐⓑⓒⓓ		
17	ⓐⓑⓒⓓ	37	ⓐⓑⓒⓓ	57	ⓐⓑⓒⓓ	77	ⓐⓑⓒⓓ		
18	ⓐⓑⓒⓓ	38	ⓐⓑⓒⓓ	58	ⓐⓑⓒⓓ	78	ⓐⓑⓒⓓ		
19	ⓐⓑⓒⓓ	39	ⓐⓑⓒⓓ	59	ⓐⓑⓒⓓ	79	ⓐⓑⓒⓓ		
20	ⓐⓑⓒⓓ	40	ⓐⓑⓒⓓ	60	ⓐⓑⓒⓓ	80	ⓐⓑⓒⓓ		

시원스쿨 **LAB**

G-TELP

시원스쿨 **LAB**

※ TEST DATE

MO.	DAY	YEAR

성 명		등급	① ② ③ ④ ⑤

감독관인 / 확인

성 명 란

	초성	ㄱ ㄴ ㄷ ㄹ ㅁ ㅂ ㅅ ㅇ ㅈ ㅊ ㅋ ㅌ ㅍ ㅎ
	중성	ㅏ ㅑ ㅓ ㅕ ㅗ ㅛ ㅜ ㅠ ㅡ ㅣ ㅐ ㅔ ㅒ ㅖ ㅘ ㅙ ㅚ ㅝ ㅞ ㅟ ㅢ
	종성	ㄱ ㄴ ㄷ ㄹ ㅁ ㅂ ㅅ ㅇ ㅈ ㅊ ㅋ ㅌ ㅍ ㅎ ㄲ ㄳ ㄵ ㄶ ㄺ ㄻ ㄼ ㅄ ㅆ ㅉ

(성명란 반복 4회)

수 험 번 호

1) Code 1.
⓪①②③④⑤⑥⑦⑧⑨
⓪①②③④⑤⑥⑦⑧⑨
⓪①②③④⑤⑥⑦⑧⑨

2) Code 2.
⓪①②③④⑤⑥⑦⑧⑨
⓪①②③④⑤⑥⑦⑧⑨
⓪①②③④⑤⑥⑦⑧⑨

3) Code 3.
⓪①②③④⑤⑥⑦⑧⑨
⓪①②③④⑤⑥⑦⑧⑨
⓪①②③④⑤⑥⑦⑧⑨

주민등록번호 앞자리	–	고유번호

문항	답란	문항	답란	문항	답란	문항	답란	문항	답란
1	ⓐⓑⓒⓓ	21	ⓐⓑⓒⓓ	41	ⓐⓑⓒⓓ	61	ⓐⓑⓒⓓ	81	ⓐⓑⓒⓓ
2	ⓐⓑⓒⓓ	22	ⓐⓑⓒⓓ	42	ⓐⓑⓒⓓ	62	ⓐⓑⓒⓓ	82	ⓐⓑⓒⓓ
3	ⓐⓑⓒⓓ	23	ⓐⓑⓒⓓ	43	ⓐⓑⓒⓓ	63	ⓐⓑⓒⓓ	83	ⓐⓑⓒⓓ
4	ⓐⓑⓒⓓ	24	ⓐⓑⓒⓓ	44	ⓐⓑⓒⓓ	64	ⓐⓑⓒⓓ	84	ⓐⓑⓒⓓ
5	ⓐⓑⓒⓓ	25	ⓐⓑⓒⓓ	45	ⓐⓑⓒⓓ	65	ⓐⓑⓒⓓ	85	ⓐⓑⓒⓓ
6	ⓐⓑⓒⓓ	26	ⓐⓑⓒⓓ	46	ⓐⓑⓒⓓ	66	ⓐⓑⓒⓓ	86	ⓐⓑⓒⓓ
7	ⓐⓑⓒⓓ	27	ⓐⓑⓒⓓ	47	ⓐⓑⓒⓓ	67	ⓐⓑⓒⓓ	87	ⓐⓑⓒⓓ
8	ⓐⓑⓒⓓ	28	ⓐⓑⓒⓓ	48	ⓐⓑⓒⓓ	68	ⓐⓑⓒⓓ	88	ⓐⓑⓒⓓ
9	ⓐⓑⓒⓓ	29	ⓐⓑⓒⓓ	49	ⓐⓑⓒⓓ	69	ⓐⓑⓒⓓ	89	ⓐⓑⓒⓓ
10	ⓐⓑⓒⓓ	30	ⓐⓑⓒⓓ	50	ⓐⓑⓒⓓ	70	ⓐⓑⓒⓓ	90	ⓐⓑⓒⓓ
11	ⓐⓑⓒⓓ	31	ⓐⓑⓒⓓ	51	ⓐⓑⓒⓓ	71	ⓐⓑⓒⓓ		
12	ⓐⓑⓒⓓ	32	ⓐⓑⓒⓓ	52	ⓐⓑⓒⓓ	72	ⓐⓑⓒⓓ		
13	ⓐⓑⓒⓓ	33	ⓐⓑⓒⓓ	53	ⓐⓑⓒⓓ	73	ⓐⓑⓒⓓ		
14	ⓐⓑⓒⓓ	34	ⓐⓑⓒⓓ	54	ⓐⓑⓒⓓ	74	ⓐⓑⓒⓓ		
15	ⓐⓑⓒⓓ	35	ⓐⓑⓒⓓ	55	ⓐⓑⓒⓓ	75	ⓐⓑⓒⓓ		
16	ⓐⓑⓒⓓ	36	ⓐⓑⓒⓓ	56	ⓐⓑⓒⓓ	76	ⓐⓑⓒⓓ		
17	ⓐⓑⓒⓓ	37	ⓐⓑⓒⓓ	57	ⓐⓑⓒⓓ	77	ⓐⓑⓒⓓ		
18	ⓐⓑⓒⓓ	38	ⓐⓑⓒⓓ	58	ⓐⓑⓒⓓ	78	ⓐⓑⓒⓓ		
19	ⓐⓑⓒⓓ	39	ⓐⓑⓒⓓ	59	ⓐⓑⓒⓓ	79	ⓐⓑⓒⓓ		
20	ⓐⓑⓒⓓ	40	ⓐⓑⓒⓓ	60	ⓐⓑⓒⓓ	80	ⓐⓑⓒⓓ		

password

⓪⓪⓪⓪
①①①①
②②②②
③③③③
④④④④
⑤⑤⑤⑤
⑥⑥⑥⑥
⑦⑦⑦⑦
⑧⑧⑧⑧
⑨⑨⑨⑨

시원스쿨 LAB

G-TELP

※ TEST DATE

MO.	DAY	YEAR

성 명

등급 ① ② ③ ④ ⑤

감독관인	확인

성명란

초성 / 중성 / 종성 (한글 자모 마킹란)

수 험 번 호

(번호 마킹란 0–9)

1) Code 1.
⓪ ① ② ③ ④ ⑤ ⑥ ⑦ ⑧ ⑨
⓪ ① ② ③ ④ ⑤ ⑥ ⑦ ⑧ ⑨
⓪ ① ② ③ ④ ⑤ ⑥ ⑦ ⑧ ⑨

2) Code 2.
⓪ ① ② ③ ④ ⑤ ⑥ ⑦ ⑧ ⑨
⓪ ① ② ③ ④ ⑤ ⑥ ⑦ ⑧ ⑨
⓪ ① ② ③ ④ ⑤ ⑥ ⑦ ⑧ ⑨

3) Code 3.
⓪ ① ② ③ ④ ⑤ ⑥ ⑦ ⑧ ⑨
⓪ ① ② ③ ④ ⑤ ⑥ ⑦ ⑧ ⑨
⓪ ① ② ③ ④ ⑤ ⑥ ⑦ ⑧ ⑨

주민등록번호 앞자리	-	고유번호

(숫자 마킹란 0–9)

문항	답 란	문항	답 란	문항	답 란	문항	답 란	문항	답 란	문항	답 란
1	ⓐⓑⓒⓓ	21	ⓐⓑⓒⓓ	41	ⓐⓑⓒⓓ	61	ⓐⓑⓒⓓ	81	ⓐⓑⓒⓓ		
2	ⓐⓑⓒⓓ	22	ⓐⓑⓒⓓ	42	ⓐⓑⓒⓓ	62	ⓐⓑⓒⓓ	82	ⓐⓑⓒⓓ		
3	ⓐⓑⓒⓓ	23	ⓐⓑⓒⓓ	43	ⓐⓑⓒⓓ	63	ⓐⓑⓒⓓ	83	ⓐⓑⓒⓓ		
4	ⓐⓑⓒⓓ	24	ⓐⓑⓒⓓ	44	ⓐⓑⓒⓓ	64	ⓐⓑⓒⓓ	84	ⓐⓑⓒⓓ		
5	ⓐⓑⓒⓓ	25	ⓐⓑⓒⓓ	45	ⓐⓑⓒⓓ	65	ⓐⓑⓒⓓ	85	ⓐⓑⓒⓓ		
6	ⓐⓑⓒⓓ	26	ⓐⓑⓒⓓ	46	ⓐⓑⓒⓓ	66	ⓐⓑⓒⓓ	86	ⓐⓑⓒⓓ		
7	ⓐⓑⓒⓓ	27	ⓐⓑⓒⓓ	47	ⓐⓑⓒⓓ	67	ⓐⓑⓒⓓ	87	ⓐⓑⓒⓓ		
8	ⓐⓑⓒⓓ	28	ⓐⓑⓒⓓ	48	ⓐⓑⓒⓓ	68	ⓐⓑⓒⓓ	88	ⓐⓑⓒⓓ		
9	ⓐⓑⓒⓓ	29	ⓐⓑⓒⓓ	49	ⓐⓑⓒⓓ	69	ⓐⓑⓒⓓ	89	ⓐⓑⓒⓓ		
10	ⓐⓑⓒⓓ	30	ⓐⓑⓒⓓ	50	ⓐⓑⓒⓓ	70	ⓐⓑⓒⓓ	90	ⓐⓑⓒⓓ		
11	ⓐⓑⓒⓓ	31	ⓐⓑⓒⓓ	51	ⓐⓑⓒⓓ	71	ⓐⓑⓒⓓ				
12	ⓐⓑⓒⓓ	32	ⓐⓑⓒⓓ	52	ⓐⓑⓒⓓ	72	ⓐⓑⓒⓓ				
13	ⓐⓑⓒⓓ	33	ⓐⓑⓒⓓ	53	ⓐⓑⓒⓓ	73	ⓐⓑⓒⓓ				
14	ⓐⓑⓒⓓ	34	ⓐⓑⓒⓓ	54	ⓐⓑⓒⓓ	74	ⓐⓑⓒⓓ				
15	ⓐⓑⓒⓓ	35	ⓐⓑⓒⓓ	55	ⓐⓑⓒⓓ	75	ⓐⓑⓒⓓ				
16	ⓐⓑⓒⓓ	36	ⓐⓑⓒⓓ	56	ⓐⓑⓒⓓ	76	ⓐⓑⓒⓓ				
17	ⓐⓑⓒⓓ	37	ⓐⓑⓒⓓ	57	ⓐⓑⓒⓓ	77	ⓐⓑⓒⓓ				
18	ⓐⓑⓒⓓ	38	ⓐⓑⓒⓓ	58	ⓐⓑⓒⓓ	78	ⓐⓑⓒⓓ				
19	ⓐⓑⓒⓓ	39	ⓐⓑⓒⓓ	59	ⓐⓑⓒⓓ	79	ⓐⓑⓒⓓ				
20	ⓐⓑⓒⓓ	40	ⓐⓑⓒⓓ	60	ⓐⓑⓒⓓ	80	ⓐⓑⓒⓓ				

password

(숫자 마킹란 0–9)

시원스쿨 **LAB**

G-TELP

※ TEST DATE

MO.	DAY	YEAR

감독확인관인	

성 명

등급　① ② ③ ④ ⑤

성명란

	초성	ㄱ ㄴ ㄷ ㄹ ㅁ ㅂ ㅅ ㅇ ㅈ ㅊ ㅋ ㅌ ㅍ ㅎ
	중성	ㅏ ㅑ ㅓ ㅕ ㅗ ㅛ ㅜ ㅠ ㅡ ㅣ ㅐ ㅒ ㅔ ㅖ ㅘ ㅚ ㅝ ㅟ ㅢ
	종성	ㄱ ㄴ ㄷ ㄹ ㅁ ㅂ ㅅ ㅇ ㅈ ㅊ ㅋ ㅌ ㅍ ㅎ ㄲ ㄳ ㄵ ㄶ ㄺ ㄻ ㅄ ㅆ ㅉ
성	초성	ㄱ ㄴ ㄷ ㄹ ㅁ ㅂ ㅅ ㅇ ㅈ ㅊ ㅋ ㅌ ㅍ ㅎ
명	중성	ㅏ ㅑ ㅓ ㅕ ㅗ ㅛ ㅜ ㅠ ㅡ ㅣ ㅐ ㅒ ㅔ ㅖ ㅘ ㅚ ㅝ ㅟ ㅢ
란	종성	ㄱ ㄴ ㄷ ㄹ ㅁ ㅂ ㅅ ㅇ ㅈ ㅊ ㅋ ㅌ ㅍ ㅎ ㄲ ㄳ ㄵ ㄶ ㄺ ㄻ ㅄ ㅆ ㅉ
	초성	ㄱ ㄴ ㄷ ㄹ ㅁ ㅂ ㅅ ㅇ ㅈ ㅊ ㅋ ㅌ ㅍ ㅎ
	중성	ㅏ ㅑ ㅓ ㅕ ㅗ ㅛ ㅜ ㅠ ㅡ ㅣ ㅐ ㅒ ㅔ ㅖ ㅘ ㅚ ㅝ ㅟ ㅢ
	종성	ㄱ ㄴ ㄷ ㄹ ㅁ ㅂ ㅅ ㅇ ㅈ ㅊ ㅋ ㅌ ㅍ ㅎ ㄲ ㄳ ㄵ ㄶ ㄺ ㄻ ㅄ ㅆ ㅉ
	초성	ㄱ ㄴ ㄷ ㄹ ㅁ ㅂ ㅅ ㅇ ㅈ ㅊ ㅋ ㅌ ㅍ ㅎ
	중성	ㅏ ㅑ ㅓ ㅕ ㅗ ㅛ ㅜ ㅠ ㅡ ㅣ ㅐ ㅒ ㅔ ㅖ ㅘ ㅚ ㅝ ㅟ ㅢ
	종성	ㄱ ㄴ ㄷ ㄹ ㅁ ㅂ ㅅ ㅇ ㅈ ㅊ ㅋ ㅌ ㅍ ㅎ ㄲ ㄳ ㄵ ㄶ ㄺ ㄻ ㅄ ㅆ ㅉ

수 험 번 호

(0 1 2 3 4 5 6 7 8 9 columns with dash separators)

1) Code 1.
	⓪①②③④⑤⑥⑦⑧⑨
	⓪①②③④⑤⑥⑦⑧⑨
	⓪①②③④⑤⑥⑦⑧⑨

2) Code 2.
	⓪①②③④⑤⑥⑦⑧⑨
	⓪①②③④⑤⑥⑦⑧⑨
	⓪①②③④⑤⑥⑦⑧⑨

3) Code 3.
	⓪①②③④⑤⑥⑦⑧⑨
	⓪①②③④⑤⑥⑦⑧⑨
	⓪①②③④⑤⑥⑦⑧⑨

주민등록번호 앞자리　－　고유번호

(⓪①②③④⑤⑥⑦⑧⑨ grids)

문항	답 란	문항	답 란	문항	답 란	문항	답 란	문항	답 란	문항	답 란
1	ⓐⓑⓒⓓ	21	ⓐⓑⓒⓓ	41	ⓐⓑⓒⓓ	61	ⓐⓑⓒⓓ	81	ⓐⓑⓒⓓ		
2	ⓐⓑⓒⓓ	22	ⓐⓑⓒⓓ	42	ⓐⓑⓒⓓ	62	ⓐⓑⓒⓓ	82	ⓐⓑⓒⓓ		
3	ⓐⓑⓒⓓ	23	ⓐⓑⓒⓓ	43	ⓐⓑⓒⓓ	63	ⓐⓑⓒⓓ	83	ⓐⓑⓒⓓ		
4	ⓐⓑⓒⓓ	24	ⓐⓑⓒⓓ	44	ⓐⓑⓒⓓ	64	ⓐⓑⓒⓓ	84	ⓐⓑⓒⓓ		
5	ⓐⓑⓒⓓ	25	ⓐⓑⓒⓓ	45	ⓐⓑⓒⓓ	65	ⓐⓑⓒⓓ	85	ⓐⓑⓒⓓ		
6	ⓐⓑⓒⓓ	26	ⓐⓑⓒⓓ	46	ⓐⓑⓒⓓ	66	ⓐⓑⓒⓓ	86	ⓐⓑⓒⓓ		
7	ⓐⓑⓒⓓ	27	ⓐⓑⓒⓓ	47	ⓐⓑⓒⓓ	67	ⓐⓑⓒⓓ	87	ⓐⓑⓒⓓ		
8	ⓐⓑⓒⓓ	28	ⓐⓑⓒⓓ	48	ⓐⓑⓒⓓ	68	ⓐⓑⓒⓓ	88	ⓐⓑⓒⓓ		
9	ⓐⓑⓒⓓ	29	ⓐⓑⓒⓓ	49	ⓐⓑⓒⓓ	69	ⓐⓑⓒⓓ	89	ⓐⓑⓒⓓ		
10	ⓐⓑⓒⓓ	30	ⓐⓑⓒⓓ	50	ⓐⓑⓒⓓ	70	ⓐⓑⓒⓓ	90	ⓐⓑⓒⓓ		
11	ⓐⓑⓒⓓ	31	ⓐⓑⓒⓓ	51	ⓐⓑⓒⓓ	71	ⓐⓑⓒⓓ				
12	ⓐⓑⓒⓓ	32	ⓐⓑⓒⓓ	52	ⓐⓑⓒⓓ	72	ⓐⓑⓒⓓ				
13	ⓐⓑⓒⓓ	33	ⓐⓑⓒⓓ	53	ⓐⓑⓒⓓ	73	ⓐⓑⓒⓓ				
14	ⓐⓑⓒⓓ	34	ⓐⓑⓒⓓ	54	ⓐⓑⓒⓓ	74	ⓐⓑⓒⓓ				
15	ⓐⓑⓒⓓ	35	ⓐⓑⓒⓓ	55	ⓐⓑⓒⓓ	75	ⓐⓑⓒⓓ				
16	ⓐⓑⓒⓓ	36	ⓐⓑⓒⓓ	56	ⓐⓑⓒⓓ	76	ⓐⓑⓒⓓ				
17	ⓐⓑⓒⓓ	37	ⓐⓑⓒⓓ	57	ⓐⓑⓒⓓ	77	ⓐⓑⓒⓓ				
18	ⓐⓑⓒⓓ	38	ⓐⓑⓒⓓ	58	ⓐⓑⓒⓓ	78	ⓐⓑⓒⓓ				
19	ⓐⓑⓒⓓ	39	ⓐⓑⓒⓓ	59	ⓐⓑⓒⓓ	79	ⓐⓑⓒⓓ				
20	ⓐⓑⓒⓓ	40	ⓐⓑⓒⓓ	60	ⓐⓑⓒⓓ	80	ⓐⓑⓒⓓ				

password

(⓪①②③④⑤⑥⑦⑧⑨ grid, 4 columns)

시원스쿨 **LAB**

G-TELP

시원스쿨 **LAB**

※ TEST DATE

MO.	DAY	YEAR

감독확인관인

성 명		등급	① ② ③ ④ ⑤

성 명 란

	초성	ㄱ ㄴ ㄷ ㄹ ㅁ ㅂ ㅅ ㅇ ㅈ ㅊ ㅋ ㅌ ㅍ ㅎ		
	중성	ㅏ ㅑ ㅓ ㅕ ㅗ ㅛ ㅜ ㅠ ㅡ ㅣ ㅐ ㅒ ㅔ ㅖ ㅘ ㅙ ㅚ ㅝ ㅞ ㅟ ㅢ		
	종성	ㄱ ㄴ ㄷ ㄹ ㅁ ㅂ ㅅ ㅇ ㅈ ㅊ ㅋ ㅌ ㅍ ㅎ ㄲ ㄳ ㄵ ㄶ ㄺ ㄻ ㄼ ㅄ ㅆ ㅉ		

수 험 번 호

1) Code 1.

	⓪①②③④⑤⑥⑦⑧⑨
	⓪①②③④⑤⑥⑦⑧⑨
	⓪①②③④⑤⑥⑦⑧⑨

2) Code 2.

	⓪①②③④⑤⑥⑦⑧⑨
	⓪①②③④⑤⑥⑦⑧⑨
	⓪①②③④⑤⑥⑦⑧⑨

3) Code 3.

	⓪①②③④⑤⑥⑦⑧⑨
	⓪①②③④⑤⑥⑦⑧⑨
	⓪①②③④⑤⑥⑦⑧⑨

주민등록번호 앞자리 - 고유번호

문항	답 란	문항	답 란	문항	답 란	문항	답 란	문항	답 란
1	ⓐⓑⓒⓓ	21	ⓐⓑⓒⓓ	41	ⓐⓑⓒⓓ	61	ⓐⓑⓒⓓ	81	ⓐⓑⓒⓓ
2	ⓐⓑⓒⓓ	22	ⓐⓑⓒⓓ	42	ⓐⓑⓒⓓ	62	ⓐⓑⓒⓓ	82	ⓐⓑⓒⓓ
3	ⓐⓑⓒⓓ	23	ⓐⓑⓒⓓ	43	ⓐⓑⓒⓓ	63	ⓐⓑⓒⓓ	83	ⓐⓑⓒⓓ
4	ⓐⓑⓒⓓ	24	ⓐⓑⓒⓓ	44	ⓐⓑⓒⓓ	64	ⓐⓑⓒⓓ	84	ⓐⓑⓒⓓ
5	ⓐⓑⓒⓓ	25	ⓐⓑⓒⓓ	45	ⓐⓑⓒⓓ	65	ⓐⓑⓒⓓ	85	ⓐⓑⓒⓓ
6	ⓐⓑⓒⓓ	26	ⓐⓑⓒⓓ	46	ⓐⓑⓒⓓ	66	ⓐⓑⓒⓓ	86	ⓐⓑⓒⓓ
7	ⓐⓑⓒⓓ	27	ⓐⓑⓒⓓ	47	ⓐⓑⓒⓓ	67	ⓐⓑⓒⓓ	87	ⓐⓑⓒⓓ
8	ⓐⓑⓒⓓ	28	ⓐⓑⓒⓓ	48	ⓐⓑⓒⓓ	68	ⓐⓑⓒⓓ	88	ⓐⓑⓒⓓ
9	ⓐⓑⓒⓓ	29	ⓐⓑⓒⓓ	49	ⓐⓑⓒⓓ	69	ⓐⓑⓒⓓ	89	ⓐⓑⓒⓓ
10	ⓐⓑⓒⓓ	30	ⓐⓑⓒⓓ	50	ⓐⓑⓒⓓ	70	ⓐⓑⓒⓓ	90	ⓐⓑⓒⓓ
11	ⓐⓑⓒⓓ	31	ⓐⓑⓒⓓ	51	ⓐⓑⓒⓓ	71	ⓐⓑⓒⓓ		
12	ⓐⓑⓒⓓ	32	ⓐⓑⓒⓓ	52	ⓐⓑⓒⓓ	72	ⓐⓑⓒⓓ		
13	ⓐⓑⓒⓓ	33	ⓐⓑⓒⓓ	53	ⓐⓑⓒⓓ	73	ⓐⓑⓒⓓ		
14	ⓐⓑⓒⓓ	34	ⓐⓑⓒⓓ	54	ⓐⓑⓒⓓ	74	ⓐⓑⓒⓓ		
15	ⓐⓑⓒⓓ	35	ⓐⓑⓒⓓ	55	ⓐⓑⓒⓓ	75	ⓐⓑⓒⓓ		
16	ⓐⓑⓒⓓ	36	ⓐⓑⓒⓓ	56	ⓐⓑⓒⓓ	76	ⓐⓑⓒⓓ		
17	ⓐⓑⓒⓓ	37	ⓐⓑⓒⓓ	57	ⓐⓑⓒⓓ	77	ⓐⓑⓒⓓ		
18	ⓐⓑⓒⓓ	38	ⓐⓑⓒⓓ	58	ⓐⓑⓒⓓ	78	ⓐⓑⓒⓓ		
19	ⓐⓑⓒⓓ	39	ⓐⓑⓒⓓ	59	ⓐⓑⓒⓓ	79	ⓐⓑⓒⓓ		
20	ⓐⓑⓒⓓ	40	ⓐⓑⓒⓓ	60	ⓐⓑⓒⓓ	80	ⓐⓑⓒⓓ		

password

⓪⓪⓪⓪
①①①①
②②②②
③③③③
④④④④
⑤⑤⑤⑤
⑥⑥⑥⑥
⑦⑦⑦⑦
⑧⑧⑧⑧
⑨⑨⑨⑨

시원스쿨 **LAB**

G-TELP

※ TEST DATE

MO.	DAY	YEAR

감 확
독
관 인

성 명		등급	① ② ③ ④ ⑤

성 명 란

초성 / 중성 / 종성

수 험 번 호

1) Code 1.

| ⓪①②③④⑤⑥⑦⑧⑨ |
| ⓪①②③④⑤⑥⑦⑧⑨ |
| ⓪①②③④⑤⑥⑦⑧⑨ |

2) Code 2.

| ⓪①②③④⑤⑥⑦⑧⑨ |
| ⓪①②③④⑤⑥⑦⑧⑨ |
| ⓪①②③④⑤⑥⑦⑧⑨ |

3) Code 3.

| ⓪①②③④⑤⑥⑦⑧⑨ |
| ⓪①②③④⑤⑥⑦⑧⑨ |
| ⓪①②③④⑤⑥⑦⑧⑨ |

주민등록번호 앞자리 — 고유번호

문항	답 란	문항	답 란	문항	답 란	문항	답 란	문항	답 란
1	ⓐⓑⓒⓓ	21	ⓐⓑⓒⓓ	41	ⓐⓑⓒⓓ	61	ⓐⓑⓒⓓ	81	ⓐⓑⓒⓓ
2	ⓐⓑⓒⓓ	22	ⓐⓑⓒⓓ	42	ⓐⓑⓒⓓ	62	ⓐⓑⓒⓓ	82	ⓐⓑⓒⓓ
3	ⓐⓑⓒⓓ	23	ⓐⓑⓒⓓ	43	ⓐⓑⓒⓓ	63	ⓐⓑⓒⓓ	83	ⓐⓑⓒⓓ
4	ⓐⓑⓒⓓ	24	ⓐⓑⓒⓓ	44	ⓐⓑⓒⓓ	64	ⓐⓑⓒⓓ	84	ⓐⓑⓒⓓ
5	ⓐⓑⓒⓓ	25	ⓐⓑⓒⓓ	45	ⓐⓑⓒⓓ	65	ⓐⓑⓒⓓ	85	ⓐⓑⓒⓓ
6	ⓐⓑⓒⓓ	26	ⓐⓑⓒⓓ	46	ⓐⓑⓒⓓ	66	ⓐⓑⓒⓓ	86	ⓐⓑⓒⓓ
7	ⓐⓑⓒⓓ	27	ⓐⓑⓒⓓ	47	ⓐⓑⓒⓓ	67	ⓐⓑⓒⓓ	87	ⓐⓑⓒⓓ
8	ⓐⓑⓒⓓ	28	ⓐⓑⓒⓓ	48	ⓐⓑⓒⓓ	68	ⓐⓑⓒⓓ	88	ⓐⓑⓒⓓ
9	ⓐⓑⓒⓓ	29	ⓐⓑⓒⓓ	49	ⓐⓑⓒⓓ	69	ⓐⓑⓒⓓ	89	ⓐⓑⓒⓓ
10	ⓐⓑⓒⓓ	30	ⓐⓑⓒⓓ	50	ⓐⓑⓒⓓ	70	ⓐⓑⓒⓓ	90	ⓐⓑⓒⓓ
11	ⓐⓑⓒⓓ	31	ⓐⓑⓒⓓ	51	ⓐⓑⓒⓓ	71	ⓐⓑⓒⓓ		
12	ⓐⓑⓒⓓ	32	ⓐⓑⓒⓓ	52	ⓐⓑⓒⓓ	72	ⓐⓑⓒⓓ		
13	ⓐⓑⓒⓓ	33	ⓐⓑⓒⓓ	53	ⓐⓑⓒⓓ	73	ⓐⓑⓒⓓ		password
14	ⓐⓑⓒⓓ	34	ⓐⓑⓒⓓ	54	ⓐⓑⓒⓓ	74	ⓐⓑⓒⓓ		
15	ⓐⓑⓒⓓ	35	ⓐⓑⓒⓓ	55	ⓐⓑⓒⓓ	75	ⓐⓑⓒⓓ		
16	ⓐⓑⓒⓓ	36	ⓐⓑⓒⓓ	56	ⓐⓑⓒⓓ	76	ⓐⓑⓒⓓ		
17	ⓐⓑⓒⓓ	37	ⓐⓑⓒⓓ	57	ⓐⓑⓒⓓ	77	ⓐⓑⓒⓓ		
18	ⓐⓑⓒⓓ	38	ⓐⓑⓒⓓ	58	ⓐⓑⓒⓓ	78	ⓐⓑⓒⓓ		
19	ⓐⓑⓒⓓ	39	ⓐⓑⓒⓓ	59	ⓐⓑⓒⓓ	79	ⓐⓑⓒⓓ		
20	ⓐⓑⓒⓓ	40	ⓐⓑⓒⓓ	60	ⓐⓑⓒⓓ	80	ⓐⓑⓒⓓ		

G-TELP

시원스쿨 **LAB**

※ TEST DATE

MO.	DAY	YEAR

감독관	확인

성 명		등급	① ② ③ ④ ⑤

성 명 란

초성 / 중성 / 종성

수 험 번 호

1) Code 1.

| ⓪ ① ② ③ ④ ⑤ ⑥ ⑦ ⑧ ⑨ |
| ⓪ ① ② ③ ④ ⑤ ⑥ ⑦ ⑧ ⑨ |
| ⓪ ① ② ③ ④ ⑤ ⑥ ⑦ ⑧ ⑨ |

2) Code 2.

| ⓪ ① ② ③ ④ ⑤ ⑥ ⑦ ⑧ ⑨ |
| ⓪ ① ② ③ ④ ⑤ ⑥ ⑦ ⑧ ⑨ |
| ⓪ ① ② ③ ④ ⑤ ⑥ ⑦ ⑧ ⑨ |

3) Code 3.

| ⓪ ① ② ③ ④ ⑤ ⑥ ⑦ ⑧ ⑨ |
| ⓪ ① ② ③ ④ ⑤ ⑥ ⑦ ⑧ ⑨ |
| ⓪ ① ② ③ ④ ⑤ ⑥ ⑦ ⑧ ⑨ |

주민등록번호 앞자리 - 고유번호

문항	답 란	문항	답 란	문항	답 란	문항	답 란	문항	답 란
1	ⓐⓑⓒⓓ	21	ⓐⓑⓒⓓ	41	ⓐⓑⓒⓓ	61	ⓐⓑⓒⓓ	81	ⓐⓑⓒⓓ
2	ⓐⓑⓒⓓ	22	ⓐⓑⓒⓓ	42	ⓐⓑⓒⓓ	62	ⓐⓑⓒⓓ	82	ⓐⓑⓒⓓ
3	ⓐⓑⓒⓓ	23	ⓐⓑⓒⓓ	43	ⓐⓑⓒⓓ	63	ⓐⓑⓒⓓ	83	ⓐⓑⓒⓓ
4	ⓐⓑⓒⓓ	24	ⓐⓑⓒⓓ	44	ⓐⓑⓒⓓ	64	ⓐⓑⓒⓓ	84	ⓐⓑⓒⓓ
5	ⓐⓑⓒⓓ	25	ⓐⓑⓒⓓ	45	ⓐⓑⓒⓓ	65	ⓐⓑⓒⓓ	85	ⓐⓑⓒⓓ
6	ⓐⓑⓒⓓ	26	ⓐⓑⓒⓓ	46	ⓐⓑⓒⓓ	66	ⓐⓑⓒⓓ	86	ⓐⓑⓒⓓ
7	ⓐⓑⓒⓓ	27	ⓐⓑⓒⓓ	47	ⓐⓑⓒⓓ	67	ⓐⓑⓒⓓ	87	ⓐⓑⓒⓓ
8	ⓐⓑⓒⓓ	28	ⓐⓑⓒⓓ	48	ⓐⓑⓒⓓ	68	ⓐⓑⓒⓓ	88	ⓐⓑⓒⓓ
9	ⓐⓑⓒⓓ	29	ⓐⓑⓒⓓ	49	ⓐⓑⓒⓓ	69	ⓐⓑⓒⓓ	89	ⓐⓑⓒⓓ
10	ⓐⓑⓒⓓ	30	ⓐⓑⓒⓓ	50	ⓐⓑⓒⓓ	70	ⓐⓑⓒⓓ	90	ⓐⓑⓒⓓ
11	ⓐⓑⓒⓓ	31	ⓐⓑⓒⓓ	51	ⓐⓑⓒⓓ	71	ⓐⓑⓒⓓ		
12	ⓐⓑⓒⓓ	32	ⓐⓑⓒⓓ	52	ⓐⓑⓒⓓ	72	ⓐⓑⓒⓓ		
13	ⓐⓑⓒⓓ	33	ⓐⓑⓒⓓ	53	ⓐⓑⓒⓓ	73	ⓐⓑⓒⓓ		
14	ⓐⓑⓒⓓ	34	ⓐⓑⓒⓓ	54	ⓐⓑⓒⓓ	74	ⓐⓑⓒⓓ		
15	ⓐⓑⓒⓓ	35	ⓐⓑⓒⓓ	55	ⓐⓑⓒⓓ	75	ⓐⓑⓒⓓ		
16	ⓐⓑⓒⓓ	36	ⓐⓑⓒⓓ	56	ⓐⓑⓒⓓ	76	ⓐⓑⓒⓓ		
17	ⓐⓑⓒⓓ	37	ⓐⓑⓒⓓ	57	ⓐⓑⓒⓓ	77	ⓐⓑⓒⓓ		
18	ⓐⓑⓒⓓ	38	ⓐⓑⓒⓓ	58	ⓐⓑⓒⓓ	78	ⓐⓑⓒⓓ		
19	ⓐⓑⓒⓓ	39	ⓐⓑⓒⓓ	59	ⓐⓑⓒⓓ	79	ⓐⓑⓒⓓ		
20	ⓐⓑⓒⓓ	40	ⓐⓑⓒⓓ	60	ⓐⓑⓒⓓ	80	ⓐⓑⓒⓓ		

password

| ⓪ ① ② ③ ④ ⑤ ⑥ ⑦ ⑧ ⑨ | ⓪ ① ② ③ ④ ⑤ ⑥ ⑦ ⑧ ⑨ | ⓪ ① ② ③ ④ ⑤ ⑥ ⑦ ⑧ ⑨ | ⓪ ① ② ③ ④ ⑤ ⑥ ⑦ ⑧ ⑨ |

시원스쿨 LAB

G-TELP

시원스쿨 **LAB**

※ TEST DATE

MO.	DAY	YEAR

감독관인	확인

성 명	

등급	①	②	③	④	⑤

성 명 란

초성 / 중성 / 종성 (한글 자모 마킹란)

수 험 번 호

(0~9 마킹란)

1) Code 1.
ⓞ①②③④⑤⑥⑦⑧⑨
ⓞ①②③④⑤⑥⑦⑧⑨
ⓞ①②③④⑤⑥⑦⑧⑨

2) Code 2.
ⓞ①②③④⑤⑥⑦⑧⑨
ⓞ①②③④⑤⑥⑦⑧⑨
ⓞ①②③④⑤⑥⑦⑧⑨

3) Code 3.
ⓞ①②③④⑤⑥⑦⑧⑨
ⓞ①②③④⑤⑥⑦⑧⑨
ⓞ①②③④⑤⑥⑦⑧⑨

주민등록번호 앞자리 - 고유번호
(0~9 마킹란)

문항	답란	문항	답란	문항	답란	문항	답란	문항	답란
1	ⓐⓑⓒⓓ	21	ⓐⓑⓒⓓ	41	ⓐⓑⓒⓓ	61	ⓐⓑⓒⓓ	81	ⓐⓑⓒⓓ
2	ⓐⓑⓒⓓ	22	ⓐⓑⓒⓓ	42	ⓐⓑⓒⓓ	62	ⓐⓑⓒⓓ	82	ⓐⓑⓒⓓ
3	ⓐⓑⓒⓓ	23	ⓐⓑⓒⓓ	43	ⓐⓑⓒⓓ	63	ⓐⓑⓒⓓ	83	ⓐⓑⓒⓓ
4	ⓐⓑⓒⓓ	24	ⓐⓑⓒⓓ	44	ⓐⓑⓒⓓ	64	ⓐⓑⓒⓓ	84	ⓐⓑⓒⓓ
5	ⓐⓑⓒⓓ	25	ⓐⓑⓒⓓ	45	ⓐⓑⓒⓓ	65	ⓐⓑⓒⓓ	85	ⓐⓑⓒⓓ
6	ⓐⓑⓒⓓ	26	ⓐⓑⓒⓓ	46	ⓐⓑⓒⓓ	66	ⓐⓑⓒⓓ	86	ⓐⓑⓒⓓ
7	ⓐⓑⓒⓓ	27	ⓐⓑⓒⓓ	47	ⓐⓑⓒⓓ	67	ⓐⓑⓒⓓ	87	ⓐⓑⓒⓓ
8	ⓐⓑⓒⓓ	28	ⓐⓑⓒⓓ	48	ⓐⓑⓒⓓ	68	ⓐⓑⓒⓓ	88	ⓐⓑⓒⓓ
9	ⓐⓑⓒⓓ	29	ⓐⓑⓒⓓ	49	ⓐⓑⓒⓓ	69	ⓐⓑⓒⓓ	89	ⓐⓑⓒⓓ
10	ⓐⓑⓒⓓ	30	ⓐⓑⓒⓓ	50	ⓐⓑⓒⓓ	70	ⓐⓑⓒⓓ	90	ⓐⓑⓒⓓ
11	ⓐⓑⓒⓓ	31	ⓐⓑⓒⓓ	51	ⓐⓑⓒⓓ	71	ⓐⓑⓒⓓ		
12	ⓐⓑⓒⓓ	32	ⓐⓑⓒⓓ	52	ⓐⓑⓒⓓ	72	ⓐⓑⓒⓓ		password
13	ⓐⓑⓒⓓ	33	ⓐⓑⓒⓓ	53	ⓐⓑⓒⓓ	73	ⓐⓑⓒⓓ		
14	ⓐⓑⓒⓓ	34	ⓐⓑⓒⓓ	54	ⓐⓑⓒⓓ	74	ⓐⓑⓒⓓ		
15	ⓐⓑⓒⓓ	35	ⓐⓑⓒⓓ	55	ⓐⓑⓒⓓ	75	ⓐⓑⓒⓓ		
16	ⓐⓑⓒⓓ	36	ⓐⓑⓒⓓ	56	ⓐⓑⓒⓓ	76	ⓐⓑⓒⓓ		
17	ⓐⓑⓒⓓ	37	ⓐⓑⓒⓓ	57	ⓐⓑⓒⓓ	77	ⓐⓑⓒⓓ		
18	ⓐⓑⓒⓓ	38	ⓐⓑⓒⓓ	58	ⓐⓑⓒⓓ	78	ⓐⓑⓒⓓ		
19	ⓐⓑⓒⓓ	39	ⓐⓑⓒⓓ	59	ⓐⓑⓒⓓ	79	ⓐⓑⓒⓓ		
20	ⓐⓑⓒⓓ	40	ⓐⓑⓒⓓ	60	ⓐⓑⓒⓓ	80	ⓐⓑⓒⓓ		

password (0~9 마킹란)

시원스쿨 LAB

G-TELP

시원스쿨 **LAB**

※ TEST DATE

MO.	DAY	YEAR

감 확	
독	
관 인	

성 명		등급	① ② ③ ④ ⑤

성 명 란

초 성 / 중 성 / 종 성

(한글 자모 마킹란)

수 험 번 호

(0~9 마킹란)

1) Code 1.

⓪ ① ② ③ ④ ⑤ ⑥ ⑦ ⑧ ⑨
⓪ ① ② ③ ④ ⑤ ⑥ ⑦ ⑧ ⑨
⓪ ① ② ③ ④ ⑤ ⑥ ⑦ ⑧ ⑨

2) Code 2.

⓪ ① ② ③ ④ ⑤ ⑥ ⑦ ⑧ ⑨
⓪ ① ② ③ ④ ⑤ ⑥ ⑦ ⑧ ⑨
⓪ ① ② ③ ④ ⑤ ⑥ ⑦ ⑧ ⑨

3) Code 3.

⓪ ① ② ③ ④ ⑤ ⑥ ⑦ ⑧ ⑨
⓪ ① ② ③ ④ ⑤ ⑥ ⑦ ⑧ ⑨
⓪ ① ② ③ ④ ⑤ ⑥ ⑦ ⑧ ⑨

주민등록번호 앞자리	-	고유번호

(0~9 마킹란)

문항	답 란	문항	답 란	문항	답 란	문항	답 란	문항	답 란	문항	답 란
1	ⓐⓑⓒⓓ	21	ⓐⓑⓒⓓ	41	ⓐⓑⓒⓓ	61	ⓐⓑⓒⓓ	81	ⓐⓑⓒⓓ		
2	ⓐⓑⓒⓓ	22	ⓐⓑⓒⓓ	42	ⓐⓑⓒⓓ	62	ⓐⓑⓒⓓ	82	ⓐⓑⓒⓓ		
3	ⓐⓑⓒⓓ	23	ⓐⓑⓒⓓ	43	ⓐⓑⓒⓓ	63	ⓐⓑⓒⓓ	83	ⓐⓑⓒⓓ		
4	ⓐⓑⓒⓓ	24	ⓐⓑⓒⓓ	44	ⓐⓑⓒⓓ	64	ⓐⓑⓒⓓ	84	ⓐⓑⓒⓓ		
5	ⓐⓑⓒⓓ	25	ⓐⓑⓒⓓ	45	ⓐⓑⓒⓓ	65	ⓐⓑⓒⓓ	85	ⓐⓑⓒⓓ		
6	ⓐⓑⓒⓓ	26	ⓐⓑⓒⓓ	46	ⓐⓑⓒⓓ	66	ⓐⓑⓒⓓ	86	ⓐⓑⓒⓓ		
7	ⓐⓑⓒⓓ	27	ⓐⓑⓒⓓ	47	ⓐⓑⓒⓓ	67	ⓐⓑⓒⓓ	87	ⓐⓑⓒⓓ		
8	ⓐⓑⓒⓓ	28	ⓐⓑⓒⓓ	48	ⓐⓑⓒⓓ	68	ⓐⓑⓒⓓ	88	ⓐⓑⓒⓓ		
9	ⓐⓑⓒⓓ	29	ⓐⓑⓒⓓ	49	ⓐⓑⓒⓓ	69	ⓐⓑⓒⓓ	89	ⓐⓑⓒⓓ		
10	ⓐⓑⓒⓓ	30	ⓐⓑⓒⓓ	50	ⓐⓑⓒⓓ	70	ⓐⓑⓒⓓ	90	ⓐⓑⓒⓓ		
11	ⓐⓑⓒⓓ	31	ⓐⓑⓒⓓ	51	ⓐⓑⓒⓓ	71	ⓐⓑⓒⓓ				
12	ⓐⓑⓒⓓ	32	ⓐⓑⓒⓓ	52	ⓐⓑⓒⓓ	72	ⓐⓑⓒⓓ	**password**			
13	ⓐⓑⓒⓓ	33	ⓐⓑⓒⓓ	53	ⓐⓑⓒⓓ	73	ⓐⓑⓒⓓ				
14	ⓐⓑⓒⓓ	34	ⓐⓑⓒⓓ	54	ⓐⓑⓒⓓ	74	ⓐⓑⓒⓓ				
15	ⓐⓑⓒⓓ	35	ⓐⓑⓒⓓ	55	ⓐⓑⓒⓓ	75	ⓐⓑⓒⓓ				
16	ⓐⓑⓒⓓ	36	ⓐⓑⓒⓓ	56	ⓐⓑⓒⓓ	76	ⓐⓑⓒⓓ				
17	ⓐⓑⓒⓓ	37	ⓐⓑⓒⓓ	57	ⓐⓑⓒⓓ	77	ⓐⓑⓒⓓ				
18	ⓐⓑⓒⓓ	38	ⓐⓑⓒⓓ	58	ⓐⓑⓒⓓ	78	ⓐⓑⓒⓓ				
19	ⓐⓑⓒⓓ	39	ⓐⓑⓒⓓ	59	ⓐⓑⓒⓓ	79	ⓐⓑⓒⓓ				
20	ⓐⓑⓒⓓ	40	ⓐⓑⓒⓓ	60	ⓐⓑⓒⓓ	80	ⓐⓑⓒⓓ				

password

⓪ ⓪ ⓪ ⓪
① ① ① ①
② ② ② ②
③ ③ ③ ③
④ ④ ④ ④
⑤ ⑤ ⑤ ⑤
⑥ ⑥ ⑥ ⑥
⑦ ⑦ ⑦ ⑦
⑧ ⑧ ⑧ ⑧
⑨ ⑨ ⑨ ⑨

시원스쿨 LAB

G-TELP

시원스쿨 **LAB**

※ TEST DATE

MO.	DAY	YEAR

성 명	

등급	① ② ③ ④ ⑤

감독관 확인	

성 명 란

(한글 자모 마킹란 - 초성/중성/종성)

수 험 번 호

(수험번호 마킹란)

1) Code 1.

	⓪①②③④⑤⑥⑦⑧⑨
	⓪①②③④⑤⑥⑦⑧⑨
	⓪①②③④⑤⑥⑦⑧⑨

2) Code 2.

	⓪①②③④⑤⑥⑦⑧⑨
	⓪①②③④⑤⑥⑦⑧⑨
	⓪①②③④⑤⑥⑦⑧⑨

3) Code 3.

	⓪①②③④⑤⑥⑦⑧⑨
	⓪①②③④⑤⑥⑦⑧⑨
	⓪①②③④⑤⑥⑦⑧⑨

주민등록번호 앞자리	–	고유번호

(주민등록번호/고유번호 마킹란)

문항	답란	문항	답란	문항	답란	문항	답란	문항	답란
1	ⓐⓑⓒⓓ	21	ⓐⓑⓒⓓ	41	ⓐⓑⓒⓓ	61	ⓐⓑⓒⓓ	81	ⓐⓑⓒⓓ
2	ⓐⓑⓒⓓ	22	ⓐⓑⓒⓓ	42	ⓐⓑⓒⓓ	62	ⓐⓑⓒⓓ	82	ⓐⓑⓒⓓ
3	ⓐⓑⓒⓓ	23	ⓐⓑⓒⓓ	43	ⓐⓑⓒⓓ	63	ⓐⓑⓒⓓ	83	ⓐⓑⓒⓓ
4	ⓐⓑⓒⓓ	24	ⓐⓑⓒⓓ	44	ⓐⓑⓒⓓ	64	ⓐⓑⓒⓓ	84	ⓐⓑⓒⓓ
5	ⓐⓑⓒⓓ	25	ⓐⓑⓒⓓ	45	ⓐⓑⓒⓓ	65	ⓐⓑⓒⓓ	85	ⓐⓑⓒⓓ
6	ⓐⓑⓒⓓ	26	ⓐⓑⓒⓓ	46	ⓐⓑⓒⓓ	66	ⓐⓑⓒⓓ	86	ⓐⓑⓒⓓ
7	ⓐⓑⓒⓓ	27	ⓐⓑⓒⓓ	47	ⓐⓑⓒⓓ	67	ⓐⓑⓒⓓ	87	ⓐⓑⓒⓓ
8	ⓐⓑⓒⓓ	28	ⓐⓑⓒⓓ	48	ⓐⓑⓒⓓ	68	ⓐⓑⓒⓓ	88	ⓐⓑⓒⓓ
9	ⓐⓑⓒⓓ	29	ⓐⓑⓒⓓ	49	ⓐⓑⓒⓓ	69	ⓐⓑⓒⓓ	89	ⓐⓑⓒⓓ
10	ⓐⓑⓒⓓ	30	ⓐⓑⓒⓓ	50	ⓐⓑⓒⓓ	70	ⓐⓑⓒⓓ	90	ⓐⓑⓒⓓ
11	ⓐⓑⓒⓓ	31	ⓐⓑⓒⓓ	51	ⓐⓑⓒⓓ	71	ⓐⓑⓒⓓ		
12	ⓐⓑⓒⓓ	32	ⓐⓑⓒⓓ	52	ⓐⓑⓒⓓ	72	ⓐⓑⓒⓓ	password	
13	ⓐⓑⓒⓓ	33	ⓐⓑⓒⓓ	53	ⓐⓑⓒⓓ	73	ⓐⓑⓒⓓ		
14	ⓐⓑⓒⓓ	34	ⓐⓑⓒⓓ	54	ⓐⓑⓒⓓ	74	ⓐⓑⓒⓓ		
15	ⓐⓑⓒⓓ	35	ⓐⓑⓒⓓ	55	ⓐⓑⓒⓓ	75	ⓐⓑⓒⓓ		
16	ⓐⓑⓒⓓ	36	ⓐⓑⓒⓓ	56	ⓐⓑⓒⓓ	76	ⓐⓑⓒⓓ		
17	ⓐⓑⓒⓓ	37	ⓐⓑⓒⓓ	57	ⓐⓑⓒⓓ	77	ⓐⓑⓒⓓ		
18	ⓐⓑⓒⓓ	38	ⓐⓑⓒⓓ	58	ⓐⓑⓒⓓ	78	ⓐⓑⓒⓓ		
19	ⓐⓑⓒⓓ	39	ⓐⓑⓒⓓ	59	ⓐⓑⓒⓓ	79	ⓐⓑⓒⓓ		
20	ⓐⓑⓒⓓ	40	ⓐⓑⓒⓓ	60	ⓐⓑⓒⓓ	80	ⓐⓑⓒⓓ		

password

(password 마킹란 ⓪①②③④⑤⑥⑦⑧⑨)

시원스쿨 LAB

시원스쿨 LAB

SIWONSCHOOL

지텔프

LEVEL 2

최신 기출 유형

문법 모의고사

서민지 · 시원스쿨어학연구소 지음

시원스쿨 LAB

**시원스쿨 지텔프
최신 기출 유형
문법 모의고사 12회**

초판 1쇄 발행 2023년 4월 19일

지은이 서민지·시원스쿨어학연구소
펴낸곳 (주)에스제이더블유인터내셔널
펴낸이 양홍걸 이시원

홈페이지 www.siwonschool.com
주소 서울시 영등포구 국회대로74길 12 시원스쿨
교재 구입 문의 02)2014-8151
고객센터 02)6409-0878

ISBN 979-11-6150-703-3 13740
Number 1-110404-18180400-08

독해·청취 학습 없이 초고속 32-50점 목표 달성
서민지·시원스쿨어학연구소가 제작한 지텔프 기출 유형 문법 실전 모의고사 12회
8개 지텔프 문법 기출 유형 분석으로 정답 단서 및 공식을 통한 문제 풀이 노하우 제공

G-TELP 문법 고득점 달성은
『시원스쿨 지텔프 최신 기출 유형 문법 모의고사 12회』로!

지텔프 Level 2 32~50점을 목표로 하는 수험생 분들은 대부분 군무원, 경찰, 소방 공무원 시험을 준비하시는 분들일 것입니다. 영어 대체 시험으로 지텔프를 선택하셨다면 다른 공인영어시험보다 빠르게 목표 점수를 달성할 수 있다는 장점이 큰 결정요인이 되었을 것으로 예상합니다. 문법, 청취, 독해 중에서 상대적으로 난이도가 높은 청취와 독해는 영어 기초가 부족한 수험생에게 빠른 목표 점수 달성에 큰 장애물이 될 수 있습니다. 하지만 32-50점이 목표일 경우 세 영역 합산 총점수 96~150점이 목표이기 때문에, 고득점 달성이 쉬운 문법 영역을 집중적으로 학습하여 84점이상, 가능하다면 최대 92점 이상 확보하여 남은 점수를 청취와 독해에서 보완하는 공략법이 가장 빠르게 목표를 달성하는 방법입니다.

지텔프 문법은 총 26문제로, 8개의 유형이 정해진 문항수만큼만 출제되어 각 유형의 출제 문항수를 잘 알아두면 문제 풀이 시에 오답을 피할 수도 있으며, 각 유형 중에 조동사(2문항), 접속사/접속부사(2문항) 유형을 제외하고 24문항의 나머지 유형은 모두 정해진 단서와 공식을 암기하는 방식으로 24문항을 맞춰 84~85점을 확보할 수 있기 때문에 상대적으로 고득점 확보가 쉽다고 알려져 있습니다. 따라서 32-50점을 목표로 하는 수험생 분들은 문법만 확실하고 알차게 학습하시고, 청취와 독해 영역을 합하여 22~66점을 확보하신다면 목표 점수를 빠르게 달성하실 수 있습니다.

이러한 전략을 실현하기 위해 본책에는 기출 유형을 그대로 반영한 자체 제작 문법 모의고사를 시중 모의고사 중 최다 분량인 12회로 수록하였으며, 문제 풀이를 하기 전에 먼저 문법 기출 유형 분석을 하실 수 있도록 기출 유형 포인트를 8개로 나누어 정답의 단서와 공식을 정리하였습니다. 이렇게 단 한권의 문법 모의고사 문제집으로 문법 개념 정리와 실전 모의고사 문제 풀이를 간편하게 끝낼 수 있습니다. 또한 부록으로 제공해드리는 <지텔프 영역별 공략 가이드>는 문법 뿐만 아니라 청취와 독해에 대한 공략법 및 문제 풀이 노하우를 담고 있어서 시험이 얼마 남지 않았거나 시험 직전 시험장에서 빠르게 확인하실 수 있습니다. 게다가 <지텔프 영역별 공략 가이드>는 무료 특강 영상으로도 제공해 드리는데, 부록 표지에 있는 QR코드를 모바일 기기로 스캔하여 확인하실 수 있습니다.

시원스쿨어학연구소와 서민지 강사가 함께 수년간 연구하여 제작한 지텔프 문법 영역의 기출 포인트와 기출 유형 실전 문제를 엮어 만든 『시원스쿨 지텔프 최신 기출 유형 문법 모의고사 12회』가 수험생 여러분의 빠른 지텔프 목표 점수 달성에 큰 도움이 되길 바라며, 여러분의 최종 목표도 꼭 실현되기를 기원합니다.

저자 서민지·시원스쿨어학연구소 드림

목차

부록 지텔프 영역별 공략 가이드

이 책의 구성과 특징

[책속의 책] 지텔프 문법 모의고사 문제지

지텔프 출제 경향을 분석하여 유형별 출제 문항수와 난이도가 실제 시험과 동일한 모의고사 총 12회분이 수록되어 있습니다. 맨 뒷장에는 ANSWER SHEET가 제공되며, 이를 한 장씩 분리하여 매회 모의고사 풀이 시에 실전과 같이 마킹 연습을 할 수 있습니다.

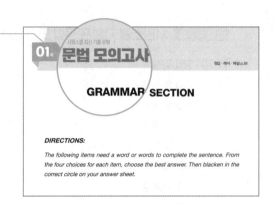

G-TELP, 접수부터 성적 확인까지

G-TELP Level 2 시험에 익숙하지 않은 학습자를 위해 시험 소개 및 정기시험 일정, 접수 방법, 그리고 성적 확인 방법을 정리하였습니다.

목표 점수별 공략법

32점부터 50점까지 다양한 목표 점수별로 각 영역별로 필요한 점수에 따른 문법 영역 전략에 대해 정리하였습니다. 반드시 일독하여 문법 영역의 학습 방향과 공략법을 숙지하신 다음 본격적인 학습을 시작하시기를 권장합니다.

8개의 기출 유형 포인트 정리

실제 G-TELP 시험에서 출제되는 문법 유형별 공식과 정답 단서를 학습하기 쉽게 정리하였습니다. 기출 유형에 따라 정답이 되는 포인트를 예문으로 표시하여 실전에 적용시킬 수 있게 하였으며, 정답이 되는 단서만 암기하여 문제를 풀 수 있도록 정리하였습니다. 특히 출제 경향이나 오답의 가능성이 있는 부분에는 TIP으로 설명하여 고득점을 보장할 수 있도록 하였습니다.

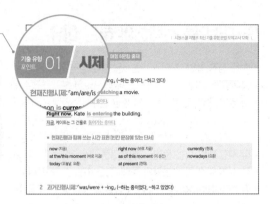

정답 및 해설

지텔프 문법 모의고사 12회분의 회차별 모의고사의 정답과 정답의 단서, 문제 해석 및 해설을 제공해드립니다. 기출 유형별 문제 풀이의 단서를 제시하여 오답 리뷰 시에 정답의 단서가 무엇이었는지 쉽게 확인할 수 있어 해당 유형에 대한 문제 풀이 스킬을 향상시킬 수 있습니다.

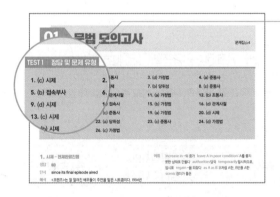

[부록] 지텔프 영역별 공략 가이드

지텔프 Level 2 시험을 처음 준비하는 학습자를 위해 지텔프 전문강사 서민지 강사님의 특별 수업이 마련되어 있습니다. 문법의 출제 경향과 문제 풀이 방법에서부터 청취 노트테이킹 비법과 키워드 찾기, 독해 지문 분석과 패러프레이징에 관한 내용으로 학습자 여러분의 성적을 확실하게 수직 상승시켜드립니다. 이 특강은 부록으로 제공해드리는 자료와 함께 아래의 QR코드로 서민지 강사님의 강의 영상을 확인할 수 있습니다.

◀ 특강 바로 가기 QR

G-TELP, 접수부터 성적 확인까지

G-TELP를 선택해야 하는 이유

- **빠른 성적 확인**: 시험일 기준 5일 이내 성적 확인 가능
- **절대평가**: 전체 응시자의 수준에 상관없이 본인의 점수로만 평가
- **세 영역(문법, 청취, 독해)의 평균 점수**: 각 영역별 과락 없이 세 영역의 평균 점수가 최종 점수
  - ex) 문법 100점 + 청취 28점 + 독해 67점 = 총점 195점 → 평균 65점
  - 문법 92점 + 청취 32점 + 독해 71점 = 총점 195점 → 평균 65점
- **타 시험 대비 쉬운 문법**: 7개의 고정적인 출제 유형, 총 26문제 출제, 문제 속 단서로 정답 찾기
- **타 시험 대비 적은 분량의 독해**: 지문 4개, 총 28문제 출제
- **청취(Listening)에 취약한 사람들도 통과 점수 획득 가능**: 세 개의 영역의 평균 점수가 최종 점수이므로 청취에서 상대적으로 낮은 점수를 받아도 문법과 독해 및 어휘로 목표 점수 달성 가능

G-TELP 소개

G-TELP(General Tests of English Language Proficiency)는 국제 테스트 연구원(ITSC, International Testing Services Center)에서 주관하는 국제적으로 시행하는 국제 공인 영어 테스트입니다. 또한 단순히 배운 내용을 평가하는 시험이 아닌, 영어 능력을 종합적으로 평가하는 시험으로, 다음과 같은 구성으로 이루어져 있습니다.

■ 시험 구성

구분	구성 및 시간	평가기준	합격자의 영어구사능력	응시자격
LEVEL 1	· 청취 30문항 (약 30분) · 독해 60문항 (70분) · 전체 90문항 (약 100분)	원어민에 준하는 영어 능력: 상담 토론 가능	일상생활 상담, 토론 국제회의 통역	2등급 Mastery를 취득한 자
LEVEL 2	· 문법 26문항 (20분) · 청취 26문항 (약 30분) · 독해 28문항 (40분) · 전체 80문항 (약 90분)	다양한 상황에서 대화 가능 업무 상담 및 해외 연수 가능한 수준	일상생활 업무 상담 회의 세미나, 해외 연수	제한 없음
LEVEL 3	· 문법 22문항 (20분) · 청취 24문항 (약 20분) · 독해 24문항 (40분) · 전체 70문항 (약 80분)	간단한 의사소통과 단순 대화 가능	간단한 의사소통 단순 대화 해외 여행, 단순 출장	제한 없음
LEVEL 4	· 문법 20문항 (20분) · 청취 20문항 (약 15분) · 독해 20문항 (25분) · 전체 60문항 (약 60분)	기본적인 문장을 통해 최소한의 의사소통 가능	기본적인 어휘 구사 짧은 문장 의사소통 반복 부연 설명 필요	제한 없음
LEVEL 5	· 문법 16문항 (15분) · 청취 16문항 (약 15분) · 독해 18문항 (25분) · 전체 50문항 (약 55분)	극히 초보적인 수준의 의사소통 가능	영어 초보자 일상 인사, 소개 듣기 자기 표현 불가	제한 없음

■ 시험 시간

시험 문제지는 한 권의 책으로 이루어져 있으며 각각의 영역이 분권으로 나뉘어져 있지 않고 시험이 시작되는 오후 3시부터 시험이 종료되는 오후 4시 30분~35분까지 자신이 원하는 영역을 풀 수 있습니다. 단, 청취 음원은 3시 20분에 재생됩니다. 그래도 대략적으로 각 영역의 시험 시간을 나누자면, 청취 음원이 재생되는 3시 20분 이전을 문법 시험, 그리고 청취 음원이 끝나고 시험 종료까지를 독해 시험으로 나누어 말하기도 합니다.

▷ 오후 3시: 시험 시작
▷ 오후 3시 20분: 청취 시험 시작
▷ 오후 3시 45~47분: 청취 시험 종료 및 독해 시험 시작
▷ 오후 4시 30분~35분: 시험 종료

■ 시험 시 유의사항

1. 신분증과 컴퓨터용 사인펜 필수 지참

지텔프 고사장으로 출발 전, 신분증과 컴퓨터용 사인펜은 꼭 가지고 가세요. 이 두 가지만 있어도 시험은 칠 수 있습니다. 신분증은 주민등록증, 운전면허증, 여권 등이 인정되며, 학생증이나 사원증은 해당되지 않습니다. 또한 컴퓨터용 사인펜은 타인에게 빌리거나 빌려줄 수 없으니 반드시 본인이 챙기시기 바랍니다.

2. 2시 30분부터 답안지 작성 오리엔테이션 시작

2시 20분까지 입실 시간이며, 2시 30분에 감독관이 답안지만 먼저 배부하면, 중앙 방송으로 답안지 작성 오리엔테이션이 시작됩니다. 이름, 수험번호(고유번호), 응시코드 등 답안지 기입 항목에 대한 설명이 이루어집니다. 오리엔테이션이 끝나면 휴식 시간을 가지고 신분증 확인이 실시됩니다. 고사장 입실은 2시 50분까지 가능하지만, 지텔프를 처음 응시하는 수험자라면 늦어도 2시 20분까지는 입실하시는 것이 좋습니다.

3. 답안지에는 컴퓨터용 사인펜과 수정테이프만 사용 가능

답안지에 기입하는 모든 정답은 컴퓨터용 사인펜으로 작성되어야 합니다. 기입한 정답을 수정할 경우 수정테이프만 사용 가능하며, 액체 형태의 수정액은 사용할 수 없습니다. 수정테이프 사용 시 1회 수정만 가능하고, 같은 자리에 2~3회 여러 겹으로 중복 사용시 정답이 인식되지 않을 수 있습니다. 문제지에 샤프나 볼펜으로 메모할 수 있지만 다른 수험자가 볼 수 없도록 작은 글자로 메모하시기 바랍니다.

4. 영역별 시험 시간 구분 없이 풀이 가능

문제지가 배부되고 파본 여부 확인이 끝나면 오후 3시에 시험이 시작됩니다. 문제지는 문법, 청취, 독해 및 어휘 영역 순서로 제작되어 있지만 풀이 순서는 본인의 선택에 따라 정할 수 있습니다. 단, 청취는 음원을 들어야 풀이가 가능하므로 3시 20분에 시작되는 청취 음원에 맞춰 풀이하시기 바랍니다.

5. 소음 유발 금지

시험 중에는 소음이 발생하는 행위를 금지하고 있습니다. 문제를 따라 읽는다거나, 펜으로 문제지에 밑줄을 그으면서 소음을 발생시키는 등 다른 수험자에게 방해가 될 수 있는 행위를 삼가시기 바랍니다. 특히, 청취 음원이 재생되는 동안 청취 영역을 풀지 않고 다른 영역을 풀이할 경우, 문제지 페이지를 넘기면서 큰 소리가 나지 않도록 주의해야 합니다.

6. 시험 종료 후 답안지 마킹 금지

청취 음원의 재생 시간에 따라 차이가 있을 수 있지만 대부분의 경우 4시 30분~4시 35분 사이에 시험이 종료됩니다. 시험 종료 시간은 청취 시간이 끝나고 중앙 방송으로 공지되며, 시험 종료 5분 전에도 공지됩니다. 시험 종료 알림이 방송되면 즉시 펜을 놓고 문제지 사이에 답안지를 넣은 다음 문제지를 덮고 대기합니다.

G-TELP, 접수부터 성적 확인까지

2023년 G-TELP 정기시험 일정

회차	시험일자	접수기간	추가 접수기간 (~자정까지)	성적공지일 (오후 3:00)
제501회	2023-04-02(일) 15:00	2023-03-10 ~ 2023-03-17	~2023-03-22	2023-04-07(금)
제502회	2023-04-16(일) 15:00	2023-03-24 ~ 2023-03-31	~2023-04-05	2023-04-21(금)
제503회	2023-04-30(일) 15:00	2023-04-07 ~ 2023-04-14	~2023-04-19	2023-05-04(목)
제504회	2023-05-14(일) 15:00	2023-04-21 ~ 2023-04-28	~2023-05-03	2023-05-19(금)
제505회	2023-05-28(일) 15:00	2023-05-05 ~ 2023-05-12	~2023-05-17	2023-06-02(금)
제506회	2023-06-11(일) 15:00	2023-05-19 ~ 2023-05-26	~2023-05-31	2023-06-16(금)
제507회	2023-06-25(일) 15:00	2023-06-02 ~ 2023-06-09	~2023-06-14	2023-06-30(금)
제508회	2023-07-09(일) 15:00	2023-06-16 ~ 2023-06-23	~2023-06-28	2023-07-14(금)
제509회	2023-07-23(일) 15:00	2023-06-30 ~ 2023-07-07	~2023-07-12	2023-07-28(금)
제510회	2023-08-06(일) 15:00	2023-07-14 ~ 2023-07-21	~2023-07-26	2023-08-11(금)
제511회	2023-08-20(일) 15:00	2023-07-28 ~ 2023-08-04	~2023-08-09	2023-08-25(금)
제512회	2023-09-03(일) 15:00	2023-08-11 ~ 2023-08-18	~2023-08-23	2023-09-08(금)
제513회	2023-09-17(일) 15:00	2023-08-25 ~ 2023-09-01	~2023-09-06	2023-09-22(금)

제514회	2023-09-24(일) 15:00	2023-09-01 ~ 2023-09-08	~2023-09-13	2023-09-27(수)
제515회	2023-10-08(일) 15:00	2023-09-15 ~ 2023-09-22	~2023-09-27	2023-10-13(금)
제516회	2023-10-22(일) 15:00	2023-09-29 ~ 2023-10-06	~2023-10-11	2023-10-27(금)
제517회	2023-11-05(일) 15:00	2023-10-13 ~ 2023-10-20	~2023-10-25	2023-11-10(금)
제518회	2023-11-19(일) 15:00	2023-10-27 ~ 2023-11-03	~2023-11-08	2023-11-24(금)
제519회	2023-12-03(일) 15:00	2023-11-10 ~ 2023-11-17	~2023-11-22	2023-12-08(금)
제520회	2023-12-17(일) 15:00	2023-11-24 ~ 2023-12-01	~2023-12-06	2023-12-22(금)

■ 시험 접수 방법
정기 시험 접수 기간에 G-TELP KOREA 공식 홈페이지 www.g-telp.co.kr 접속 후 로그인, [시험접수] – [정기 시험 접수] 클릭

■ 시험 응시료
정기시험 66,300원 (졸업 인증 45,700원, 군인 33,200원) / 추가 접수 71,100원 (졸업 인증 50,600원, 군인 38,000원)

■ 시험 준비물
① 신분증: 주민등록증(임시 발급 포함), 운전면허증, 여권, 공무원증 중 택1
② 컴퓨터용 사인펜: 연필, 샤프, 볼펜은 문제 풀이 시 필요에 따라 사용 가능, OMR 답안지에는 연필, 샤프, 볼펜으로 기재 불가
③ 수정 테이프: 컴퓨터용 사인펜으로 기재한 답을 수정할 경우 수정액이 아닌 수정 테이프만 사용 가능

■ 시험장 입실
시험 시작 40분 전인 오후 2시 20분부터 입실, 2시 50분부터 입실 불가

G-TELP, 접수부터 성적 확인까지

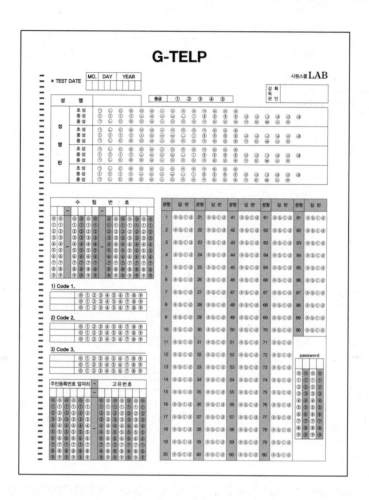

※ **반드시 컴퓨터용 사인펜으로 작성하시기 바랍니다.**

◦ 날짜, 성명을 쓰고 등급은 ②에 마킹합니다.

◦ 이름을 초성, 중성, 종성으로 나누어 마킹합니다.

◦ 수험 번호는 자신의 책상에 비치된 수험표에 기재되어 있습니다.

◦ Code 1, Code 2는 OMR 카드 뒷면에서 해당되는 코드를 찾아 세 자리 번호를 마킹합니다.
 (대학생이 아닌 일반인의 경우 Code 1은 098, Code 2는 090)

◦ Code 3은 수험 번호의 마지막 7자리 숫자 중 앞 3자리 숫자를 마킹합니다.

◦ 주민등록번호는 앞자리만 마킹하고 뒷자리는 개인 정보 보호를 위해 지텔프에서 임시로 부여한 고유 번호로
 마킹해야합니다. (수험표에서 확인)

◦ 답안지에는 90번까지 있지만 Level 2 시험의 문제는 80번까지이므로 80번까지만 마킹합니다.

◦ OMR 카드 오른쪽 아래에 있는 비밀번호(password) 4자리는 성적표 출력 시 필요한 비밀번호로, 응시자가
 직접 비밀번호를 설정하여 숫자 4개를 마킹합니다.

◦ 시험 시간에는 답안지 작성(OMR 카드 마킹) 시간이 별도로 주어지지 않습니다.

■ 성적 발표

시험일 5일 이내 G-TELP KOREA 공식 홈페이지 www.g-telp.co.kr 접속 후 로그인, [성적 확인] – [성적 확인] 클릭 / 우편 발송은 성적 발표 후 차주 화요일에 실시

■ 성적 유효 기간

시험일로부터 2년

■ 성적표 양식

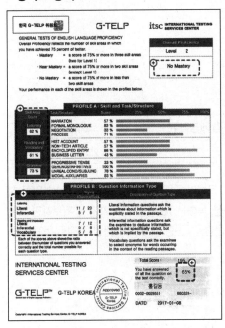
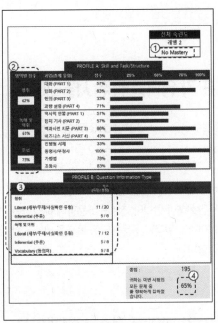

* 편의를 위해 우리말로 번역하였습니다.

① **No Mastery**: 응시자가 75% 이상의 점수를 획득할 경우 Mastery, 그렇지 못할 경우 No Mastery로 표기되며, 32점이나 65점, 77점 등 점수대별 목표 점수를 가진 응시자에게 아무런 영향이 없습니다.

② **영역별 점수**: 각 영역별 점수를 가리키는 수치입니다. 이를 모두 취합하면 총점(Total Score)이 되며, 이를 3으로 나눈 평균값이 ④에 나오는 최종 점수입니다.

③ **청취 영역과 독해 및 어휘 영역의 출제 유형별 득점**: 청취와 독해 및 어휘 영역의 Literal은 세부사항, 주제 및 목적, 사실 확인 유형의 문제를 말하며, 이 유형들은 지문의 내용에 문제의 정답이 직접적으로 언급되어 있는 유형입니다. Inferential은 추론 문제를 말하며, 이 유형은 지문에 문제의 정답이 직접적으로 언급되어 있지 않지만 지문에 나온 정보를 토대로 추론을 통해 알 수 있는 사실을 보기 중에서 고르는 문제입니다. 이 유형의 경우, 정답 보기가 패러프레이징(paraphrasing: 같은 의미를 다른 단어로 바꾸어 말하기)이 되어 있어 다소 난이도가 높은 편입니다. 청취와 독해 및 어휘 영역에서는 문제가 각각 5~8문제씩 출제됩니다. 마지막으로 Vocabulary는 각 PART의 지문에 밑줄이 그어진 2개의 단어에 맞는 동의어를 찾는 문제입니다. 총 네 개의 PART에서 각각 2문제씩 나오므로 항상 8문제가 출제됩니다.

목표 점수별 공략

32점 목표 각 영역별 점수 시뮬레이션

최종 점수	문법(정답수)	청취(정답수)	독해(정답수)
33	84(22)	8(2)	7(2)

문법, 청취, 독해 세 영역의 합산 점수가 69점이 되어야 하며, 문법이 84점보다 낮을 경우 그 점수차만큼 청취나 독해에서 만회해야 합니다. 오직 문법만 학습하여 고득점만 보장된다면 청취나 독해는 전혀 신경 쓰지 않아도 쉽게 목표 점수를 달성할 수 있습니다.

43점 목표 각 영역별 점수 시뮬레이션

최종 점수	문법(정답수)	청취(정답수)	독해(정답수)
43	84(22) / 92(24)	20(5)	25(7) / 18(5)

문법, 청취, 독해 세 영역의 합산 점수가 129점이 되어야 하며, 문법이 84점보다 낮을 경우 그 점수차만큼 청취나 독해에서 만회해야 합니다. 청취는 5문항에 해당하는 20점, 독해는 7문항을 맞춰 25점을 확보하면 되는데, 독해 7문항이 부담된다면, 5문항으로 목표를 낮추고 대신 문법을 2문항 더 맞춰서 문법 92점을 목표로 하는 방법을 권장합니다.

48점 목표 각 영역별 점수 시뮬레이션

최종 점수	문법(정답수)	청취(정답수)	독해(정답수)
48	84(22) / 92(24)	20(5)	42(12) / 32(9)

문법, 청취, 독해 세 영역의 합산 점수가 144점이 되어야 하며, 문법이 84점보다 낮을 경우 그 점수차만큼 청취나 독해에서 만회해야 합니다. 청취 20점은 5문항 정도이기 때문에 크게 부담이 없지만, 이 경우 독해에서 42점, 즉 12문항을 맞춰야 하므로 독해 학습이 어느 정도 필요합니다. 하지만, 고득점이 쉬운 문법에서 92점을 확보하는 경우, 독해는 32점(9문항)을 받으면 되기 때문에 상대적으로 부담이 적어집니다. 가장 난이도가 높은 청취보다는 어휘와 지문의 키워드 찾기로 최소 9문항은 충분히 맞출 수 있는 독해를 학습하는 것이 좋습니다.

50점 목표 각 영역별 점수 시뮬레이션

최종 점수	문법(정답수)	청취(정답수)	독해(정답수)
50	84(22) / 92(24)	24(6)	42(12) / 35(10)

문법, 청취, 독해 세 영역의 합산 점수가 150점이 되어야 하며, 문법이 84점보다 낮을 경우 그 점수차만큼 청취나 독해에서 만회해야 합니다. 청취 24점은 6문항을 맞춰야 하며, 독해에서 42점, 즉 12문항을 맞춰야 하므로 독해 학습이 어느 정도 필요합니다. 하지만, 고득점이 쉬운 문법에서 92점을 확보하는 경우, 독해는 35점(10문항)을 받으면 되기 때문에 상대적으로 부담이 적어집니다.

43~50점 목표 문법 학습 전략

개개인의 문법 성취도에 따라 점수가 다르겠지만, 43점~50점을 목표로 할 경우 문법에서 92점을 확보하지 못하면 그만큼 청취와 독해에서 부족한 점수를 더 확보해야 합니다. 각 영역별로 난이도는 "청취 > 독해 > 문법" 순으로, 청취가 가장 어렵고 문법이 가장 쉽습니다. 문법 영역은 총 26문제 중 시제 6문제, 가정법 6문제, 당위성 표현 2문제, 부정사 3문제, 동명사 3문제, 조동사 2문제, 접속사/접속부사 2문제, 관계사절 2문제로 출제됩니다. 같은 유형의 문제가 반복되어 나오고, 그 유형은 총 8개이며, 각 유형별 특징과 정답 단서를 숙지해야 합니다.

그 유형 중 소위 '해석으로 문맥 파악을 통한 문제 풀이'가 필요한 유형인 접속사/접속부사 2문제, 조동사 2문제는 다른 유형보다 다소 난이도가 높다고 알려져 있습니다. 그 이유는 다른 유형은 정답의 단서가 정해져 있거나, 정해진 문법 공식에 의해서 출제되기 때문에 문제의 문맥을 파악하지 않고도 정답을 선택할 수 있지만 접속사/접속부사와 조동사는 그렇지 않기 때문입니다. 그래서 정답의 단서와 문법 공식의 암기 및 숙지로 정답을 고를 수 있는 유형인 시제, 가정법, 당위성 표현, 부정사/동명사, 관계사절 문제 총 22문제의 정답을 맞추면 84점을 확보할 수 있습니다. 여기서 조동사와 접속사/접속부사 총 4문제 중 2문제만 확보하면 92점 달성이 가능합니다. 만약 문법에서 84점이라면 청취와 독해에서 목표보다 2문제를 더 확보해야 합니다. 청취와 독해에 취약하다면 문법에서 점수를 더 확보하는 것이 수월할 것입니다.

48~50점 목표 청취/독해 학습 전략

청취와 독해에서 각각 20~30점을 받기 위해서 많은 학습을 요구하지 않지만, 그래도 아무런 대비 없이 (a)~(d) 중 하나의 선택지로만 정답을 제출하는 것(일명 '기둥 세우기')은 다소 위험할 수 있습니다. 매회 시험에서 각 선택지의 정답 분포가 25%의 확률이 아닐 수도 있기 때문에 단 4~8점(1~2문제)이 모자라서 목표 점수를 달성하지 못할 수도 있습니다. 그래서 청취와 독해에서 상대적으로 쉬운 PART의 문제를 풀어보는 것을 추천합니다. 청취의 경우 PART 1과 3이 쉬운데, 특히 주제를 묻는 첫 문제와 대화 후 할 일에 대해 묻는 마지막 문제는 전체적인 내용의 흐름만 파악한다면 쉽게 정답을 고를 수 있습니다. 또한 PART 2와 PART 4는 1인 담화로 지문이 제시되는데, 첫 문제는 항상 주제에 관련된 문제가 출제되므로 담화 초반의 내용을 듣고 어떤 내용인지를 파악하여 풀이하면 정답율이 높은 유형이므로 듣고 풀어 보시는 것을 권장합니다.

독해는 PART 1과 PART 4가 상대적으로 지문의 내용을 이해하기가 쉽습니다. 특히 PART 1의 첫 문제는 지문에 설명되는 인물이 유명한 이유를 묻는 문제이며, 대부분 첫 문단에 정답의 단서가 언급되어 있으므로 정답을 고르기가 쉽습니다. PART 4는 비즈니스 서신에 관한 내용이며, 첫 문제가 항상 편지를 쓰는 목적에 해당됩니다. 이 문제 또한 첫 문단에서 정답의 단서를 쉽게 찾을 수 있어 푸는 데 크게 어렵지 않은 문제입니다. 그리고 독해는 각 PART별로 2문제의 동의어 문제가 출제되어 총 8문제가 출제됩니다. 8문제 중 3~4문제는 사전적 동의어로 출제되어 기본적인 어휘 실력만 뒷받침된다면 무난하게 풀 수 있습니다. 이를 통해 큰 어려움 없이 청취와 독해에서 안정적인 점수를 확보하여 문법에서 92점 이하로 받더라도 목표 점수를 달성할 수 있습니다.

지텔프 LEVEL 2 성적 활용표

■ 주요 정부 부처 및 국가 자격증

활용처(시험)	지텔프 Level 2 점수	토익 점수
군무원 9급	32점	470점
군무원 7급	47점	570점
경찰공무원(순경) *가산점 기준	48점 (가산점 2점) 75점 (가산점 4점) 89점 (가산점 5점)	600점 (가산점 2점) 800점 (가산점 4점) 900점 (가산점 5점)
소방간부 후보생	50점	625점
경찰간부 후보생	50점	625점
경찰공무원 (경사, 경장, 순경)	43점	550점
호텔서비스사	39점	490점
박물관 및 미술관 준학예사	50점	625점
군무원 5급	65점	700점
국가공무원 5급	65점	700점
국가공무원 7급	65점	700점
입법고시(국회)	65점	700점
법원 행정고시(법원)	65점	700점
세무사	65점	700점
공인노무사	65점	700점
공인회계사	65점	700점
감정평가사	65점	700점
호텔관리사	66점	700점
카투사	73점	780점
국가공무원 7급 (외무영사직렬)	77점	790점

* 출처: G-TELP 공식 사이트(www.g-telp.co.kr)

목표 달성 학습플랜

▷ 다음의 학습 진도를 참조하여 매일 학습합니다. 지텔프 문법을 처음 학습하시는 분은 본책의 <기출 유형 포인트>로 문법 8개 유형을 반드시 숙지하고 문제를 푸시기 바랍니다.

▷ 각 회차별 모의고사 풀이 후 오답 유형과 오답 원인을 분석하여 반드시 복습하시기 바랍니다.

▷ [부록]으로 제공되는 지텔프 영역별 공략 가이드는 영상과 함께 시험 전에 확인하여 청취와 독해에 대한 공략법을 숙지하시는 것이 좋습니다.

14일 완성 학습 플랜

시험 2주(14일) 전부터 학습 플랜입니다. 문제 기출 유형 포인트를 먼저 학습하여 문제 풀이에 필요한 정답의 단서를 숙지한 후에 모의고사 1회분씩을 풀이합니다. 모의고사 풀이 후 채점을 하고나서 반드시 오답의 원인과 정답의 단서를 확인하여 다음 회차 모의고사에서 오답을 줄이는 것을 목표로 합니다.

1일	2일	3일	4일	5일
[부록] 지텔프 영역별 공략 가이드 문법 기출 유형 포인트 1, 2, 3, 4	문법 기출 유형 포인트 5, 6, 7, 8	TEST 1 풀이 및 채점 오답 리뷰	TEST 2 풀이 및 채점 오답 리뷰	TEST 3 풀이 및 채점 오답 리뷰
6일	**7일**	**8일**	**9일**	**10일**
TEST 4 풀이 및 채점 오답 리뷰	TEST 5 풀이 및 채점 오답 리뷰	TEST 6 풀이 및 채점 오답 리뷰	TEST 7 풀이 및 채점 오답 리뷰	TEST 8 풀이 및 채점 오답 리뷰
11일	**12일**	**13일**	**14일**	
TEST 9 풀이 및 채점 오답 리뷰	TEST 10 풀이 및 채점 오답 리뷰	TEST 11 풀이 및 채점 오답 리뷰	TEST 12 풀이 및 채점 오답 리뷰	

7일 완성 학습 플랜

정기 시험 7일을 앞두고 빠르게 문법 점수를 향상시킬 수 있는 학습플랜으로, 문법 기출 유형 포인트를 1일차에 모두 학습하고 매일 모의고사 2회분씩 풀이합니다. 모의고사 풀이 후 채점을 하고나서 반드시 오답의 원인과 정답의 단서를 확인하여 다음 회차 모의고사에서 오답을 줄이는 것을 목표로 합니다.

1일	2일	3일	4일	5일	6일	7일
[부록] 지텔프 영역별 공략 가이드 문법 기출 유형 포인트 1~8	TEST 1, 2 풀이 및 채점 오답 리뷰	TEST 3, 4 풀이 및 채점 오답 리뷰	TEST 5, 6 풀이 및 채점 오답 리뷰	TEST 7, 8 풀이 및 채점 오답 리뷰	TEST 9, 10 풀이 및 채점 오답 리뷰	TEST 11, 12 풀이 및 채점 오답 리뷰

기출 유형 포인트 01 시제 매회 6문항 출제

1 현재진행시제: 「am/are/is + -ing」 (~하는 중이다, ~하고 있다)

Jackson is **currently** **watching** a movie.

잭슨은 <u>현재</u> 영화를 <u>보고 있는 중이다</u>.

Right now, Kate **is entering** the building.

<u>지금</u>, 케이트는 그 건물로 <u>들어가는 중이다</u>.

■ 현재진행과 함께 쓰는 시간 표현 [빈칸 문장에 있는 단서]

now (지금)	right now (바로 지금)	currently (현재)
at the/this moment (바로 지금)	as of this moment (이 순간)	nowadays (요즘)
today (오늘날, 요즘)	at present (현재)	

2 과거진행시제: 「was/were + -ing」 (~하는 중이었다, ~하고 있었다)

Dave **was playing** an online game **when** his mother **came** home **last night**.

데이브는 <u>어제 밤에</u> 그의 어머니가 집에 <u>돌아왔을 때</u> 온라인 게임을 <u>하고 있었다</u>.

Kate **was talking** on the phone **at 11 p.m. yesterday**.

케이트는 <u>어제 밤 11시에</u> 전화를 <u>하는 중이었다</u>.

■ 과거진행과 함께 쓰는 시간 표현 [빈칸 문장에 있는 단서]

yesterday (어제)	at that time/moment (그 때)	ago (이전에)
in + 과거년도 (~시점에)	last night/week/month/year (지난 밤/주/달/해)	

When + 주어 + 과거동사, 주어 + 과거진행 (was/were -ing)
= 주어 + 과거진행 (was/were -ing) + when + 주어 + 과거동사

While + 주어 + 과거진행 (was/were -ing), 주어 + 과거동사
= 주어 + 과거동사 + while + 주어 + 과거진행 (was/were -ing)

* 시간부사 접속사: when/while/before 등의 경우 주절 혹은 부사절의 동사와 시제일치

3 미래진행시제: 「will be + -ing」 (~하는 중일 것이다, ~하고 있을 것이다)

I **will be having** a job interview **next Friday**.

<u>다음 주 금요일에</u> 나는 취업 면접을 <u>보고 있는 중일 것이다</u>.

When I **arrive** home, my dog **will be sleeping**.

<u>내가 집에 도착할 때면</u> 나의 개는 <u>잠을 자고 있을 것이다</u>.

■ 미래진행과 함께 쓰는 시간 표현 [빈칸 문장에 있는 단서]

tomorrow (내일)	by + 미래시점 (~까지)	in + 숫자 기간 (~후에)
until + 미래시점 (~까지)	starting/following/beginning + 미래시점 (~부터)	
this week/month/year (이번 주/이번 달/올해)		
next morning/week/month/year (다음 날 아침/다음 주/다음 달/다음 해)		

When + 주어 + 현재시제 동사, 주어 + 미래진행 (will be + -ing)
= 주어 + 미래진행 (will be + -ing) + when + 주어 + 현재시제 동사

> **TIP** 시간부사 접속사: when/once/until/before/after/as soon as 등과 조건 접속사 if가 쓰인 부사절의 동사가 현재시제 동사이면, 빈칸에 들어갈 주절의 동사는 미래진행시제이다.

4 현재완료진행시제: 「has / have + been + -ing」 (~해오는 중이다, ~해오고 있다)
　　　　　　　　⇒ 과거에 시작해서 지금도 진행 중임을 의미

Mr. Doris **has been running** an Italian restaurant **for over 3 years**.
도리스 씨는 <u>3년 이상 동안</u> 이탈리아 음식점을 <u>운영해오고 있는 중이다</u>.

Richard **has been practicing** bowling **since this morning**.
리차드는 <u>오늘 아침 이후로 계속</u> 볼링 연습을 <u>해오고 있는 중이다</u>.

■ 현재완료진행과 함께 쓰는 시간 표현 [빈칸 문장에 함께 쓰이는 단서]

since + 과거시점 (~이후로)	for + 기간 (~동안)
since + 주어+ 과거동사 (~이후로 계속)	└─ 다른 완료진행시제의 단서로도 쓰일 수 있으니 주의!
ever since (~이후로 줄곧)	so far (지금까지 줄곧)
until now (지금까지)	lately (최근에)
for + 기간 + now (~동안)	over/in/for + the + last/past + 기간 (지난 ~동안)

5 미래완료진행시제: 「will have been + -ing」 (~해오고 있는 중일 것이다)
　　　　　　　　⇒ 현재/과거에 시작해서 미래의 특정 시점에도 진행 중임을 의미

■ 미래완료진행과 함께 쓰는 시간 표현 [빈칸 문장에 있는 단서]

by the time + 현재동사	next 미래시점 + for 기간	in 미래시점 + for 기간
by 미래시점 + for 기간	until 미래시점 + for 기간	

By the time + 주어 + 현재동사, 주어+미래완료진행 (will have been + -ing) + **for 기간**
= 주어+미래완료진행 (will have been + -ing) + **for 기간** + **by the time** + 주어 + 현재동사

By the time the manager **returns** from the meeting, I <u>will have been waiting</u> for him **for 3 hours**.
매니저가 회의에서 <u>돌아올 때 쯤이면</u>, 나는 그를 <u>3시간 동안</u> 기다리게 될 것이다.

By the end of this month, Henry will have been working on his new novel **for 2 years**.

이번 달 말이면, 헨리는 그의 새로운 소설에 2년 간 작업을 해오는 중일 것이다.

6 과거완료진행시제: 「had been + -ing」 (~했던 중이었다, ~해오고 있었다)
⇒ 특정 과거시점보다 더 이전부터 진행되던 일

Mr. Stevenson had been studying in Chicago **for 4 years before** he **joined** the army.

스티븐슨 씨는 그가 군대에 **입대하기 전에** 4년 동안 시카고에서 공부를 하고 있었다.

Ms. Robin had been working as a waitress **for 5 years until** she **was** cast in the movie.

로빈 씨는 그 영화에 캐스팅 **되기 전까지** 5년 동안 웨이트리스로 일하고 있었다.

■ 과거완료진행과 함께 쓰는 시간 표현 [빈칸 문장에 있는 단서]

before + 과거시점, for 기간	until + 과거시점, for 기간	prior to + 과거시점, for 기간
since + 과거시점, for 기간	by the time + 과거시점, for 기간	

Before + 주어 + **과거동사**, 주어 + 과거완료진행 (had been -ing) + **for 기간**
= 주어 + 과거완료진행 (had been -ing) + **for 기간** + **before** + 주어 + **과거동사**

> **TIP** 시간부사절 접속사 <u>before/when/by the time/until</u> 뒤에 동사가 **과거시제동사**이고, 주절에 「for 기간」이 쓰여 있다면 과거완료진행형이 정답이다.

기출 유형 포인트 02 / 가정법 매회 6문항 출제

1 가정법 과거: 현재의 사실과 반대되는 내용을 가정하여 과거시제로 나타내는 가정법

If절 (~한다면)	주절 (~할텐데 / ~할 수 있을 텐데 / ~할지도 모르는데)
If + 주어 + 과거시제 동사, were / 동사의 과거형(-ed 등) / didn't 동사원형 / couldn't 동사원형	주어 + 조동사 과거형 + 동사원형 would / could / might

If my puppy <u>were</u> to speak to me, I <u>would understand</u> why he is barking now.
나의 강아지가 나에게 말을 <u>한다면</u>, 난 그가 지금 짖고 있는 이유를 <u>이해할</u> 텐데(=이해할 것이다).

If Jane <u>changed</u> her major, she <u>would start</u> studying business administration.
제인이 그녀의 전공을 <u>바꾼다면</u>, 그녀는 경영학 공부를 <u>시작할</u> 텐데(=시작할 것이다).

2 가정법 과거완료: 과거의 사실과 반대되는 내용을 가정하여 과거완료시제로 나타내는 가정법

If절 (~했다면)	주절 (~했을 텐데 / ~할 수 있었을 텐데 / ~했을지도 모르는데)
If + 주어 + had p.p., 부정형 had not p.p. (=hadn't p.p.)	주어 + 조동사 과거형 + have + p.p. would / could / might

If my sister <u>had kept</u> writing novels, she <u>could have been</u> a great author.
나의 여동생이 소설을 <u>계속해서 썼다면</u>, 그녀는 위대한 작가가 <u>될 수 있었을</u> 텐데.

If my co-workers <u>had helped</u> me, I <u>would have finished</u> the project earlier.
동료 직원들이 나를 <u>도왔다면</u>, 난 그 프로젝트를 더 일찍 <u>끝냈을</u> 텐데.

3 가정법 과거완료의 도치: 가정법에서 접속사 if가 생략되고 if절의 주어와 조동사 had의 자리를 바꿔준다.

If절	주절
Had + 주어 + p.p., if 생략 「Had + 주어 + p.p.」 어순	주어 + 조동사 과거 + have + p.p. would / could / might

<u>Had</u> you <u>been</u> in trouble, you <u>would have asked</u> me to help.
= **If** you <u>had been</u> in trouble, you <u>would have asked</u> me to help.
만약 네가 곤경에 <u>처해 있었다면</u>, 내게 도움을 <u>요청했을</u> 텐데.

Had she **arrived** at the bus stop just 1 minute earlier, she **could have gotten** the bus.

= **If** she **had arrived** at the bus stop just 1 minute earlier, she **could have gotten** the bus.

그녀가 단 1분만 더 일찍 버스 정류장에 도착했더라면, 그녀는 그 버스를 탈 수 있었을 텐데.

4 **혼합 가정법**: 과거의 사실과 반대되는 내용이 현재에 영향을 미치는 상황을 나타낸다. (출제빈도 매우 낮음)

If 절: 가정법 과거완료 (~했다면)	주절: 가정법 과거 (~했을 텐데 / ~할 수 있었을 텐데 / ~했을지도 모르는데)
If + 주어 + had p.p.	주어 + 조동사 과거형 + 동사원형 would / could / might

가정법 문장은 '(과거에) ~했다면'에 해당하는 if절과 '(현재) ~할 텐데'에 해당하는 주절로 나뉘며, if절과 주절은 순서가 바뀌기도 한다. 또한 주절에 now가 힌트로 주어진다.

If Jennifer **had brought** an umbrella in the morning, she **wouldn't get** wet in the rain **now**.

제니퍼가 아침에 우산을 가져왔더라면, 그녀는 지금 비에 젖지 않을 텐데.

5 **가정법 문제풀이 순서**

▷ If절에 과거시제 동사가 있는 경우: 「would / could / might + 동사원형」을 정답으로 고른다.

▷ If절에 과거완료시제(had p.p)가 있는 경우: 「would / could / might have p.p.」를 정답으로 고른다. 단, 주절에 'now' 가 있다면 혼합 가정법인지 해석을 해본 후 「would / could / might + 동사원형」을 정답으로 고른다.

▷ If가 없고 「had + 주어 + p.p.」가 있는 경우: 「would / could / might + have + p.p.」를 정답으로 고른다. 단, 주절에 'now'가 있다면 혼합 가정법인지 해석을 해본 후 「would / could / might + 동사원형」을 정답으로 고른다.

기출 유형 포인트 03 당위성을 나타내는 동사원형 매회 2문항 출제

1 요구, 주장, 제안, 추천, 명령을 나타내는 동사

AR(아) SCI(씨) DOUP(또)					
주어	+ 동사 +	that	+	주어 +	동사원형
	Ask, Advise, Advocate Recommend, Request, Require Suggest, Stipulate Command, Claim Insist, Instruct Demand, Desire Order Urge Propose, Plead, Prescribe				be (be동사의 원형) 일반동사의 원형 부정형: not + 동사원형 not be 수동태: be + p.p.(-ed)

> **TIP** 위 동사들이 수동태 형태로 출제되어도 that절의 동사는 동사원형으로 쓰인다.
> ex) It is recommended that ~ / It is required that ~

Jason's mother **insisted that** he <u>go</u> to the hospital for an X-ray.

제이슨의 어머니는 그가 X레이를 위해 병원에 <u>가야</u> 한다고 **주장했다**.

The HR team **required that** every employee <u>have</u> a medical checkup this month.

인사팀은 모든 직원이 이번 달에 건강 검진을 <u>받아야</u> 한다고 **요청하였다**.

2 당위성을 나타내는 형용사

CI(씨) VBEN(벤)					
It is	+ 형용사(보어) +	that	+	주어 +	동사원형
	Critical, Crucial, Customary Important, Imperative Vital, Best Essential Necessary				be (be동사의 원형) 일반동사의 원형 부정형: not + 동사원형 not be 수동태: be + p.p.(-ed)

It is **important that** call center workers <u>take</u> a rest for 10 minutes every two hours on a workday.

콜센터 직원들은 근무일에 2시간 마다 10분간 휴식을 <u>취하는 것</u>이 **중요하다**.

It is **best that** patients <u>eat</u> highly nutritious food.

환자들은 영양가가 높은 음식을 <u>먹는 것</u>이 **가장 좋다**.

기출 유형 포인트 04 / 관계사절 매회 2문항 출제

1 관계대명사

관계대명사는 뒤에 주어가 없거나, 목적어가 없는 불완전한 절과 함께 쓰인다.

■ 선행사(수식받는 명사)가 사물일 때: 관계대명사 which, that

I need **a laptop computer** which/that I will use for my report. 한정적 용법 (that 가능)

나는 보고서를 위해 사용할 노트북 컴퓨터가 필요하다.

I bought **a laptop computer**, which I broke the next day. 계속적 용법 (콤마 포함, that 불가능)

나는 노트북 컴퓨터를 샀는데, 그것을 나는 그 다음날에 고장 내었다.

TIP 관계대명사 that은 선행사 뒤에 콤마가 없는 한정적 용법에서만 who/which를 대체할 수 있으며 콤마(,)가 있는 계속적 용법에서는 쓸 수 없다.

■ 선행사(수식받는 명사)가 사람일 때: 관계대명사 who, that

I want to meet **your brother** who/that became a lawyer. 한정적 용법 (that 가능)

나는 변호사가 된 너의 남동생을 만나고 싶다.

Asha is **a passionate singer**, who(m) many other singers want to collaborate with.
계속적 용법 (콤마 포함, that 불가능)

에이샤는 열정적인 가수인데, 많은 다른 가수들이 그녀와 협업을 하고 싶어한다.

TIP 선행사가 관계대명사절 내에서 목적어 역할을 할 때 목적격관계대명사를 쓰는데, 이때, 선행사가 사람일 경우 who 대신 whom을 사용할 수 있다.

2 관계부사

관계부사는 관계사절에 주어, 보어/목적어 등 동사에 필요한 문장 성분이 모두 갖춰진 완전한 절과 함께 쓰인다. 단, 선행사와 동일한 것을 가리키는 대명사를 주어나 목적어로 포함할 수 없다.

■ 시간 관계부사 when

시간 관계부사 when은 항상 시간명사를 선행사로 가진다. 선행사로 쓰이는 대표적인 시간 명사로는 the day, the week, the month, the year 등이 있다.

Anna will see her sister's newborn baby **on Christmas day** when all her family will gather.

안나는 그녀의 모든 가족이 모이는 크리스마스에 여동생의 갓난아기를 볼 것이다.

■ 장소 관계부사 where

장소 관계부사 where은 항상 장소명사를 선행사로 가진다. 선행사로 쓰이는 대표적인 장소 명사로는 the place, the building, the convention, the venue와 도시명, 국가명 등이 있다.

Megan will work at **the coffee shop** where I enjoy reading books lunchtime.

메건은 내가 점심시간에 책을 즐겨 읽는 커피숍에서 일할 것이다.

기출 유형 포인트 05 / to부정사 매회 3문항 출제

1 to부정사만을 목적어로 취하는 타동사

to부정사가 명사적 용법으로 '~하는 것'으로 해석될 때 다음에 나오는 타동사의 목적어로 사용될 수 있다.

decide	결심하다	want	원하다
determine		would like/would love	
resolve	결심하다, 해결하다	plan	계획하다
hope	바라다	promise	약속하다
desire		pledge	
wish		swear	
long		vow	
care	신경 쓰다, 좋아하다	guarantee	보장하다
endeavor	노력하다, 분투하다	learn	배우다
struggle		ask	부탁하다
strive		demand	요구하다
expect	예상하다	offer	제공하다
agree	동의하다	choose	선택하다
aim	목표하다	elect	선출하다
mean	의미하다, 의도하다	need	필요하다, ~해야 하다
tend	~하는 경향이 있다	fight	싸우다, 분투하다
prepare	준비하다	fail	실패하다
seem	~하는 것 같다	pretend	~인척 하다
refuse	거절하다	hesitate	주저하다, 머뭇거리다
intend	의도하다	manage	가까스로 해내다
arrange	준비하다	afford	~할 여유가 있다
seek	추구하다	volunteer	자원하다
bother	신경 쓰다	make sure	확실하게 하다

He **promised** to wait for me until I come to him.
그는 내가 그에게 갈 때까지 나를 기다리겠다고 **약속하였다**.

I **managed** to hand in my report on recent economic trends in time.
나는 제 시간에 겨우 최근 경제 동향에 관한 리포트를 제출하였다.

2 to부정사를 목적격보어로 취하는 타동사

to부정사는 5형식 동사(불완전타동사) 뒤에 목적어에 대한 목적격보어로도 사용된다. to부정사로 쓰인 목적격보어는 목적어가 하는 행동을 서술하여 '(목적어)가/에게 (to부정사)하라고 (타동사)한다'라고 해석된다. 따라서 다음에 나오는 5형식 타동사 뒤에 목적어가 위치하고 그 뒤에 빈칸이 있는 경우 to부정사가 정답이다.

ask	요청하다	want	원하다
allow	허락하다	expect	기대하다, 예상하다
advise	권고하다, 충고하다	enable	가능하게 하다
recommend	추천하다, 권고하다	encourage	격려하다
require	요구하다	force	강요하다
order	명령하다	cause	초래하다
tell	말하다	remind	상기시키다
urge	촉구하다, 충고하다	convince	확신시키다
instruct	지시하다	assign	맡기다

> **TIP** allow, advise, require, request, encourage은 동명사를 목적어로 취하지만, 목적격보어는 to부정사 형태를 취한다. 따라서 이 동사들이 출제되면, 빈칸이 목적어 자리인지 목적격보어 자리인지를 반드시 확인해야 한다.

The supervisor **allowed us** to hire more part-time workers.

상사는 <u>우리가</u> 시간제 직원들을 더 <u>고용하는 것을</u> <u>허락했다</u>.

The doctor **advised me** to take at least 500 ml of vitamin C a day.

의사는 <u>내게</u> 하루에 최소 500밀리리터의 비타민 씨를 <u>복용하라고</u> <u>권고했다</u>.

3 to부정사의 형용사적 용법: 명사를 뒤에서 수식하는 to부정사

to부정사는 명사를 뒤에서 수식할 수 있으며, '~할', '~해야 하는'이라는 의미로 해석한다.

> **TIP** 주로 to부정사의 수식을 받는 명사에는 way(방법), ability(능력), place(장소), decision(결정), plan(계획), money(돈), time(시간), chance(기회), opportunity(기회), effort(노력), permission(허락)이 있다.

Consumer Electronics Show is **a good opportunity** to learn about new technologies in electronic products.

'소비자 가전 전시회'는 가전 제품의 신기술을 <u>배울</u> **좋은 기회**이다.

Joining entertaining activities is **the best way** to become familiar with new members.

오락 활동에 함께 참여하는 것은 새로운 멤버들과 <u>친해지는</u> **최고의 방법**이다.

4 to부정사의 부사적 용법 (목적): ~하기 위하여

James should wear a tuxedo **to attend** the ceremony.

제임스는 그 행사에 참석하기 위해 턱시도를 입어야 한다.

Josh is learning Spanish these days **to spend** his summer vacation in Spain.

조쉬는 스페인에서 여름 휴가를 보내기 위해 요즘 스페인어를 배우고 있다.

> **TIP** 부사적 용법 <목적>의 to부정사 위치

① 주어 + 자동사 + (부사구) + to부정사

자동사 뒤에는 부사 요소가 와야 하므로 명사 기능을 하는 동명사가 올 수 없다. 그러므로 자동사를 수식하며 '~하기 위해'라는 목적의 의미를 나타내는 to부정사가 정답이다.

My father and I get up early these days to go jogging.

아버지와 나는 요즘 조깅하러 가기 위해 일찍 일어난다.

② 주어 + 타동사 + 목적어 + to부정사

문장의 기본 요소가 모두 갖춰진 타동사 구문에서도 추가로 동사가 사용될 때는 부사의 기능을 하는 형태가 되어야 한다. 그러므로 빈칸에는 목적을 나타내는 to부정사가 들어간다. 마찬가지로, 이때 –ing 형태의 현재분사(또는 동명사)는 정답이 되지 않는다.

I bought some flowers to decorate the living room.

나는 거실을 꾸미기 위해 꽃 몇 송이를 샀다.

5 수동태 뒤에 위치하는 to부정사

「be동사 + p.p.(과거분사)」 뒤에 준동사가 위치할 때는 주로 to부정사가 위치하여 '~하는 것이' 또는 '~하기 위해(목적)'으로 해석된다. 단, be caught 뒤에는 동명사가 위치하니 주의한다. (be caught –ing)

> **TIP** 주절 앞에 be동사가 생략되는 과거분사 구문 「과거분사(p.p.)+ _____」으로 출제되어도 정답은 to부정사이다.

Visitors **are allowed** **to take** pictures in the gallery.

방문객들은 미술관에서 사진을 찍는 것이 허용된다.

The commercial **was designed** **to discourage** people of all ages from smoking.

그 광고는 모든 연령대의 사람들이 흡연하지 못하도록 막기 위해 고안되었다. (목적)

기출 유형 포인트 06 / 동명사 매회 3문항 출제

1 동명사만을 목적어로 취하는 타동사

동명사는 to부정사의 명사적 용법과 동일하게 '~하는 것'으로 해석된다. 동명사는 목적어 자리가 빈칸으로 제시되는 문제
유형으로 주로 출제되기 때문에 동명사를 목적어로 취하는 타동사 암기가 필수적이다.

encourage	장려하다, 권고하다	avoid	피하다
recommend		evade	
advise		escape	
allow	허락하다	justify	정당화하다, 옹호하다
permit		resume	재개하다
enjoy	즐기다, 즐겨 하다	admit	인정하다
keep	계속 ~ 하다	acknowledge	
consider	고려하다	dislike	싫어하다
postpone	미루다, 연기하다	detest	
put off		anticipate	기대하다, 예상하다
delay		mind	꺼리다
defer		deny	부인하다
limit	금지하다, 제한하다, 막다	imagine, envision	상상하다
prohibit		include	포함하다
ban		involve	
prevent		appreciate	감사하다
endure, stand	참다, 견디다	oppose	반대하다
give up	포기하다	remind	회상하다
depict	묘사하다	disclose	폭로하다
discontinue	중단하다	discuss	논의하다
dread	두려워하다	end up	결국 ~하다
fear		experience	경험하다
miss	그리워하다, 놓치다	entail	수반하다
practice	연습하다	adore	아주 좋아하다
promote	장려하다, 촉진하다	quit	그만하다
regard	~로 여기다	stop	
reject	거절하다	report	알리다, 발표하다
resent	분개하다	resist	저항하다
risk	위험을 무릅쓰다	suggest	제안하다
finish	끝내다, 마무리하다	support	지지하다
discuss	논의하다	welcome	환영하다

My family **enjoy** spending a summer vacation in the country cottage.

나의 가족은 그 시골집에서 여름 휴가를 보내는 것을 즐긴다.

Cindy **suggested** seeing a movie after work.

신디는 일을 마친 후에 영화를 보러 가는 것을 제안했다.

2 to부정사와 동명사 둘 다 목적어로 취하지만 의미가 다른 동사

다음 타동사는 to부정사와 동명사를 목적어로 취할 때 각각 의미가 달라진다. to부정사가 미래의 일을, 동명사가 과거의 일을 나타내는 경우가 많으며, try는 각각 '노력하다', '시도하다'라는 의미를 나타낸다.

	to부정사	동명사
remember (미래/과거)	I **remember** to take the medicine. 나는 약을 먹어야 할 것을 기억한다.	I **remember** taking the medicine. 나는 약을 먹었던 것을 기억한다.
forget (미래/과거)	I **forgot** to lock the door. 나는 집 문 잠그는 것을 잊었다.	I **forgot** closing the door. 나는 문을 닫았던 것을 잊었다.
regret (미래/과거)	I **regret** to tell you this news. 네게 이 소식을 전하게 되어 유감이다.	I **regret** telling you the news. 나는 네게 그 소식을 말했던 것을 후회한다.
try (노력/시도)	I **tried** to wear sunglasses. 나는 선글라스를 착용하려고 노력했다.	I **tried** wearing sunglasses. 나는 시험삼아 선글라스를 착용해보았다.

> **TIP** remember, forget, regret은 주어진 문제의 문맥에 따라 빈칸에 들어갈 준동사(to부정사/동명사)가 앞으로 해야 할 미래의 일이면 to부정사, 이미 했던 과거의 일이면 동명사를 쓴다. 기억하기 쉽도록 'to부정사=미래', '동명사=과거'라는 수식으로 정리하고, 앞 글자만 따서 '투미동과'로 암기한다.

3 동명사의 관용표현

cannot help -ing	~하지 않을 수 없다	have difficulty -ing	~하는 것에 어려움을 겪다
be worth -ing	~할 가치가 있다	have trouble -ing	
be caught -ing	~하다 잡히다	spend 시간/돈 -ing	~에 시간/돈을 들이다
object to -ing	~를 반대하다	feel like -ing	~하고 싶다
be opposed to -ing		look forward to -ing	~하기를 고대하다
be devoted to -ing	헌신하다, 전념하다	be subject to -ing	~하기 쉽다
be committed to -ing		be used[accustomed] to -ing	~에 익숙하다

기출 유형 포인트 07 / 조동사 매회 2문항 출제

1 should: 의무, 당위성(~해야 한다), 충고(~하는 것이 좋겠다)

Every employee **should** **carry** an employee card in the building.
모든 직원은 건물 내에서 사원증을 가지고 다녀야 한다.

Rachel **should** **go** to bed early because she has an interview tomorrow morning.
레이첼은 내일 아침에 면접이 있기 때문에 일찍 잠자리에 들어야 한다.

2 must: 의무(반드시 ~해야 한다), 확신(~임에 틀림없다)

The audience **must** **show** their tickets when entering the concert hall.
관중들은 콘서트홀에 입장할 때 그들의 티켓을 보여줘야 한다.

Kate **must** **be** in the office. I just saw her through the window in the office.
케이트는 사무실에 있는 것이 틀림없다. 나는 방금 사무실 창문을 통해 그녀를 보았다.

> **TIP** should 또는 must가 정답이 될 수 있는 문맥
> • 빈칸이 포함된 문장에 「submit~ by + 시점」(~까지 제출해야 한다), 「get permission/approval」(승인을 얻어야 한다), 「meet the standard(s)」(기준을 충족시켜야 한다), 「in order to + 동사원형」(~하기 위해서)이 있는 경우에 should 또는 must가 정답이 될 수 있다.
> • law(법), regulation(규정), rule(규정), guideline(지침), standard(기준) 등의 어휘를 통해 의무를 나타내는 경우는 must가 정답이다.

3 can: 능력(~할 수 있다), 가능성(~할 수 있다), 허락(~할 수 있다)

> **TIP** 과거시제로 쓰여야 하는 경우 could로 쓰인다.

The cheetah **can** run at 80 to 90 km/h.
치타는 시속 80에서 90킬로미터로 달릴 수 있다.

Getting enough sleep **can** help reduce stress.
충분한 숙면을 취하는 것은 스트레스를 줄여줄 수 있다.

> **TIP** can 또는 could가 정답이 될 수 있는 문맥
> • 질병 발생, 진단, 치료, 예방, 연구 결과의 가능성을 나타내는 내용
> • 사람의 능력 (언어 능력, 예술적 재능), 동물/식물의 특징적인 능력, 가능성을 나타내는 내용
> • 「afford to 동사원형」(~할 여유가 있다) 앞에 빈칸이 있는 경우
> • 「so 형용사 + (that) 주어 can 동사원형」(너무 ~해서 ~할 수 있다) 또는 「so (that) 주어 can 동사원형」(그래서 ~할 수 있도록)의 구조에서 can이 빈칸으로 출제되는 경우

4 will: 미래(~할 것이다)

미래시점을 나타내는 표현이나 「when/if + 현재시제」가 있을 경우 조동사 will이 사용된다.

If the player **violates** the rules again, he **will get** a red card.

만약 그 선수가 또 다시 규칙을 위반하면, 레드 카드를 받을 것이다.

5 may: 추측(~일지도 모른다), 허가(~해도 좋다)

Sitting for hours **may increase** the risk of getting cancer.

여러 시간 앉아있는 것은 암 발병의 위험을 높일지도 모른다.

If you finish the beginner's course, you **may start** the intermediate course.

초급 과정을 마친다면, 당신은 중급 과정을 시작하셔도 좋습니다.

6 might: 불확실한 추측 (~일지도 모른다)

may보다 더 불확실하거나 근거가 약한 추측을 언급할 경우 might를 사용한다. 단, might는 may의 과거형이 아니므로 현재시제로 사용된다.

Peter **might come** to the party tonight, but he hasn't decided yet.

피터는 오늘밤 파티에 올지도 모른다. 하지만 그는 아직 결정하지 않았다.

> **TIP** may 또는 might가 정답이 될 수 있는 문맥
> • 자연 현상, 자연재해, 질병의 발생 가능성
> • 치료나 의약 관련, 예방 관련 소재로, 100% 확률의 결과가 나올 수 없는 연구 또는 실험 내용
> • seem, speculate, be estimated 등과 같은 추측과 연관된 동사가 쓰인 경우 질병 발생, 진단, 치료, 예방, 연구 결과의 가능성을 나타내는 내용

7 should have p.p.: 과거에 대한 후회(~했어야 했는데)

과거의 행동을 후회할 때 쓰는 표현으로, 실제로는 하지 않았지만 '~했어야 했다'라는 의미를 나타낼 때 쓴다. 부정형 shouldn't have p.p.는 '하지 말았어야 했는데'라고 해석한다.

We **should have left** earlier to avoid a traffic jam.

교통 체증을 피하기 위해서 우리는 일찍 떠났어야 했다.

8 must have p.p.: 과거에 대한 확신(~했음에 틀림없다)

과거의 있었던 일에 대한 확신으로 '~했음에 틀림없다', '~이었음에 틀림없다'라고 해석한다.

Tom asked me to borrow some money. He **must have forgotten** to bring his wallet today.

톰은 나에게 돈을 좀 빌려달라고 요청했다. 그는 오늘 지갑을 들고 오는 것을 잊어버린 것이 틀림없다.

기출 유형 포인트 08 접속사/접속부사 매회 2문항 출제

1 부사절 접속사: 주절을 수식하는 부사절을 이끄는 접속사

논리	부사절 접속사
이유	because, as 때문에 since, now that ~이므로
시간	when, as ~할 때 as soon as ~하자마자 until ~할 때까지 after ~후에 before ~전에 since ~이후로 while ~하는 동안
양보	although, though, even though (비록) ~이긴 하지만 even if ~라 할지라도
조건 경우	if 만약 ~라면 unless ~하지 않는다면 as long as ~하는 한 once 일단 ~하면 in case (that) ~할 경우에 대비해서, ~하면 given (that) ~라 가정하면 provided (that) ~라면, ~라는 조건으로
대조	while, whereas 반면에
목적	so that, in order that ~하기 위해서
결과	so + 형용사/부사 + that 너무 ~해서 ~하다 so 따라서

┌─────── 주절 ───────┐ ┌─────────── 부사절 ───────────┐
Kevin shouldn't stay up late **because** he has an exam tomorrow.

케빈은 내일 시험이 있기 때문에 늦게까지 자지 않고 있어서는 안된다.

⇒ 부사절: 주절을 통해 알 수 있는 내용(결과)에 대한 원인/이유

┌─────────────── 부사절 ───────────────┐ ┌─────────── 주절 ───────────┐
As soon as the singer appeared on the stage, the audience started to shout his name.

그 가수가 무대 위에 나타나자 마자, 관중들은 그 이름을 소리치기 시작했다.

⇒ 부사절: 주절의 내용이 발생한 때/시간

┌─────────── 부사절 ───────────┐ ┌─────── 주절 ───────┐
Although Ray has a car and drive, he takes a bus to work.

레이는 차를 가지고 운전을 하지만, 그는 직장에 버스를 타고 간다.

⇒ 부사절: 주절을 통해 예상되는 원인과 반대되는 내용

┌─────── 주절 ───────┐ ┌─────── 부사절 ───────┐
Bring some chocolate **in case** you get hungry.

배가 고픈 경우에 대비해서 초콜릿을 좀 가져가세요.

⇒ 부사절: 주절의 내용을 대비책으로 쓸 수 있는 발생 가능한 일/경우의 수

2 접속부사

논리	접속부사
역접/대조	However 하지만 Instead ~대신에 Conversely 정반대로 On the contrary = In contrast 대조적으로 On the other hand 반면에, 또 다른 한편
양보	Nevertheless = Nonetheless 그럼에도 불구하고, 그렇지만 Otherwise 그렇지 않으면 Even so 그럼에도 불구하고, 그렇기는 하지만
결과	Therefore =Thus = Hence 그러므로 As a result 그 결과 Accordingly 따라서 Consequently 결과적으로 Eventually 결국 **TIP** hence 뒤에는 명사만 쓰여서 '그러므로[그러한 이유로] ~가 된다'는 의미를 나타내기도 한다.
예시	For example = For instance 예를 들어
첨가	Besides = In addition = Moreover 게다가 Furthermore 더 나아가서 Also 또한
부연	After all 어쨌든 In fact 사실 In particular = particularly 특히 Specifically 특히, 구체적으로 In other words 다시 말해서
강조	Of course 물론 Absolutely 틀림없이 Certainly 분명히 Undoubtedly 의심의 여지가 없게 Indeed 정말로 Naturally 당연히
시간	Meanwhile 한편, 그와 동시에 Presently 현재 Eventually 결국
기타	Fortunately 다행히도 Unfortunately 안타깝게도

You don't have to cancel your reservation. <u>Instead</u>, you can change the date.

당신은 비행편을 취소할 필요가 없다. 대신, 날짜를 바꿀 수 있다.

⇒ 두 문장의 내용이 서로 상반되거나 앞문장의 내용을 통해 예상되는 결과와 다를 경우(대체)

Coins in the U.S. vary in size. <u>For example</u>, a dime is about 18 mm in diameter, but a quarter is about 24 mm in diameter.

미국의 동전은 크기가 다양하다. 예를 들어, 10센트의 동전은 지름이 약 18mm이지만, 25센트 동전은 지름이 약 24mm이다.

⇒ 앞 문장의 내용에 해당하는 구체적인 예시를 설명, 나열하는 경우

LT Electronics has been increasing its budget for developing new technologies. <u>In fact</u>, it spent over 100 million dollars developing social networking technology last year.

LT전자는 신기술 개발을 위한 예산을 증가시켜 오고 있다. 사실, 이 회사는 작년 소셜 네트워킹 기술을 개발하는 데 1억 달러 이상을 지출했다.

⇒ 앞 문장의 내용에 대해 세부적인 설명이나 자세한 내용을 언급하는 경우

Catherine had been looking for her mobile phone almost for 30 minutes before her husband came home. <u>Eventually</u>, she found it in the drawer when her husband called her number.

캐서린은 그녀의 남편이 집으로 오기 전까지 거의 30분 동안 그녀의 휴대폰을 찾고 있었다. 마침내, 그녀의 남편이 그녀의 전화번호로 전화를 걸었을 때 서랍에서 그것을 찾았다.

⇒ 앞 문장에서 언급된 고난, 노력 등의 과정을 거쳐 뒷문장의 내용이 발생했을 경우

시원스쿨 **LAB**

SIWONSCHOOL

지텔프
최신 기출 유형
LEVEL 2
문법 모의고사

정답 및 해설

TEST 1 | 정답 및 문제 유형

1. (c) 시제	2. (b) 조동사	3. (d) 가정법	4. (a) 준동사
5. (b) 접속부사	6. (d) 시제	7. (b) 당위성	8. (c) 준동사
9. (d) 시제	10. (c) 관계사절	11. (a) 가정법	12. (b) 조동사
13. (c) 시제	14. (a) 접속사	15. (b) 가정법	16. (d) 관계사절
17. (b) 시제	18. (c) 준동사	19. (a) 가정법	20. (d) 시제
21. (a) 준동사	22. (a) 당위성	23. (c) 준동사	24. (d) 가정법
25. (a) 준동사	26. (c) 가정법		

1. 시제 – 현재완료진행

정답 (c)

단서 since its final episode aired

해석 <프렌즈>는 잘 알려진 배우들이 주연을 맡은 시트콤이다. 1994년부터 2004년까지 NBC에서 방영했으며, 10개의 시즌까지 지속되었다. 최종 에피소드가 방영된 이후로 전체 시즌이 지속적으로 재방송되어 오고 있다. 이 작품은 여전히 텔레비전에서 가장 인기 있는 프로그램들 중 하나이다.

해설 동사 rerun의 알맞은 형태를 고르는 문제이다. 빈칸 뒤에 위치한 「since + 주어 + 과거동사」는 현재완료시제 또는 현재완료진행시제와 어울리는 표현이므로 현재완료진행시제인 (c) has continually been rerunning이 정답이다.

어휘 star ~을 주연으로 하다 well-known 잘 알려진 since ~이후로 continually 지속적으로, 계속해서 rerun 재방송하다

2. 조동사

정답 (b)

해석 방문객의 증가로 인해 그 국립 공원이 좋지 못한 상태가 되었다. 공원 당국은 그곳의 등산로들이 자연의 아름다움을 되찾을 수 있도록 방문객들에게 일시적으로 폐쇄되어야 한다고 권장했다. 폐쇄되고 1년이 지난, 지금 그곳은 늘 그랬던 것처럼 경치가 좋다.

해설 문장의 의미에 어울리는 조동사를 고르는 문제이다. 문맥상 빈칸이 속한 so절은 앞서 언급된 국립 공원이 좋지 않은 상태인 것에 대해 공원 당국이 등산로들을 일시적으로 폐쇄하는 것에 따른 긍정적인 결과를 나타내야 한다. 따라서, 좋지 않은 상태가 되기 전의 자연의 아름다움(natural beauty)을 되찾을 가능성을 언급하는 의미가 되어야 가장 자연스러우므로, 앞문장의 시제가 과거시제(recommended)인 점에 맞춰 가능성을 나타내는 조동사 can의 과거형 (b) could가 정답이다. 주어가 충고나 의무의 행위를 할 수 없는 사물(its trails)이기 때문에 조동사 must나 should는 쓸 수 없다.

어휘 increase in ~의 증가 leave A in poor condition: A를 좋지 못한 상태로 만들다 authorities 당국 temporarily 일시적으로, 임시로 regain ~을 되찾다 as A as B: B처럼 A한, B만큼 A한 scenic 경치가 좋은

3. 가정법 과거

정답 (d)

단서 if ~ developed

해석 최근, 과학자들이 현재 존재하는 그 어떤 것보다 10배는 더 강력해서 멀리 떨어져 있는 은하들의 이미지를 포착할 수 있는 망원경 디자인을 제안했다. 그들이 그 망원경을 성공적으로 개발한다면, 그것은 우주에 대한 우리의 이해를 바꿀 수도 있을 것이다.

해설 동사 change의 알맞은 형태를 고르는 문제이다. If절의 동사가 가정법 과거를 나타내는 과거시제 developed이므로, 주절의 동사는 「would/could/might + 동사원형」과 같은 형태가 되어야 한다. 따라서 (d) could change가 정답이다.

어휘 propose 제안하다 telescope 망원경 in existence 존재하는 capable of -ing ~할 수 있는 capture (사진, 영상 등으로) ~을 포착하다, 담아내다 distant 멀리 떨어진 develop ~을 개발하다, 발전시키다 universe 우주

4. 준동사 – 부정사

정답 (a)

단서 agreed

해석 데이빗은 다음 달에 있을 그가 가장 좋아하는 밴드의 콘서트에 신나 있다. 티켓을 사기 전에, 그의 부모님은 그가 콘서트에 가는 것을 주저하며 허락했는데, 그가 늦어도 오후 10시까지는 집으로 돌아오는 것에 동의했기 때문이다.

해설 동사구 come back의 알맞은 형태를 고르는 문제이다. 빈칸 앞에 과거시제로 쓰여 있는 동사 agree는 to부정사를 목적어로 취

하므로 (a) to come back이 정답이다. 이 때 「to have p.p.」 형태로 문장의 동사의 시제보다 앞선 시제를 의미하는 완료부정사는 의미상 쓰일 수 없으므로 오답이다.

어휘   be excited about ~에 대해 신나 있다, ~에 대해 흥분해 있다 reluctantly 마지못해, 꺼려하여 allow A to 동사원형: A에게 ~하도록 허락하다, A에게 ~할 수 있게 해주다 agree to 동사원형: ~하는 것에 동의하다 no later than 늦어도 ~까지

5. 접속부사

정답   (b)

해석   특정 음식들이 전 세계의 다양한 지역에서 서로 다른 평가를 받고 있다. 예를 들어, 영국에서는, 스팸은 값싼 정크 푸드로 여겨지고 있다. 반면에, 조리되어 통조림으로 만든 이 돼지고기는 아시아 전역에서 진가를 인정 받고 있으며 여러 가지 인기 있는 음식에 활용된다.

해설   빈칸에 알맞은 접속부사를 고르는 문제이므로 앞뒤 문장들의 의미 관계를 확인해야 한다. 빈칸 앞에는 스팸이 값싼 정크 푸드로 여겨지고 있다는 내용의 문장이 있고, 빈칸 뒤에는 아시아 지역에서는 여러 가지 인기 있는 음식에 활용되고 있다는 내용의 문장이 있다. 문맥상 이 두 문장은 서로 상반되는 의미 관계에 있으므로 '반면에', '한편으로'라는 의미로 대조 또는 반대를 나타낼 때 사용하는 (b) On the other hand가 정답이다.

어휘   certain 특정한, 일정한 be held in different regards 다른 평가를 받다 region 지역 be considered A: A로 여겨지다 canned 통조림으로 만든 appreciate ~의 진가를 인정하다, ~의 가치를 알아보다 actually 사실은 on the other hand 반면에, 한편 in other words 다시 말해서 finally 마침내, 결국

6. 시제 – 과거진행

정답   (d)

단서   when she knocked over

해석   길은 직장에서 힘든 한 주를 보냈다. 월요일에, 그녀가 커피가 든 컵을 엎었을 때 그녀는 사무실에서 중요한 계약서들을 준비하고 있었다. 안타깝게도, 커피가 쏟아져 나와 모든 문서를 엉망으로 만들었다.

해설   동사 prepare의 알맞은 형태를 고르는 문제이다. 빈칸 뒤에 과거시제 동사(knocked)를 포함한 when절이 쓰여 있어 이 when절이 가리키는 과거 시점에 중요한 계약서들을 준비하는 일이 일시적으로 진행되던 동작을 나타내야 자연스럽다. 따라서, 이러한 의미로 쓰이는 과거진행시제 (d) was preparing이 정답이다. When절에서 언급하는 특정 과거 시점에 하고 있던 일을 나타내야 하므로 과거시제는 어울리지 않으므로 (c) prepared는 오답이다.

어휘   contract 계약(서) knock over (건드려서) ~을 엎다 unfortunately 안타깝게도, 아쉽게도, 유감스럽게도 spill out 쏟아져 나오다 ruin ~을 엉망으로 만들다 prepare 준비하다

7. 당위성을 나타내는 동사원형

정답   (b)

단서   demanded that

해석   그레타의 남편은 집 안의 방들을 페인트로 칠하는 것을 수개월 동안 미뤄오고 있다. 오늘, 그는 침실에 페인트칠을 하기엔 너무 피곤하다고 말했다. 불만스러워서 그레타는 남편에게 적어도 거실 벽은 페인트칠을 해야 한다고 요구했다.

해설   동사 paint의 알맞은 형태를 고르는 문제이다. 빈칸은 동사 demanded의 목적어 역할을 하는 that절의 동사 자리인데, demand와 같이 주장/요구/명령/제안 등을 나타내는 동사의 목적어 역할을 하는 that절의 동사는 should 없이 동사원형만 사용하여 당위성을 나타내므로 동사원형인 (b) paint가 정답이다.

어휘   put off -ing ~하는 것을 미루다, 연기하다 too A to 동사원형: ~하기엔 너무 A한 frustrated 불만스러운, 좌절한 demand that ~하도록 요구하다 at least 적어도, 최소한 paint (페인트로) 칠하다

8. 준동사 – to부정사

정답   (c)

단서   had been designed (수동태)

해석   영국 의료 서비스 전문가들로 구성된 한 팀이 담배 연기의 위험성을 강조하는 광고를 개발했다. 이 혁신적인 광고 방송은 모든 연령대의 사람들이 흡연하지 못하도록 막기 위해 고안되었다.

해설   동사 discourage의 알맞은 형태를 고르는 문제이다. 빈칸 앞에 위치한 had been designed는 수동태이며, 수동태는 목적어를 취하지 않으므로 빈칸은 목적어 자리가 아닌 부사 자리임을 알 수 있다. 빈칸 이하 부분은 혁신적인 광고 방송이 고안된 목적을 나타내야 알맞으므로 '~하기 위해서', '~하도록'이라는 목적을 나타낼 때 사용하는 to부정사 (c) to discourage가 정답이다. 이때, (d) to have discouraged 같은 완료부정사의 형태는 사용하지 않는다. 이렇게 수동태(be p.p.) 뒤에 빈칸이 있는 경우 to부정사가 정답인 경우가 많다.

어휘   expert 전문가 develop ~을 개발하다, 발전시키다 advertisement 광고 highlight ~을 강조하다 innovative 혁신적인 commercial 광고 (방송) discourage A from -ing: A가 ~하지 못하게 하다, ~하지 못하도록 막다

9. 시제 – 미래완료진행

정답   (d)

단서   for six hours, by the time dinner is

해석   숀은 항상 기타를 갖고 싶어했다. 그래서 그의 형이 오늘 아침에 그에게 기타를 사주었을 때, 그것으로 노래들을 배우기 위해 노력하는 것을 멈출 수 없었다. 저녁 식사가 준비될 쯤이면 그가 자신의 침실에서 여섯 시간 동안 계속 기타를 연주하는 중일 것이다.

해설   동사 play의 알맞은 형태를 고르는 문제이다. 빈칸이 속한 문장 끝부분에 쓰여 있는 by the time 뒤에 현재시제 동사 is가 있으므로 빈칸에 들어갈 주절 동사는 미래를 나타내야 한다. 그리고 by the time 앞에 기간을 나타내는 「for 기간」(for six hours)을 보고 과거의 기타 구입 시점(bought ~ this morning) 이후로 기타를 연주하는 일이 미래의 특정 시점(dinner is ready)까지 6시간 동안 지속될 것임을 나타내는 의미가 되어야 자연스러우므로 이 기간을 나타낼 수 있는 미래완료진행시제 (d) will have been playing이 정답이다. 미래진행시제인 (b) will be playing은 단순히 미래 시점에만 일시적으로 진행되는 일을 나타내므로 6시간이라는 기간을 언급한 이 문장에는 어울리지 않는다.

어휘   try to 동사원형: ~하기 위해 노력하다, ~하려 하다 by the time ~쯤이면

10. 관계사절

정답   (c)

단서   The team (사물 선행사)

해석   직원들의 동기 부여를 장려하기 위해, 그 회사는 가장 성공적인 콜센터 팀에게 보상을 제공하고 있다. 주말까지 가장 많은 전화 통신 판매를 달성하는 팀은 1일 유급 휴가를 받는다.

해설   사물 명사 The team을 바로 뒤에서 수식할 관계대명사절을 골라야 하므로 사물 명사를 수식하는 관계대명사 that이 이끄는 (c) that achieves the most telephone sales가 정답이다. (a)의 when은 시간을 나타내는 명사를 수식하는 관계부사이며, (b)의 whose는 소유격 관계대명사로, the와 같은 관사가 없는 명사와 함께 쓰여서 그 명사와 함께 관계사절에서 주어 또는 목적어 역할을 하므로 오답이다. (d)에 쓰인 관계부사 how는 the way 같은 특정 명사만 수식하거나 수식하는 명사(선행사)가 생략된 구조에 쓰이므로 오답이다.

어휘   motivation 동기 부여 offer ~을 제공하다 reward 보상 by (기한) ~까지 win (상 등) ~을 받다, 얻다 paid day of vacation 유급 휴가일 achieve ~을 달성하다, 이루다 telephone sales 전화 통신 판매

11. 가정법 과거완료

정답   (a)

단서   if ~ had stuck

해석   시상식 주최자가 행사 개막 연설 중에 약간의 부적절한 말을 했다. 그의 발언이 많은 행사 참가자들을 불쾌하게 만들었다. 그 연설자가 계획되어 있던 연설 내용을 고수하기만 했어도 아무도 기분이 상하지 않았을 것이다.

해설   be동사의 알맞은 형태를 고르는 문제이다. if절의 동사가 had stuck과 같이 가정법 과거완료를 나타내는 「had p.p.」일 때, 주절의 동사는 「would/could/might + have p.p.」와 같은 형태가 되어야 알맞으므로 (a) would have been upset이 정답이다.

어휘   host 주최자 awards ceremony 시상식 make a comment 말하다, 발언하다, 언급하다 opening monologue 행사 개막 연설 remark 발언, 말 offend ~을 불쾌하게 만들다, 마음을 상하게 만들다 attendee 참석자 stick to ~을 고수하다, 계속하다 planned 계획된 upset 기분이 상한, 화가 난

12. 조동사

정답   (b)

단서   to survive

해석   민부리 고래는 한 번에 2시간 넘게 물 속에 머물 수 있다. 하지만, 숨을 쉴 수 있는 산소를 필요로 하는 포유류이기 때문에, 반드시 생존하기 위해 주기적으로 수면 위로 올라와야 하는데, 이것이 바로 이 고래가 때때로 만 지역에서 포착되는 이유이다.

해설   문장의 의미에 어울리는 조동사를 고르는 문제이다. 고래는 산소를 얻을 수 있도록 생존을 위해 주기적으로 수면 위로 올라오는 것은 반드시 해야 하는 일이므로 '반드시 ~해야 하다'라는 의미를 나타내는 (b) must가 정답이다. 이처럼 '~하기 위해'라는 의미를 나타내는 to부정사가 있는 경우 '~해야 한다'라는 의미의 조동사가 문맥적으로 어울리는 경우가 많다.

어휘   remain 형용사: ~한 상태로 있다, 계속 ~한 상태이다 underwater 물속의, 수중의 at a time 한번에 however 하지만, 그러나 mammal 포유류 breathable 숨을 쉴 수 있는 surface ⑧ 수면 위로 올라오다 regularly 주기적으로 survive 생존하다, 살아 남다 spot ~을 포착하다, 발견하다 bay 만(바다가 육지 쪽으로 들어와 있는 형태의 지형)

13. 시제 - 미래진행

정답   (c)

단서   as soon as I am

해석   내가 최근에 근육 및 관절 통증을 많이 겪어 왔기 때문에, 마리아는 나에게 요가 강좌에 등록하는 것을 추천해 주었다. 난 배정 받은 현재의 업무에 대해 작업하는 것을 끝내자마자 내가 사는 지역의 체육관을 다닐 것이다.

해설   동사 attend의 알맞은 형태를 고르는 문제이다. 빈칸 뒤에 접속사 as soon as이 이끄는 절이 쓰여 있는데, as soon as처럼 시간이나 조건을 나타내는 절에 현재시제 동사(am)가 쓰이면 주절의 동사는 미래시제 또는 미래진행시제가 되어야 하므로 미래진행시제인 (c) will be attending이 정답이다. am finished와 같은 수동태에서는 be동사인 am이 시제를 나타내므로 과거분사인 finished를 보고 과거로 혼동하지 않도록 주의해야 한다.

어휘   muscle 근육 joint 관절 recently 최근 recommend that ~하도록 추천하다, 권장하다 sign up for ~에 등록하다, ~을 신청하다 local 지역의, 현지의 as soon as ~하는 대로, ~하자마자 work assignment 배정 받은 일, 할당 받은 일 attend ~에 참석하다, ~에 다니다

14. 접속사

정답   (a)

해석   지난 한 해 동안 여러 시점에, 그 회사는 여러 지역 신문에 전면 광고를 냈다. 그들은 일반적으로 완전히 새로운 제품이나 서비스를 홍보하고 싶을 때마다 이러한 광고를 낸다.

해설   문장의 의미에 어울리는 접속사를 고르는 문제이다. 빈칸이 속한 문장을 읽어보면, '일반적으로 완전히 새로운 제품이나 서비스를 홍보하고 싶을 때마다 이러한 광고를 낸다'와 같은 의미가 되어야 가장 자연스러우므로 '~할 때마다, ~할 때는 언제든'을 뜻하는 접속사 (a) whenever가 정답이다. 빈칸 뒤의 동사가 want(원하다)이므로 다른 접속사 unless, until, while은 주절인 They typically run these ads와 의미가 연결되지 않는다.

어휘   take out (서비스 등) ~을 내다 advertisement 광고(= ad)

local 지역의, 현지의 typically 일반적으로, 전형적으로 run ~을 운영하다, 진행하다 promote ~을 홍보하다 brand new 완전히 새로운 whenever ~할 때마다, ~할 때는 언제든 unless ~하지 않는다면 until (지속) ~할 때까지 while ~하는 동안, ~하는 반면

15. 가정법 과거

정답 (b)

단서 if ~ were

해석 스티브는 좋은 실적을 내지 못하고 있는 회사의 주식을 소유하고 있다. 그는 그 회사의 재무 상태가 향상되는 경우에 대비해 그 주식을 파는 것을 꺼리고 있다. 만약 내가 그라면, 결과와 상관없이 그 주식을 팔 것이다.

해설 동사 sell의 알맞은 형태를 고르는 문제이다. If절의 동사가 가정법 과거를 나타내는 과거시제 동사(were)일 때, 주절의 동사는 「would/could/might + 동사원형」과 같은 형태가 되어야 알맞으므로 (b) would sell이 정답이다.

어휘 own 소유하다 share ⑲ 주식 be reluctant to 동사원형: ~하는 것을 꺼리다, 주저하다 financial standing 재무 상태 improve 향상되다, 개선되다 regardless of ~와 상관없이 consequence 결과

16. 관계사절

정답 (d)

단서 Silas Ashmore (사람 선행사)

해석 전 세계에서 가장 잘 알려진 기업가들 중의 한 명은 전 세계에서 가장 은둔적인 사람들 중의 한 명이기도 하다. 사일러스 애쉬모어 씨는 환경 단체 월드케어를 설립한 사람인데, 와이오밍의 한 외딴 지역에 위치한 작은 집에서 생활하고 있으며, 좀처럼 사람들에게 모습을 보이지 않는다.

해설 주어 Silas Ashmore와 동사 lives 사이에 삽입되어 주어를 설명하는 역할을 할 관계사절로 알맞은 것을 고르는 문제이다. 빈칸 앞에 위치한 주어 Silas Ashmore가 사람 이름이므로 사람을 수식하는 관계대명사 who가 이끄는 (d) who established the environmental organization Worldcare가 정답이다. (a)의 that은 콤마와 함께 삽입되는 구조에 쓰이지 않으므로 오답이며, (b)의 when과 (c) which는 사람 선행사를 수식하지 않으므로 둘 다 오답이다.

어휘 well-known 잘 알려진 entrepreneur 기업가 reclusive 은둔적인, 세상과 동떨어진 remote 외딴, 멀리 떨어진 seldom 좀처럼 ~ 않다 be seen in public 사람들에게 모습을 보이

17. 시제 - 현재진행

정답 (b)

단서 Right now

해석 로라는 절대로 마지막 순간까지 일을 미루지 않기 때문에, 한참 전에 미리 시험을 준비한다. 바로 지금, 시험이 두 달 후에 있지만, 그녀는 생물학 교재를 공부하고 있다. 그리고 그녀는 지난 주에 화학 필기 내용을 복습했다.

해설 동사 study의 알맞은 형태를 고르는 문제이다. 빈칸 바로 앞에 위치한 Right now가 '바로 지금'이라는 의미를 나타내어 현재 일시적으로 진행되는 일을 뜻하는 현재진행시제 동사와 어울려 쓰이므로 (b) is studying이 정답이다. 현재시제인 (c) studies는 일반적이거나 불변하는 일 등을 나타내므로 어울리지 않는다.

어휘 leave things to the last minute 마지막 순간까지 일을 미루다 (well) in advance (한참 전에) 미리, 사전에 biology 생물학 even though 비록 ~이기는 하지만 revise ~을 복습하다 chemistry 화학

18. 준동사 - 동명사

정답 (c)

단서 prohibited

해석 우리 도시에서는, 자전거가 공공 보도에서 허용되지 않는다. 실제로, 2015년에 통과된 법안은 보도에서 자전거를 타는 것을 금지했다. 도로에 지정 자전거 전용도로가 많이 있기 때문에, 자전거를 타는 사람들은 항상 그 전용도로를 이용해야 한다.

해설 동사 ride의 알맞은 형태를 고르는 문제이다. 빈칸은 과거동사 prohibited의 목적어 자리이며, prohibit은 동명사를 목적어로 취하는 동사이므로 (c) riding이 정답이다.

어휘 allow ~을 허용하다 walkway 보도, 통행로 in fact 실제로, 사실 pass ~을 통과시키다 prohibit ~을 금지하다 sidewalk 인도, 보도 since ~하기 때문에, ~한 이후로 designated 지정된 at all times 항상

19. 가정법 과거

정답 (a)

단서 If ~ had

해석 나의 언니와 달리, 나는 보수가 좋은 직업을 가지고 있는 것은 아니다. 난 그저 식당 종업원으로서 시간제로 일하고 있으며, 더 나은 일자리를 위해 면접을 보는 것이 힘겹다. 내가 언니와 같은 학력을 가지고 있기만 해도, 아마 난 더 많은 취업 기회를 얻을 것이다.

해설 동사 have의 알맞은 형태를 고르는 문제이다. If절의 동사가 가정법 과거를 나타내는 과거시제(had)일 때, 주절의 동사는 「would/could//might + 동사원형」과 같은 형태가 되어야 알맞으므로 (a) would have가 정답이다.

어휘 unlike ~와 달리 well-paying 보수가 좋은 struggle to 동사원형: ~하는 것을 힘겨워 하다, ~하는 것에 분투하다 academic qualifications 학력 opportunity 기회

20. 시제 - 과거완료진행

정답 (d)

단서 for 35 years, before retiring

해석 피터 젠킨스는 한때 재즈 밴드의 멤버였으며, 색소폰 연주자로서 지닌 음악적 능력으로 유명한 사람이다. 그는 가족과 시간을 보내기 위해 은퇴하기 전까지 버치모어 쿼텟에서 35년 동안 연주했다.

해설 동사 perform의 알맞은 형태를 고르는 문제이다. 첫 문장에 과거에 한때 재즈 밴드의 멤버였다는(a former member) 말이 쓰

여 있고, 빈칸 뒤에는 은퇴한 사실이 언급되어 있으므로 for 35 years는 은퇴하기 전의 활동 기간임을 알 수 있다. 따라서, 특정 과거 시점(은퇴한 시점)보다 더 이전의 과거에 발생된 일을 나타낼 시제가 필요하므로 이러한 역할을 하는 과거완료진행시제 (d) had been performing이 정답이다. 35년이라는 과거의 기간이 언급되어 있으므로 특정 과거시점의 일만 언급할 수 있는 과거진행시제는 오답이다.

어휘 former (과거의) 한때 ~였던, 전직 ~인 be renowned for ~로 유명하다 ability 능력 retire 은퇴하다 perform 연주하다, 공연하다

21. 준동사 – 동명사

정답 (a)

단서 enjoy

해석 프레드는 희귀 조류 종에 관한 한 기사를 읽은 이후로 줄곧, 그는 새에 매료되어 왔다. 그는 심지어 쌍안경을 구입하기 위해 용돈을 모으기까지 했다. 그래서 그는 주말마다 지역 공원을 방문할 때 새를 관찰하는 일을 즐길 수 있다.

해설 동사 birdwatch의 알맞은 형태를 고르는 문제이다. 빈칸이 속한 so절에서, 빈칸 바로 앞에 위치한 동사 enjoys는 동명사를 목적어로 취하는 동사이므로 (a) birdwatching이 정답이다. 완료동명사인 (c) having birdwatched는 주절의 동사보다 과거 시점에 있었던 일을 나타내므로 의미가 맞지 않는다.

어휘 ever since ~한 이후로 줄곧 rare 희귀한, 드문 species (동식물의) 종 be fascinated by ~에 매료되다 binoculars 쌍안경 local 지역의, 현지의 birdwatch 새를 관찰하다

22. 당위성을 나타내는 동사원형

정답 (a)

단서 It is crucial that

해석 의식을 잃은 사람들은 일반적으로 제대로 숨을 쉬지 못해, 뇌에 도달하는 산소가 부족해지는 위험성이 높아진다. 따라서, 구조를 위해 호흡시키는 동안, 흔히 CPR이라고 일컬어지는 심폐 소생술을 빠르게 시도하는 것이 매우 중요하다.

해설 동사 attempt의 알맞은 형태를 고르는 문제이다. 빈칸은 「it is ~ that절」 구조로 된 가주어/진주어 문장에서 진주어 역할을 하는 that절의 동사 자리인데, that 앞에 crucial과 같이 필수, 의무, 중요성 등을 나타내는 형용사가 쓰이면 that절의 동사로 동사원형만 사용하여 당위성을 나타내므로 (a) attempt가 정답이다.

어휘 fall 형용사: ~한 상태가 되다, ~한 상태에 빠지다 unconscious 의식을 잃은, 무의식적인 typically 일반적으로, 전형적으로 breathe 숨을 쉬다 properly 제대로, 적절히 lack 부족 reach ~에 도달하다, 이르다 as such 따라서, 그러므로 crucial 매우 중요한 cardiopulmonary resuscitation 심폐 소생술 commonly 흔히, 보통 referred to as ~라고 일컬어지는 administer ~을 행하다, 가하다, 투여하다 rescue 구조 attempt 시도하다

23. 준동사 – to부정사

정답 (c)

단서 He ~ broke into the house (완전한 절)

해석 그랜트 씨가 가족과 함께 인근 마을에 가 있는 동안 그의 집이 토네이도에 의해 심각하게 손상되었다. 다행히, 이웃 사람이 심각한 폭풍이 다가온다는 것을 알고 그랜트 씨에게 알렸다. 그런 다음엔 그는 실내에서 겁에 질려 있던 그랜트 씨의 개를 구하기 위해 집안으로 뛰어들어갔다.

해설 동사 save의 알맞은 형태를 고르는 문제이다. 빈칸 앞에 위치한 절은 주어 He, 동사 broke, 그리고 전치사구 into the house로 구성되어 있어 완전한 절임을 알 수 있으므로 빈칸은 명사구가 들어갈 수 없다. 또한 save의 목적어로 Mr. Grant's dog라는 명사구가 위치해 있으므로 문맥상 빈칸 이하 부분은 이웃 사람(He)이 그랜트 씨의 집에 들어간 목적으로 '그랜트 씨의 개를 구하기 위해'라는 의미를 나타낼 to부정사구가 되어야 알맞다. 따라서 (c) to save가 정답이다.

어휘 severely 심각하게, 극심하게 damaged 손상된, 피해를 입은 neighboring 인근의, 근처의, 이웃의 warn ~에게 알리, 주의를 주다, 경고하다 then 그런 다음, 그리고 나서, 그 후에 break into (건물 등에 억지로 열고) ~로 들어가다, 침입하다 panic ⑧ 겁에 질리다, 크게 당황하다

24. 가정법 과거완료

정답 (d)

단서 would have been

해석 2013년과 2016년 사이에 서아프리카 지역에서 에볼라 발생 기간 중에 1만 명이 넘는 사람들이 사망했다. 여러 연구가들이 이 질병의 확산을 막을 백신을 개발하기 위해 협업하였다. 이 연구가들이 협력하지 않았다면 사망자수는 훨씬 더 높았을 것이다.

해설 동사 collaborate의 알맞은 형태를 고르는 문제이다. if절이 포함된 가정법 문장에서, 주절의 동사가 「would/could/might + have p.p.」와 같은 형태일 때, if절의 동사는 가정법 과거완료를 나타내는 「had p.p.」가 되어야 알맞으므로 (d) had not collaborated가 정답이다.

어휘 more than ~가 넘는 outbreak 발생, 발발 develop ~을 개발하다, 발전시키다 spread 확산, 퍼짐 disease 질병 death toll (재난, 전쟁 등의) 사망자수 even (비교급 강조) 훨씬 collaborate 협력하다, 협업하다

25. 준동사 – 동명사

정답 (a)

단서 suggested

해석 에어 웨이브 이어폰은 처음에 오직 특정 MP3 플레이어와 휴대전화기에만 사용될 수 있었다. 전기 공학 기술자 척 하몬이 이 이어폰의 디자인을 변경하고 더 많은 기기들과 호환되도록 만드는 것을 제안했다.

해설 동사 alter의 알맞은 형태를 고르는 문제이다. 빈칸 앞에 과거시제로 쓰인 suggest는 동명사를 목적어로 취하는 동사이므로 (a) altering이 정답이다. 이때, (c) having altered와 같은 완료동

명사의 형태는 사용하지 않는다.

어휘 ear buds 이어폰 initially 처음에 specific 특정한, 구체적인
compatible with ~와 호환되는 device 기기, 장치 alter ~을
변경하다, 바꾸다

26. 가정법 과거완료

정답   (c)

단서   **Had he taken**

해석   그 밴드의 가수는 고혈당으로 인해 급작스럽게 콘서트를 종료해야
했다. 그는 무대에 오르기 전에 현기증을 느꼈음에도 불구하고 인
슐린을 복용하지 않았다. 그가 약을 먹었다면, 아마 공연을 완료했
을 것이다.

해설   동사 finish의 알맞은 형태를 고르는 문제이다. 빈칸 앞에 「had
+ 주어 + p.p.」의 어순으로 된 Had he taken이 쓰여 있는데, 이
는 가정법 과거완료 문장의 if절에서 if가 생략되고 had가 주어 앞
으로 이동하면서 도치된 구조이다. 따라서, 빈칸에 가정법 과거완
료 문장의 if절과 연결되는 절에 쓰이는 「would/could/might
+ have p.p.」와 같은 형태로 된 동사가 쓰여야 알맞으므로 (c)
would probably have finished가 정답이다. probably와 같
은 부사가 선택지에 포함되어 있는 경우가 많으니 부사를 제외하
고 정답이 되는 형식에 맞는지 확인해야 한다.

어휘   suddenly 급작스럽게, 갑자기 high blood sugar 고혈당
take ~을 먹다, 복용하다 insulin 인슐린 even though ~함에도
불구하고, ~하기는 하지만 feel faint 현기증을 느끼다, 어지러움을
느끼다 medication 약(물) performance 공연, 연주(회)

01회 문법 모의고사 정답 및 해설 43

TEST 2 | 정답 및 문제 유형

1. (b) 시제	2. (d) 가정법	3. (a) 당위성	4. (c) 준동사
5. (a) 준동사	6. (b) 시제	7. (d) 관계사절	8. (c) 조동사
9. (a) 시제	10. (d) 가정법	11. (b) 당위성	12. (c) 접속부사
13. (d) 가정법	14. (b) 시제	15. (a) 준동사	16. (c) 준동사
17. (d) 관계사절	18. (b) 가정법	19. (a) 조동사	20. (b) 준동사
21. (d) 가정법	22. (c) 시제	23. (a) 준동사	24. (b) 접속사
25. (c) 가정법	26. (d) 시제		

1. 시제 - 과거진행

정답 (b)

단서 when ~ noted

해석 헝가리의 의사 이그나즈 제멜바이스는 우연히 의료진 사이에서 손 씻기의 중요성을 발견했다. 그가 부검의들에 의해 접촉된 사람들이 감염을 일으킬 가능성이 더 높았다는 사실에 주목했을 때 그는 산부인과 병동에서 환자들을 진찰하던 중이었다.

해설 동사 examine의 알맞은 형태를 고르는 문제이다. 빈칸 뒤에 과거시제 동사(noted)를 포함한 when절이 쓰여 있어 시간 부사절 접속사와 과거시제 동사를 보고 주절의 동사 examine은 그 과거 시점에 진행 중이었던 동작임을 알 수 있으므로 과거진행시제로 쓰여야 한다. 따라서 (b) was examining이 정답이다.

어휘 discover ~을 발견하다 medical staff 의료진 accidentally 우연히, 뜻하지 않게 patient 환자 maternity ward 산부인과 병동 note that ~임에 주목하다, 유의하다 autopsy 부검, 검시 physician (내과) 의사 be more likely to 동사원형: ~할 가능성이 더 높다 develop infections 감염을 일으키다 examine 진찰하다, 점검하다

2. 가정법 과거

정답 (d)

단서 If ~ were

해석 벤의 아내는 그가 결혼 기념일을 위해 자신에게 선물을 사주는 것을 잊었기 때문에 그와 아무 말도 하지 않고 있다. 내가 그라면, 사과를 하고, 비싸고 로맨틱한 식사를 위해 아내를 데리고 나갈 것이다.

해설 동사 apologize의 알맞은 형태를 고르는 문제이다. If절의 동사가 가정법 과거를 나타내는 과거시제(were)일 때, 주절의 동사는 「would/could/might + 동사원형」과 같은 형태가 되어야 알맞으므로 (d) would apologize가 정답이다.

어휘 forget to 동사원형: ~할 것을 잊다 anniversary (해마다 돌아오는) 기념일 take A out for B: B를 위해 A를 데리고 나가다 apologize 사과하다

3. 당위성을 나타내는 동사원형

정답 (a)

단서 proposed that

해석 소련의 외무부 장관이었던 비야체슬라프 몰로토프는 서방 국가들과의 협력을 권했다. 소련의 최고 간부회에 보낸 보고서에서, 그는 소련이 2차 세계 대전 후에 설립된 정부간의 군사 동맹인 북대서양 조약 기구에 가입해야 한다고 제안했다.

해설 동사 join의 알맞은 형태를 고르는 문제이다. 빈칸은 동사 proposed의 목적어 역할을 하는 that절의 동사 자리인데, propose와 같이 주장/요구/명령/제안 등을 나타내는 동사의 목적어 역할을 하는 that절이 당위성을 나타내는 내용일 때, that절의 동사는 조동사 should 없이 동사원형을 쓴다. 따라서 동사원형인 (a) join이 정답이다.

어휘 foreign minister 외무부 장관 collaboration 협력, 협업 memorandum 보고서, 제안서 presidium (공산 국가의) 최고 간부회 intergovernmental 정부간의 alliance 동맹, 연합 establish ~을 설립하다, 확립하다

4. 준동사 - 동명사

정답 (c)

단서 recommended

해석 콜린과 샐린은 거의 10년 동안 휴가를 떠나지 않았다는 사실을 알게 되었으며, 그들은 세상을 더 많이 보고 싶어한다. 콜린은 캐나다에 있는 자신들의 가족을 방문하는 것을 권했지만, 샐리는 어딘가 더 이국적인 곳으로 여행을 떠나는 게 더 나을 것이라고 생각한다.

해설 동사 visit의 알맞은 형태를 고르는 문제이다. 빈칸 앞에 과거 시제로 쓰인 동사 recommend는 동명사를 목적어로 취하므로 (c) visiting이 정답이다.

어휘 realize (that) ~임을 알게 되다, 깨닫다 be on holiday 휴가를 떠나다 take a trip 여행을 떠나다 exotic 이국적인

5. 준동사 – to부정사

정답 (a)

단서 Many charities and international organizations donated money (완전한 절)

해석 2010년에, 지진이 아이티의 수도이자 가장 인구가 많은 도시인 포르토프랭스에 대재앙과 같은 피해를 초래했다. 많은 자선 단체와 국제 기관들이 그 도시를 원래의 상태로 복구하는 데 도움을 주기 위해 돈을 기부했다.

해설 동사 help의 알맞은 형태를 고르는 문제이다. 빈칸 이하 부분은 많은 자선 단체와 국제 기관들이 돈을 기부한 목적을 나타내야 알맞으므로 '~하기 위해서', '~하도록'이라는 목적을 나타낼 때 사용하는 to부정사 (a) to help가 정답이다. 이때, (c) to have helped와 같은 완료부정사의 형태는 사용하지 않는다. 이처럼 선택지가 to부정사와 동명사로 구성되어 있고, 빈칸 앞에 주어, 동사, 목적어/보어 등 필요한 문장성분이 모두 갖춰진 완전한 절이 위치할 경우 빈칸에는 부사적 용법으로 쓰이는 to부정사가 들어가야 한다.

어휘 cause ~을 초래하다 catastrophic 대재앙과 같은, 대재난의 populous 인구가 많은 charity 자선 단체 organization 기관, 단체 donate ~을 기부하다 help + 동사원형: ~하는 데 도움을 주다 restore ~을 복구하다, 회복시키다 original 원래의, 애초의 state 상태

6. 시제 – 미래완료진행

정답 (b)

단서 for five hours, by the time I pick

해석 약 2주 만에 처음으로 해가 나오면서, 내 두 아들은 밖에 있는 테니스 코트에서 하루를 보내기로 결정했다. 내가 데리러 갈 때쯤이면 그들은 다섯 시간 연속으로 테니스를 치는 중일 것이다.

해설 동사 play의 알맞은 형태를 고르는 문제이다. 빈칸 뒤에 「by the time + 주어 + 현재시제동사(pick)」의 구조로 된 절이 쓰여 있는데, by the time이 이끄는 절에 현재시제동사가 쓰이면 주절에 미래완료시제 또는 미래완료진행시제로 된 동사가 함께 쓰여야 하므로 미래완료진행시제인 (b) will have been playing이 정답이다. 참고로, By the time이 이끄는 절의 동사가 과거시제이면 주절에 과거완료시제로 된 동사가 함께 쓰여야 한다.

어휘 with A -ing: A가 ~하면서, A가 ~하는 채로 for the first time 처음으로 about 약, 대략 decide to 동사원형: ~하기로 결정하다 straight 연속으로 by the time ~할 때쯤이면 pick A up: A를 데리러 가다, 데려 오다

7. 관계사절

정답 (d)

단서 The Corvette(사물 선행사)

해석 지난 주에, 난 내 차를 타고 처음으로 <클래식 카> 행사에 갔다. 이곳에는 이 행사장에서 선보인 클래식 차량들 중의 일부를 자랑스럽게 보여주기 위해 한 지역 기자가 촬영한 사진이 있다. 측면을 따라 파란색 줄무늬가 도장되어 있는 코르벳이 내 자동차이다.

해설 주어와 동사 사이에 삽입되어 주어를 설명하는 역할을 할 관계사절로 알맞은 것을 고르는 문제이다. 빈칸 앞에 위치한 The Corvette이 사물이므로 사물을 수식하는 관계대명사 which나 that이 이끄는 관계사절이 필요하다. 따라서 정답은 (d) that has a blue stripe painted along its side이다. (a)의 what은 명사(선행사)를 수식하는 역할을 하지 않으며, (b)의 when은 시간이나 기간을 나타내는 명사가 선행사를 수식하며, (c) how는 the way 같은 특정 명사만 수식하거나 수식하는 명사(선행사)가 생략된 구조에 쓰이므로 오답이다.

어휘 local 지역의, 현지의 show off ~을 자랑하다, 뽐내다, 과시하다 vehicle 차량 showcase ~을 선보이다 stripe 줄무늬 along (면, 길, 도로 등 길게 생긴) ~을 따라

8. 조동사

정답 (c)

해석 로버트는 때때로 금관 및 청동으로 된 귀중한 골동품을 복원하기 위해 강력한 화학 물질을 사용한다. 하지만, 이는 실내에서 행해져서는 안된다. 그 화학 물질에서 나오는 독한 가스가 매우 유독해서 밀폐된 공간에서는 사람들의 눈과 목을 자극할 수 있다.

해설 문장의 의미에 어울리는 조동사를 고르는 문제이다. 빈칸 앞에 위치한 주어 This는 앞 문장에서 언급한 강력한 화학 물질을 사용해 복원하는 일을 가리키므로 실내에서 하지 말아야 한다는 의미가 되어야 자연스럽다. 따라서 빈칸 뒤에 위치한 not과 함께 '해서는 안된다'라는 의미가 될 수 있는 (c) should가 정답이다.

어휘 chemical ⑲ 화학 물질, 화학 약품 restore ~을 복원하다, 복구하다 valuable 귀중한, 가치 있는 brass 금관 bronze 청동 antique 골동품 indoors 실내에서 fume 독한 가스, 독한 냄새 highly 매우, 크게, 아주 toxic 유독한 irritate ~을 자극하다 enclosed 밀폐된

9. 시제 – 현재진행

정답 (a)

단서 Right now

해석 에드워드의 할머니가 에드워드에게 세계사에 관심을 갖게 하신 이후로 줄곧, 그는 매주 역사적인 사건들에 관한 새로운 책을 읽으려 해오고 있다. 바로 지금, 그는 산업 혁명에 관한 책을 찾기 위해 도서관을 샅샅이 뒤지는 중이다.

해설 동사 scour의 알맞은 형태를 고르는 문제이다. 빈칸 바로 앞에 위치한 Right now가 '바로 지금'이라는 의미를 나타내어 현재 일시적으로 진행되는 일을 뜻하는 현재진행시제 동사와 어울려 쓰이므로 (a) is scouring이 정답이다. 현재시제인 반복적이거나 불변하는 일 등을 나타내므로 (b) scours는 어울리지 않는다.

어휘 ever since ~한 이후로 줄곧 get A 형용사: A를 ~하게 만들다 try to 동사원형: ~하려 하다 historical 역사적인 Industrial Revolution 산업 혁명 scour ~을 샅샅이 뒤지다

10. 가정법 과거완료

정답 (d)

단서 if ~ she still had had

해석 린지 본은 이전에 알파인 스키 선수였으며, 그녀는 활동 기간 중에 세 개의 올림픽 메달을 땄다. 그녀는 약 20년간의 경쟁 후에 2019년에 공식적으로 은퇴했다. 그녀는 이 종목에 필요한 신체적 강인함을 그대로 유지하고 있기만 했어도 계속 스키를 탔을 것이라고 말했다.

해설 동사 continue의 알맞은 형태를 고르는 문제이다. if절의 동사가 had had와 같이 가정법 과거완료를 나타내는 「had p.p.」일 때, if절과 연결되는 절의 동사는 「would/could/might + have p.p.」와 같은 형태가 되어야 알맞으므로 (d) would have continued가 정답이다.

어휘 former 한때 ~였던, 전직 ~의 retire 은퇴하다 around 약, 대략 decade 10년 competition 경쟁, 경기 대회, 시합 physical 신체적인, 육체적인 continue -ing 계속 ~하다

11. 당위성을 나타내는 동사원형

정답 (b)

단서 demanded that

해석 저스틴은 라이오넬이 대학 게시판에 잠재적으로 모욕적일 수 있는 포스터를 게시하는 것을 보고 실망했다. 그녀는 그에게 누군가를 화나게 만들기 전에 그것을 떼야 한다고 요구했으며, 그렇지 않으면 대학 학생 서비스 관리팀에 그와 관련해 이야기할 것이다.

해설 take it down에서 동사 take의 알맞은 형태를 고르는 문제이다. 빈칸은 과거시제 동사 demanded의 목적어 역할을 하는 that절의 동사 자리인데, demand와 같이 주장/요구/명령/제안 등을 나타내는 동사의 목적어 역할을 하는 that절이 당위성을 나타내는 내용일 때, that절의 동사는 조동사 should 없이 동사원형을 쓴다. 따라서 (b) take it down이 정답이다.

어휘 be disappointed to 동사원형: ~해서 실망하다 see A -ing: A가 ~하는 것을 보다 put up ~을 게시하다, 붙이다 potentially 잠재적으로 offensive 모욕적인, 불쾌하게 만드는 upset ~을 화나게 만들다 or else 그렇지 않으면 take down ~을 떼어내다

12. 접속부사

정답 (c)

해석 연구를 통해 기름진 음식의 부정적인 특징들이 확실하게 드러났다. 이러한 특징에는 높은 염분 및 지방 함량, 그리고 아주 많은 인공 첨가물이 포함된다. 그럼에도 불구하고, 많은 사람들이 여전히 주기적으로 패스트푸드를 먹고 있다.

해설 빈칸에 알맞은 접속부사를 고르는 문제이므로 앞뒤 문장들의 의미 관계를 확인해야 한다. 빈칸 앞문장은 기름진 음식의 부정적인 특징들을 말하는 내용이며, 빈칸 뒤의 문장은 많은 사람들이 여전히 주기적으로 패스트푸드를 먹고 있다는 내용이 언급되어 있다. 부정적인 특징으로 인해 사람들이 먹지 않는다는 것이 자연스럽지만 빈칸 뒤에 제시된 내용은 그 반대이므로 '그럼에도 불구하고'라는 의미로 대조나 양보의 관계로 연결되어야 한다. 따라서 정답은 (c) Nevertheless이다.

어휘 conclusively 확실하게, 결정적으로, 확정적으로 negative 부정적인 quality 특징, 특성 include ~을 포함하다 content 함량 artificial 인공적인 additive ⑲ 첨가제 on a regular basis 주기적으로 instead 대신 furthermore 더욱이, 게다가 nevertheless 그럼에도 불구하고 likewise 마찬가지로, 유사하게

13. 가정법 과거완료

정답 (d)

단서 If ~ had taken

해석 <레이더스 오브 로스트 아크>에서 해리슨 포드가 맡은 역할은 처음에 톰 셀렉에게 제안되었지만, 그는 다른 역할로 인해 바빴다. 셀렉이 그 역할을 맡았다면, 해리슨 포드는 세계에서 가장 유명한 배우들 중의 한 명이 될 수 없었을 것이다.

해설 동사 become의 알맞은 형태를 고르는 문제이다. If절의 동사가 had taken과 같이 가정법 과거완료를 나타내는 「had p.p.」일 때, 주절의 동사는 「would/could/might + have p.p.」와 같은 형태가 되어야 알맞으므로 (d) would not have become이 정답이다.

어휘 role 역할 raider 침입자 ark 방주 initially 처음에 be busy with ~로 바쁘다 take (역할, 책임 등) ~을 맡다 actor 배우

14. 시제 – 미래진행

정답 (b)

단서 tomorrow

해석 지역 야구팀 중 하나인 에덴버그 카디널스는 어제 하워드 씨에게 전화를 걸어 그에게 계약을 제안했다. 그는 팀의 신임 감독으로서 자신의 잠재적인 역할을 이야기하기 위해 내일 이사진과 만날 예정이다.

해설 동사 meet의 알맞은 형태를 고르는 문제이다. 빈칸 뒤에 위치한 미래 시점 표현 tomorrow와 어울리는 미래시제 또는 미래진행 시제로 된 동사가 쓰여서 '내일 만날 것이다'라는 의미가 되는 것이 자연스러우므로 (b) will be meeting이 정답이다.

어휘 local 지역의, 현지의 offer A B: A에게 B를 제안하다, 제공하다 contract 계약(서) board members 이사진, 이사회 potential 잠재적인

15. 준동사 – 동명사

정답 (a)

단서 denied

해석 고인이 된 영국 작가 에이드리안 제이콥스의 대리인들이 그의 책들 중 하나에서 『해리 포터와 불의 잔』에 대한 아이디어를 도용한 것으로 전해졌던 J.K. 롤링을 2011년에 고소했다. 롤링은 그 작가의 글을 표절한 것을 부인했으며, 결국 소송에서 이겼다.

해설 동사 plagiarize의 알맞은 형태를 고르는 문제이다. 빈칸 앞에 과거 시제로 쓰인 동사 deny는 동명사를 목적어로 취하므로 (a) plagiarizing이 정답이다.

어휘 representative 대리인, 대표자 the late 고인이 된 sue ~을 고소하다 allegedly 전해진 바에 따르면, 추정되어, 이른바 deny

-ing ~한 것을 부인하다 eventually 결국, 마침내 lawsuit 소송 plagiarize ~을 표절하다

16. 준동사 - to부정사

정답   (c)

단서   I quickly approached him (완전한 절)

해석   길을 건너시던 한 할아버지께서 발을 헛디디면서 넘어지셨을 때 나는 보도를 따라 걷고 있었다. 난 그 할아버지께서 부상을 당하셨는지 확인하기 위해 재빨리 다가갔다. 다행히, 팔꿈치가 까진 것 외에는, 괜찮으셨다.

해설   동사 check의 알맞은 형태를 고르는 문제이다. 빈칸 이하 부분은 넘어지신 할아버지께 다가간 목적을 나타내어 '그가 부상을 당했는지 확인하기 위해'라는 의미를 나타내는 것이 자연스러우므로 빈칸은 to부정사가 부사적 용법으로 쓰여야 한다. 따라서 (c) to check가 정답이다. 이때, (a) to have checked와 같은 완료부정사의 형태는 사용하지 않는다. 또한 이처럼 선택지가 to부정사와 동명사로 구성되어 있고, 빈칸 앞에 주어, 동사, 목적어/보어 등 필요한 문장성분이 모두 갖춰진 완전한 절이 위치할 경우 빈칸에는 부사적 용법으로 쓰이는 to부정사가 들어가야 한다.

어휘   along (길, 도로 등) ~을 따라 cross ~을 건너다, 가로지르다 trip 발을 헛디디다 approach ~에게 다가가다 injured 부상 당한 apart from ~ 외에는, ~을 제외하고 grazed 까진, 찰과상을 입은 elbow 팔꿈치

17. 관계사절

정답   (d)

단서   Gaozu, (사람 선행사와 콤마)

해석   여러 세기에 걸쳐, 중국의 제국 체제는 여러 본질적인 의미를 규정하는 특징들을 띠고 있었다. 중국 한나라의 첫 번째 황제였던, 고조의 사망 후, 이 체제는 20세기 초에 폐지될 때까지 이러한 특징들을 유지했다.

해설   콤마와 함께 삽입되어 특정 명사(선행사)를 설명하는 역할을 할 관계사절로 알맞은 것을 고르는 문제이다. 빈칸 앞에 위치한 Gaozu가 사람을 나타내므로 사람 명사를 수식하는 관계대명사 who가 이끄는 (d) who was the first emperor of China's Han dynasty가 정답이다. (a)의 that은 콤마와 함께 삽입되는 구조에 쓰이지 않으며, (b)의 what은 명사(선행사)를 수식하는 역할을 하지 않는다. (c)의 why는 the reason 같은 특정 명사만 수식하거나 수식하는 명사(선행사)가 생략된 구조에 쓰인다.

어휘   imperial 제국의, 황제의 assume (특징, 양상 등) ~을 띠다 defining 본질적인 의미를 규정하는 characteristic 특징 retain ~을 유지하다 overthrow ~을 폐지하다, 전복시키다, 뒤집다 emperor 황제

18. 가정법 과거

정답   (b)

단서   I would get(주절)

해석   내가 아는 많은 사람들이 어린 아이였을 때 산타클로스의 존재를 믿었다. 어렸을 때, 난 크리스마스 이브에 산타클로스를 위해 쿠키

하나와 우유 한 잔을 밖에 놓아두면 추가 선물을 받을 거라고 생각했다.

해설   동사 leave의 알맞은 형태를 고르는 문제이다. if절과 연결되는 절의 동사가 「would/could/might + 동사원형」과 같은 형태일 때, if절의 동사는 가정법 과거를 나타내는 과거시제가 되어야 알맞으므로 (b) left가 정답이다.

어휘   extra 추가의, 별도의, 여분의 leave ~을 놓아두다, 남겨 두다, 그대로 두다

19. 조동사

정답   (a)

해석   스티븐이 더 젊었을 때, 그는 원거리 시력이 얼마나 좋았는지 자랑스러워 했다. 이제 그는 거의 50세가 되셨기 때문에, 심지어 20미터가 넘는 곳에 떨어져 있는 자동차의 번호판조차 읽으실 수 없다.

해설   문장의 의미에 어울리는 조동사를 고르는 문제이다. 빈칸이 속한 문장은 나이에 따른 시력 문제로 인해 '자동차 번호판을 읽을 수 없다'와 같이 신체 능력의 저하를 나타내야 알맞으므로 not과 함께 '~할 수 없다'라는 의미를 나타내기 위해 '~할 수 있다'라는 뜻으로 능력을 나타내는 조동사 (a) can이 정답이다.

어휘   be proud of ~을 자랑스러워 하다 vision 시력 now that 이제 ~이므로 license plate (자동차) 번호판

20. 준동사 - to부정사

정답   (b)

단서   is required(수동태)

해석   벨기에 왕실 사무국은 왕족과 정부 관계자들 사이에서 열리는 모든 공식 모임 중에 반드시 따라야 하는 새로운 정책을 발표했다. 이 규정에 따르면, 참석한 각각의 사람이 왕족의 일원이 소개되는 동안 서 있는 것이 요구된다.

해설   동사 stand의 알맞은 형태를 고르는 문제이다. 빈칸 앞에 「be p.p.」 형태의 수동태 is required가 위치해 있으므로 빈칸은 명사 역할을 하는 동명사가 위치할 수 없음을 알 수 있다. be required 는 to부정사와 함께 쓰여 '~하는 것이 요구되다', '~해야 한다'라는 의미를 나타내므로 정답은 (b) to stand이다. 이렇게 수동태(be p.p.) 뒤에 빈칸이 있는 경우 to부정사가 정답인 경우가 많다.

어휘   issue ~을 발표하다, 공표하다 policy 정책, 방침 follow ~을 따르다, 준수하다 official 공식적인, 정식의 according to ~에 따르면 royals 왕족 official ⑲ 관계자, 당국자 be required to 동사원형: ~하도록 요구하다, ~해야 한다 in attendance 참석한 introduce ~을 소개하다, 도입하다

21. 가정법 과거완료

정답   (d)

단서   if ~ had added

해석   제이슨은 구직 면접이 진행되고 있다는 사실이 기억났을 때 이미 20분이나 늦은 상태였기 때문에, 전화를 걸어 사과해야 했다. 그가 자신의 온라인 일정표에 이 일을 추가했다면, 그는 기억을 했을 것이다.

해설 동사 remember의 알맞은 형태를 고르는 문제이다. if절의 동사가 had added와 같이 가정법 과거완료를 나타내는 「had p.p.」일 때, 주절의 동사는 「would/could/might + have p.p.」와 같은 형태가 되어야 알맞으므로 (d) would have remembered 가 정답이다.

어휘 take place (일, 행사 등이) 진행되다, 개최되다, 일어나다 call up 전화를 걸다 add A to B: A를 B에 추가하다

22. 시제 - 과거완료진행

정답 (c)

단서 for months, while ~ sought

해석 프랑코 장군에 의한 스페인 정부 타도가 피비린내 나는 스페인 내전을 촉발시켰다. 분명히, 반란군 장교들은 좌파 동맹 세력이 스페인 총선에서 승리를 거두기 위해 애쓰는 사이에 수개월 동안 쿠데타를 모의해 오고 있었다.

해설 동사 plot의 알맞은 형태를 고르는 문제이다. 빈칸 뒤에 과거시제 동사(sought)를 포함한 while절이 쓰여 있어 이 while절이 가리키는 과거 시점에 쿠데타를 모의하던 일이 진행되던 상황을 나타내야 자연스럽다. 또한 빈칸이 포함된 문장에 기간을 나타내는 <for + 기간>에 해당하는 for months가 언급되어 있으므로, 빈칸에는 sought가 가리키는 특정 과거 시점보다 몇 달이 앞선 더 먼 과거에서부터 이어진 일을 나타낼 때 사용하는 과거완료진행시제 (c) had been plotting이 정답이다.

어휘 overthrowing 타도, 전복 spark ~을 촉발시키다 apparently 분명히, 명백히, 보아 하니 rebel army 반란군 officer 장교 coup 쿠데타 while ~하는 사이에, ~하는 동안, ~인 반면 leftist 좌파 coalition 동맹, 연합 seek to 동사원형: ~하려 애쓰다, 시도하다 election 선거 plot ~을 모의하다, ~에 대한 음모를 꾸미다

23. 준동사 - 동명사

정답 (a)

단서 justified

해석 한 제약회사의 CEO가 평범한 진통제의 상당한 가격 급등에 대해 비난 받았다. 언론을 대상으로 한 성명에서, 그 CEO는 연구 개발 비용이 최근에 세 배로 늘어났다고 말하는 것으로 가격 인상에 대해 해명했다.

해설 동사 increase의 알맞은 형태를 고르는 문제이다. 빈칸 앞에 과거 시제로 쓰인 동사 justify는 동명사를 목적어를 취하므로 (a) increasing이 정답이다.

어휘 pharmaceutical firm 제약 회사 criticize ~을 비난하다, 비판하다 significant 상당한 hike 급등, 급증 pain medication 진통제 statement 성명(서), 진술(서) justify -ing ~한 것에 대해 해명하다, ~한 것을 정당화하다 by -ing ~하는 것으로, ~함으로써 recently 최근에 triple 세 배로 늘어나다

24. 접속사

정답 (b)

해석 아궁 산을 방문하는 것은 인도네시아로 여행하는 사람들에게 적

극 추천되는 활동이다. 투어 그룹들은 구성원들이 산 정상에서 일출을 즐길 수 있도록 일반적으로 새벽 세 시쯤 출발한다.

해설 문장의 의미에 어울리는 접속사를 고르는 문제이다. 빈칸 앞의 문장은 오전 3시에 출발한다는 내용이며, 빈칸 뒤의 내용은 산 정상에서 일출을 즐긴다는 내용이다. 이 두 문장을 연결하기 위해서는 '산 정상에서 일출을 즐길 수 있도록 새벽 세 시쯤 출발한다'와 같은 의미가 되어야 가장 자연스러우므로 '~하도록'을 뜻하는 접속사 (b) so that이 정답이다.

어휘 highly recommended 적극 추천되는 typically 일반적으로, 전형적으로 set off 출발하다, 떠나다 although 비록 ~이기는 하지만, ~임에도 불구하고 so that (목적) ~하도록, (결과) 그래서, 그러므로 otherwise 그렇지 않으면, 그 외에는 as soon as ~하는 대로, ~하자마자

25. 혼합 가정법

정답 (c)

단서 now

해석 서 있을 때 키가 2미터가 넘어서, 라이언은 자신이 얼마나 큰지에 대해 재미있는 말을 하는 사람들에게 익숙하다. 누군가가 자신의 키에 대해 말했을 때마다 동전 하나씩 받았다면, 지금 그는 백만 장자일 것이다.

해설 be동사의 알맞은 형태를 고르는 문제이다. If절의 동사가 가정법 과거완료를 나타내는 「had p.p.」인데, 주절에 현재 시점을 나타내는 부사 now가 있으므로, 주절은 현재 사실의 반대 상황을 가정하여 '~할 텐데', '~할 것이다'라는 의미를 나타내는 가정법 과거의 주절이 되어야 하므로 동사는 「would/could/might + 동사원형」과 같은 형태가 되어야 알맞으므로 (c) would be가 정답이다. 이렇게 if절은 가정법 과거완료, 주절은 가정법 과거인 문장을 혼합 가정법이라 한다.

어휘 height 키, 신장, 높이 be used to ~에 익숙하다 amusing 재미있는, 즐거운 nickel 5센트 동전 comment 말하다, 발언하다 millionaire 백만장자

26. 시제 - 현재완료진행

정답 (d)

단서 for more than a century now

해석 수없이 많은 아프리카 인공 유물이 식민지 개척 국가들에 의해 약탈되어 현재 유럽 전역에 전시되어 있다. 여러 아프리카 국가들이 지금까지 한 세기 넘게 각각의 국가에 대한 해당 인공 유물의 반환을 요구해 오고 있다.

해설 동사 demand의 알맞은 형태를 고르는 문제이다. 빈칸이 속한 문장 마지막 부분에 쓰여 있는 전치사구 for more than a century now는 과거에서 현재에 이르는 기간을 나타내어 현재완료시제 또는 현재완료진행시제와 어울려 쓰이므로 (d) have been demanding이 정답이다.

어휘 countless 수없이 많은 artifact 인공 유물 colonizing nation 식민지 개척 국가 display ~을 전시하다, 진열하다 respective 각각의 demand ~을 요구하다

TEST 3 | 정답 및 문제 유형

1. (a) 가정법	2. (c) 시제	3. (b) 접속부사	4. (d) 준동사
5. (c) 가정법	6. (d) 시제	7. (a) 준동사	8. (a) 당위성
9. (b) 시제	10. (a) 가정법	11. (c) 조동사	12. (d) 시제
13. (b) 준동사	14. (a) 조동사	15. (d) 시제	16. (b) 준동사
17. (c) 가정법	18. (b) 준동사	19. (b) 관계사절	20. (a) 시제
21. (b) 당위성	22. (d) 준동사	23. (c) 접속사	24. (a) 가정법
25. (c) 관계사절	26. (b) 가정법		

1. 가정법 과거

정답   **(a)**

단서   **If ~ were**

해석   에비는 오직 고급 식품만 구입하며 식료품점 체인회사에서 제조된 더 값싼 제품은 절대 구입하지 않는다. 그녀가 남동생처럼 좀 더 알뜰하다면, 슈퍼마켓 자체 브랜드 제품으로 충분할 것이다.

해설   be동사의 알맞은 형태를 고르는 문제이다. If절의 동사가 가정법 과거를 나타내는 과거시제(were)일 때, 주절의 동사는 「would/could/might + 동사원형」과 같은 형태가 되어야 알맞으므로 (a) would be가 정답이다.

어휘   gourmet food 고급 식품 manufacture ~을 제조하다 grocery store 식료품점 economical (사람이) 알뜰한, 낭비하지 않는, (사물이) 경제적인 own-brand 자체 브랜드의 sufficient 충분한

2. 시제 – 미래완료진행

정답   **(c)**

단서   **By the time she leaves, for more than 10 hours**

해석   벌써 새벽 2시가 되었는데, 로즈는 여전히 클럽에서 친구들과 술을 마시면서 춤을 추고 있다. 클럽이 3시에 문을 닫아 떠날 때쯤이면, 그녀는 10시간 넘게 계속 파티를 즐기는 중일 것이다.

해설   동사 party의 알맞은 형태를 고르는 문제이다. 빈칸 앞에 「By the time + 주어 + 현재시제동사(leaves)」의 구조로 된 절이 있고, 빈칸이 포함된 주절에는 <for + 숫자 기간> 표현으로 for more than 10 hours가 있으므로, 주절의 동사는 미래완료시제 또는 미래완료진행시제로 된 동사가 쓰여야 한다. 따라서 선택지 중에서 미래완료진행시제인 (c) will have been playing이 정답이다. 참고로, By the time이 이끄는 절의 동사가 과거시제이면 주절에 과거완료시제로 된 동사가 함께 쓰여야 한다.

어휘   by the time ~할 때쯤이면 more than ~가 넘게 party ⑧ 파티를 하다

3. 접속부사

정답   **(b)**

해석   두려움을 모르는 네팔의 등반가인 님스다이 푸르자는 전 세계에서 가장 높은 산들 중 많은 곳의 정상에 올랐다. 게다가, 그는 2021년에 <14개의 정상: 불가능은 아무것도 아니다>라는 제목의 다큐멘터리에서 특별히 소개되었다.

해설   빈칸에 알맞은 접속부사를 고르는 문제이므로 앞뒤 문장들의 의미 관계를 확인해야 한다. 빈칸 앞의 문장은 네팔 등반가가 전 세계의 가장 높은 산의 정상에 올랐다는 내용이며, 빈칸 뒤의 내용은 다큐멘터리 영화에 특별히 소개되었다는 내용이다. 두번째 문장의 내용은 네팔 등반가 님스다이 푸르자에 대한 추가적인 설명이므로 추가, 첨언의 의미의 접속부사가 적절하다. 따라서 '게다가'라는 의미를 나타내는 접속부사 (b) Besides가 정답이다.

어휘   fearless 두려움을 모르는 summit ⑧ ~의 정상에 오르다 feature ⑧ ~을 특별히 포함하다, 특징으로 하다 peak (산의) 정상, 꼭대기 instead 대신에 besides 게다가 otherwise 그렇지 않으면 on the other hand 또 다른 한편

4. 준동사 – 동명사

정답   **(d)**

단서   **stop**

해석   조지가 엘레나에게 생일 선물로 기타를 사주었는데, 그녀는 너무 좋은 나머지 그 기타를 손에서 내려놓지 못하고 있다. 손가락이 이미 아프기는 하지만, 엘레나는 코드들을 연습하는 것을 멈추지 못하고 있다.

해설   동사 practice의 알맞은 형태를 고르는 문제이다. 빈칸 앞에 쓰인 동사 stop은 동명사를 목적어로 취해서 '~하는 것을 멈추다'라는 의미를 나타내므로 (d) practicing이 정답이다.

어휘 so A that B: 너무 A해서 B하다 put A down: A를 내려놓다
sore (상처 등이) 아픈, 쓰린, 쑤시는 practice ~을 연습하다

variety of 아주 다양한 as a result 그 결과, 결과적으로
targeted at ~을 대상으로 하는, 목표로 하는 audience 팬들,
청중, 관객

5. 가정법 과거완료

정답 (c)

단서 **If ~ had taken**

해석 지나는 목감기가 있었지만 세미나를 주최하기 전에는 어떤 기침약
도 복용하지 않기로 결정했다. 그 결과, 그녀는 기침을 많이 했다.
그녀가 약을 좀 복용했다면, 행사 중에 더 명확히 말을 했을 것이
다.

해설 동사 speak의 알맞은 형태를 고르는 문제이다. If절의 동사가
had taken과 같이 가정법 과거완료를 나타내는 「had p.p.」일
때, 주절의 동사는 「would/could/might + have p.p.」와 같은
형태가 되어야 알맞으므로 (c) would have spoken이 정답이
다.

어휘 have a sore throat 목감기가 있다, 인후통이 있다 decide (not)
to 동사원형: ~하기로(하지 않기로) 결정하다 take (약 등) ~을
복용하다, 먹다 cough ⑩ 기침, ⑧ 기침하다 host ~을 주최하다
as a result 그 결과, 결과적으로

6. 시제 – 현재진행

정답 (d)

단서 **Currently**

해석 1998년에 종영했음에도 불구하고, 미국의 시트콤 <사인펠드>는
여전히 인기 있는 TV 프로그램이다. 현재, 많은 채널에서 현대적
인 시트콤이 부족하지 않음에도 불구하고 여전히 그것을 주기적으
로 방송하고 있다.

해설 동사 broadcast의 알맞은 형태를 고르는 문제이다. 빈칸 바로 앞
에 위치한 Currently가 '현재, 지금'이라는 의미를 나타내어 현재
일시적으로 진행되는 일을 뜻하는 현재진행시제 동사와 어울려
쓰이므로 (d) are broadcasting이 정답이다.

어휘 despite ~에도 불구하고 still 여전히, 그래도 currently
현재, 지금 on a regular basis 주기적으로 shortage 부족
broadcast ~을 방송하다

7. 준동사 – to부정사

정답 (a)

단서 **is expected**(수동태)

해석 라이언 강은 지난 한 해 동안에 걸쳐 여러 음악상을 받으면서 아주
다양한 새로운 팬들을 얻었다. 그 결과, 이 팝 가수는 더 폭넓은 팬
층을 대상으로 새 앨범을 발매할 것으로 예상된다.

해설 동사 release의 알맞은 형태를 고르는 문제이다. 빈칸 앞에 위치
한 동사 is expected는 to부정사와 결합해 '~할 예정이다', '~할
것으로 예상된다'라는 의미를 나타내므로 (a) to release가 정답
이다. 이때, (c) to have released와 같은 완료부정사의 형태는
사용하지 않는다. 이렇게 수동태(be p.p.) 뒤에 빈칸이 있는 경우
to부정사가 정답인 경우가 많다.

어휘 win (상 등) ~을 받다, 타다 gain ~을 얻다, 획득하다 a wide

8. 당위성을 나타내는 동사원형

정답 (a)

단서 **important that**

해석 겉으로 보기에 사소한 증상이 빠르게 심각한 잇몸 질환으로 이어
질 수 있다. 의료 전문가들은 사람들에게 잇몸에 어떤 민감함이나
통증이든 느껴지면 치과 의사를 방문하는 것이 중요하다고 말했
다.

해설 동사 visit의 알맞은 형태를 고르는 문제이다. 빈칸은 「it is ~ that
절」 구조로 된 가주어/진주어 문장에서 진주어 역할을 하는 that
절의 동사 자리인데, that 앞에 important와 같이 필수/의무/
중요성 등을 나타내는 형용사가 쓰이면 that절의 동사로 조동사
should 없이 동사원형이 당위성을 나타내므로 선택지 중에서 동
사원형인 (a) visit이 정답이다.

어휘 seemingly 겉보기에 minor 사소한, 중요하지 않은 symptom
증상 lead to ~로 이어지다 gum 잇몸 disease 질환, 질병
dentist 치과 의사 notice ~을 알아차리다, 인지하다 sensitivity
민감함

9. 시제 – 미래진행

정답 (b)

단서 **10 in the morning**

해석 매튜는 새로운 직장에서 일을 시작하기 위해 내일 스페인으로 이
사할 것이다. 그래서 그에게 작별 인사를 하기 위해 보러 가고 싶
다면, 그가 오전 10시에 떠날 예정이기 때문에 오늘 저녁에 만나는
게 좋다.

해설 동사 leave의 알맞은 형태를 고르는 문제이다. 빈칸 뒤에 제시된
at 10 in the morning은 앞선 문장에서 떠나는 날로 언급한 미
래 시점(tomorrow)에 속하는 시간이므로 미래 시점 표현과 어울
리는 미래진행시제 동사 (b) will be leaving이 정답이다.

어휘 wish A farewell: A에게 작별 인사를 하다 had better
동사원형: ~하는 게 좋다

10. 가정법 과거

정답 (a)

단어 **If ~ were**

해석 쉬나의 임시 사무용 건물에는 전 직원을 위한 무료 체육관이 있다.
하지만, 쉬나는 운동하는 데 관심이 없어서 점심 시간에 TV 프로
그램을 보고 싶어한다. 내가 그녀라면, 기회가 있을 때 내 신체 건
강을 향상시킬 것이다.

해설 동사 improve의 알맞은 형태를 고르는 문제이다. If절의 동사
가 가정법 과거를 나타내는 과거시제(were)일 때, 주절의 동사는
「would/could/might + 동사원형」과 같은 형태가 되어야 알맞
으므로 (a) would improve가 정답이다.

어휘 temporary 임시의, 일시적인 free 무료의 be interested in

~에 관심이 있다 work out 운동하다 would rather 동사원형: ~하고 싶다 physical 신체적인, 육체적인 improve ~을 향상시키다, 개선하다

11. 조동사

정답 (c)

단서 next month

해석 개리 코너는 중요한 환경 문제들을 집중 조명하기 위해 자주 영화를 제작한다. 실제로, 최근의 한 기사에 그의 제작사가 다음 달에 재생 가능 에너지에 관한 다큐멘터리에 자금을 제공할 것이라고 쓰여 있다.

해설 문장의 의미에 어울리는 조동사를 고르는 문제이다. 첫 문장에 현재시제 동사(produces)와 함께 일반적으로 자주 영화를 제작한다는 말이 쓰여 있고, 빈칸이 포함된 that절의 마지막에 미래 시점을 나타내는 next month가 언급되어 있으므로 그러한 영화의 하나로서 또 다른 환경 관련 다큐멘터리에 대한 제작사의 자금 제공 의지를 나타내는 조동사가 쓰여야 자연스럽다. 따라서, '~할 것이다, ~하겠다'와 같은 의미로 의지나 미래의 일 등을 나타낼 때 사용하는 (c) will이 정답이다.

어휘 highlight ~을 집중 조명하다, 강조하다 environmental 환경의, 환경적인 in fact 실제로, 사실 recent 최근의 state that (문서 등에) ~라고 쓰여 있다, 나와 있다 financing 자금 (제공) renewable energy 재생 가능 에너지

12. 시제 – 현재완료진행

정답 (d)

단서 since he was 5

해석 매그너스 칼슨은 다섯 차례 세계 체스 챔피언에 오른 현존 최고의 선수이다. 그는 전통적인 체스의 최상위 수준에서 최장 무패 행진 기록을 보유하고 있다. 그가 타의 추종을 불허하는 능력을 지닌 이유는 5살 이후로 체스 게임을 계속 해오고 있기 때문이다.

해설 동사 play의 알맞은 형태를 고르는 문제이다. 빈칸이 속한 문장 마지막 부분에 과거시제 동사(was)와 함께 쓰여 있는 since절은 '~한 이후로'라는 의미로 과거의 시작점을 나타내며, 주절에 현재완료시제 또는 현재완료진행시제로 된 동사가 함께 쓰여야 하므로 현재완료진행시제인 (d) has been playing이 정답이다.

어휘 reigning 현존 최고의, 군림하는 hold ~을 보유하다 unbeaten 무패의 run ⑧ (성공, 실패 등의) 연속 unmatched 타의 추종을 불허하는, 필적할 수 없는 since ~한 이후로

13. 준동사 – to부정사

정답 (b)

단서 promises

해석 레이첼은 항상 설거지를 하고 아파트를 청소한다. 그녀는 대부분의 집안 일을 하면 룸메이트가 저녁을 사주겠다고 약속한 상태이기 때문에 이렇게 하고 있다.

해설 동사 buy의 알맞은 형태를 고르는 문제이다. 빈칸 앞에 현재시제로 쓰여 있는 동사 promise는 to부정사와 결합해 사용하므로

(b) to buy가 정답이다. 이때, (a) to have bought과 같은 완료 부정사의 형태는 사용하지 않는다.

어휘 promise to 동사원형: ~하겠다고 약속하다

14. 조동사

정답 (a)

해석 할리우드의 한 인기 있는 여배우가 최근 지역 어린이 공원을 개발할 계획을 세우고 있는 한 단체에 1백만 달러를 기부했다. 그녀는 자신의 기부금이 그 프로젝트가 성공하게 만들기에 충분하기를 바란다고 말했다.

해설 문장의 의미에 어울리는 조동사를 고르는 문제이다. 빈칸 앞뒤 부분을 읽어보면, '그녀는 기부금이 ~하기에 충분하기를 바랐다'와 같은 의미가 되어야 가장 자연스럽다. 이렇게 hoped나 thought, said, knew 등과 같이 생각이나 말하는 것과 관련된 동사가 과거시제일 때 목적어 역할을 하는 that절이 그 과거 시점을 기준으로 단순히 미래의 일에 해당되는 경우, that절에는 조동사 will을 쓰지 않고 과거시제에 맞춰 will의 과거형 would를 사용하므로 (a) would가 정답이다.

어휘 recently 최근에 donate ~을 기부하다 organization 단체, 기관 plan to 동사원형: ~할 계획이다 develop ~을 개발하다, 발전시키다 local 지역의, 현지의 contribution 기부(금), 기여, 공헌 enough to 동사원형: ~하기에 충분한 success 성공

15. 시제 – 과거진행

정답 (d)

단서 when the alarm sounded

해석 어제 우리 공장에서 있었던 소방 훈련이 모두를 깜짝 놀라게 했다. 경보가 울렸을 때는 많은 직원들이 막 근무를 시작하고 있었다. 일부는 실제 긴급 상황이 발생되었다고 생각해 그 경보에 당황했지만, 대부분은 차분하게 대피 절차를 따랐다.

해설 동사 start의 알맞은 형태를 고르는 문제이다. 빈칸 뒤에 과거시제 동사(sounded)를 포함한 when절이 쓰여 있어 이 when절이 가리키는 과거 시점에 근무를 시작하는 일이 일시적으로 진행되던 상황을 나타내야 자연스러우므로 과거진행시제 (d) were just starting이 정답이다.

어휘 fire drill 소방 훈련 take A by surprise: A를 깜짝 놀라게 하다 sound ⑧ 울리다, 소리가 나다 panic ⑧ 당황하다 emergency 긴급 상황, 비상 사태 follow ~을 따르다, 준수하다 evacuation 대피, 피난 procedure 절차 calmly 차분하게, 침착하게

16. 준동사 – 동명사

정답 (b)

단서 includes

해석 여러 부서장님들께서 현재 해외의 교육 세미나에 참석하고 계셔서, 리스 차장님에게 임시로 부장 직책이 맡겨졌다. 그의 새로운 역할은 우리 본사의 모든 직원을 감독하는 일을 포함한다.

해설 동사 supervise의 알맞은 형태를 고르는 문제이다. 빈칸 앞에 현재시제로 쓰인 동사 include는 동명사를 목적어로 취하므로 (b)

supervising이 정답이다.

어휘   with A -ing: A가 ~하면서, A가 ~하는 채로 currently 현재, 지금 overseas 해외에서, 해외로 attend ~에 참석하다 training 교육, 훈련 temporarily 임시로, 일시적으로 assign A B: A에게 B를 맡기다, 배정하다 include ~을 포함하다 headquarters 본사 supervise ~을 감독하다, 관리하다

17. 가정법 과거

정답   (c)

단서   If ~ were

해석   정유회사들은 우리의 원유 매장량이 50년 더 지속될 것이라고 말한다. 하지만, 석유 기반 제품에 대한 수요가 증가하게 된다면, 원유가 분명 훨씬 더 빨리 고갈될 것이다.

해설   수동태 be depleted의 알맞은 형태를 고르는 문제이다. if절의 동사가 가정법 과거를 나타내는 과거시제(were)일 때, 주절의 동사는 「would/could/might + 동사원형」과 같은 형태가 되어야 알맞으므로 (c) would surely be depleted가 정답이다. 참고로, 수동태의 동사원형은 「be p.p.」이다.

어휘   natural oil reserves 원유 매장량 last ⑤ 지속되다 demand 수요, 요구 A-based: A를 기반으로 하는 be to 동사원형: ~하게 되다, ~해야 하다, ~할 예정이다 increase 증가하다, 늘어나다 even (비교급 강조) 훨씬 surely 확실히 deplete ~을 고갈시키다

18. 준동사 – to부정사

정답   (b)

단서   encouraging him

해석   크레이그는 정식 미술 교육의 부족에도 불구하고 재능 있는 화가이다. 그가 그리는 모든 풍경화는 굉장히 아름다운 것으로 드러난다. 이것이 바로 어머니께서 그가 대학에서 미술을 공부하는 것을 강력하게 권장하시는 이유이다.

해설   동사 study의 알맞은 형태를 고르는 문제이다. 빈칸은 동사 is encouraging과 목적어 him 뒤에 위치하여 목적격보어 자리임을 알 수 있다. 동사 encourage는 to부정사를 목적격보어로 취하므로 (b) study가 정답이다.

어휘   talented 재능 있는 despite ~에도 불구하고 lack 부족 formal 정식의, 공식적인 training 교육, 훈련 landscape 풍경(화) turn out to be A: A한 것으로 드러나다, 판명되다 stunning 굉장히 아름다운, 아주 멋진 encourage A to 동사원형: A가 ~하는 것을 권장하다

19. 관계사절

정답   (b)

단서   Ash Hills (사물 선행사)

해석   마이크는 고급스러운 곳에서 나탈리에게 프러포즈하고 싶었다. 그래서 그는 그녀가 자신과 결혼하기로 동의할 것이라는 희망을 갖고 지역 내에서 가장 호화로운 리조트인 애쉬 힐스에 3박을 예약했다.

해설   명사 Ash Hills를 뒤에서 수식할 관계사절로 알맞은 것을 고르는

문제이다. 빈칸 앞에 위치한 Ash Hills가 리조트에 해당되는 장소 사물 명사이므로 which 또는 where가 이끄는 절 중에서 하나를 골라야 하는데, 「which + 불완전한 절」 또는 「where + 완전한 절」의 구조가 되어야 하므로 이 두 가지 중 하나에 해당되는 (b) which is the most luxurious resort in the region이 정답이다. where가 이끄는 (d)는 is 뒤에 보어가 빠진 불완전한 절이므로 오답이다.

어휘   propose to ~에게 프러포즈하다 fancy 고급의, 화려한 book ~을 예약하다 in the hopes that ~라는 희망을 갖고 agree to 동사원형: ~하기로 동의하다 luxurious 호화로운, 고급스러운 region 지역, 지방

20. 시제 – 과거완료진행

정답   (a)

단서   before that, for the past three months

해석   텔레비전 드라마 여배우 베티 레인즈가 <보스턴 메디컬>에서 맡은 의사 역할에 대해 최근 엔터테인먼트 위클리 상을 수상했다. 하지만 이는 그녀가 받은 또 다른 상에 불과했는데, 그 전에, 지난 3개월 동안 지속적으로 상을 받고 있었기 때문이었다.

해설   동사 win의 알맞은 형태를 고르는 문제이다. 빈칸 앞에 위치한 before that에서 that은 앞 문장에 언급된 과거 시점에 상을 받았던(won) 과거의 일을 가리킨다. 빈칸이 포함된 문장 뒤에 <for + 숫자기간> 표현으로 for the past three months가 언급되어 있으므로 주절의 동사는 that이 가리키는 시점보다 3개월 이전부터 계속 상을 받았다는 의미가 되어야 자연스럽다. 이렇게 특정 과거 시점보다 더 이전의 과거 시점에 발생된 일은 과거완료시제 또는 과거완료진행시제로 나타내므로 과거완료진행시제인 (a) had been winning이 정답이다.

어휘   recently 최근 win (상 등) ~을 받다, 타다 though (문장 중간이나 끝에서) 하지만 consistently 지속적으로, 끊임없이

21. 당위성을 나타내는 동사원형

정답   (b)

단서   recommended that

해석   우리 아파트의 관리 책임자 랜스 씨는 모든 필수 건물 수리 작업에 대한 내역서를 받았다. 세입자들에게 계속 정보를 알려주기 위해, 그는 곧 있을 모든 수리 작업에 대한 목록이 각 건물 입주자에게 제공되어야 한다고 권장했다.

해설   수동태 be provided의 알맞은 형태를 고르는 문제이다. 빈칸은 동사 recommended의 목적어 역할을 하는 that절의 동사 자리인데, recommend와 같이 주장/요구/명령/제안 등을 나타내는 동사의 목적어 역할을 하는 that절의 동사는 should 없이 동사원형으로 당위성을 나타내므로 선택지 중에 동사원형인 (b) be provided가 정답이다. 참고로, 수동태의 동사원형은 「be p.p.」이다.

어휘   condominium 아파트 breakdown 내역(서), 명세(서) necessary 필수의, 필요한 repair 수리 keep A informed: (정보, 소식 등을) A에게 계속 알려주다 upcoming 곧 있을, 다가오는 resident 입주자, 주민

22. 준동사 – 동명사

정답　(d)

단서　consider

해석　피터가 새 체육관에 가입했을 때 우리는 모두 놀라워했다. 전에 그는 집에서 운동하는 것을 아주 많이 좋아하기 때문에 체육관 회원으로 등록하는 것을 절대 고려하지 않겠다고 우리에게 말했다.

해설　동사 sign의 알맞은 형태를 고르는 문제이다. 빈칸 앞에 쓰여 있는 consider는 동명사를 목적어로 취하는 동사이므로 (d) signing up이 정답이다. 이때, (c) having signed up과 같은 완료동명사의 형태는 사용하지 않는다.

어휘　join ~에 가입하다, 합류하다　previously 전에, 과거에　consider -ing ~하는 것을 고려하다　work out 운동하다　sign up for ~에 등록하다, ~을 신청하다

23. 접속사

정답　(c)

해석　최근, 여러 대도시에서 많은 사람들이 지하철과 버스를 더 자주 이용하기 시작했다. 이들은 주차 및 주차 요금에 대해 걱정하지 않고 직장을 오가면서 통근할 수 있기 때문에 대중 교통이 시간과 돈을 절약하게 해준다고 말한다.

해설　문장의 의미에 어울리는 접속사를 고르는 문제이다. 빈칸 앞의 내용은 대중 교통이 시간과 돈을 절약하게 해준다는 내용이며, 빈칸 뒤의 문장은 그들이 주차 및 주차 요금에 대해 걱정하지 않고 통근할 수 있다는 내용이다. 문맥상 주차 및 주차 비용을 걱정하지 않는다는 것이 시간과 돈을 절약하게 되는 원인에 해당하므로 '~하기 때문에'를 뜻하는 (c) since가 정답이다.

어휘　recently 최근　frequently 자주, 빈번히　public transportation 대중 교통　make A 동사원형: A에게 ~하게 해주다　commute 통근하다　to and from ~을 오가는　without -ing ~하지 않고, ~하지 않은 채　while ~하는 동안, ~인 반면　though ~이기는 하지만, ~함에도 불구하고　since ~하기 때문에, ~한 이후로　whenever ~할 때마다, ~할 때는 언제든

24. 가정법 과거완료

정답　(a)

단서　If ~ had only been

해석　크레이그의 축구팀은 작년에 전국 축구 대회의 준결승전에 진출하지 못했는데, 많은 중요 선수들이 부상을 당했기 때문이었다. 팀이 모든 전력을 갖추기만 했어도, 이들은 준결승전에 도달했을 것이다.

해설　동사 reach의 알맞은 형태를 고르는 문제이다. If절의 동사가 had been과 같이 가정법 과거완료를 나타내는 「had p.p.」일 때, 주절의 동사는 「would/could/might + have p.p.」와 같은 형태가 되어야 알맞으므로 (a) would have reached가 정답이다.

어휘　advance to ~로 진출하다　semi-final 준결승전　injure ~에게 부상을 입히다　at full strength 모든 전력을 갖추고, 최대로 가동해　reach ~에 도달하다, 이르다

25. 관계사절

정답　(c)

단서　Leah Long, (사람 선행사와 콤마)

해석　제나가 가장 아끼는 소유물은 사인을 받은 밴드 티셔츠이다. 그녀는 레아 롱이라는 이름을 지닌 걸그룹 멤버에게서 그 티셔츠에 사인을 받았다고 말하는데, 그녀가 가장 좋아하는 썸머 걸즈의 싱어이다.

해설　명사 Leah Long을 뒤에서 수식할 관계사절로 알맞은 것을 고르는 문제이다. Leah Long이 사람 이름이므로 사람 명사를 수식할 수 있으면서 콤마 뒤에 위치할 수 있는 who 또는 whose가 이끄는 절 중에서 하나를 골라야 하는데, 「who + 불완전한 절」 또는 「whose + 완전한 절」의 구조가 되어야 한다. 따라서 선택지 중에서 (c) who was her favorite Summer Girls singer가 정답이다. whose가 이끄는 (b)는 was 뒤에 보어가 빠진 불완전한 절이므로 오답이다. (a)의 that이 이끄는 절은 콤마 뒤에 위치하지 못하므로 오답이다.

어휘　prized 아끼는, 소중한　possession 소유(물)　autographed 사인을 받은, 사인이 들어간　get A p.p.: A를 ~되게 하다

26. 가정법 과거완료

정답　(b)

단서　he wouldn't have had(주절)

해석　매튜는 출장 여행 중에 렌터카를 운전하는 동안 자동차 사고를 당했다. 그가 자동차를 빌릴 때 보험을 구입하기만 했어도, 손상에 대한 모든 비용을 지불할 필요가 없었을 것이다.

해설　동사 purchase의 알맞은 형태를 고르는 문제이다. If절이 포함된 가정법 문장에서, 주절의 동사가 「would/could/might + have p.p.」와 같은 형태일 때, If절의 동사는 가정법 과거완료를 나타내는 「had p.p.」가 되어야 알맞으므로 (b) had just purchased가 정답이다.

어휘　get into (어떤 상태 등) ~에 처하다, 당하다, ~하게 되다　business trip (업무상의) 출장 여행　insurance 보험　damage 손상, 피해　purchase ~을 구입하다

TEST 4 | 정답 및 문제 유형

1. (b) 시제	2. (a) 준동사	3. (a) 관계사절	4. (d) 가정법
5. (b) 준동사	6. (c) 시제	7. (c) 준동사	8. (d) 가정법
9. (b) 시제	10. (a) 조동사	11. (b) 가정법	12. (a) 준동사
13. (c) 시제	14. (d) 관계사절	15. (a) 당위성	16. (b) 가정법
17. (c) 준동사	18. (d) 접속부사	19. (d) 가정법	20. (c) 시제
21. (a) 접속사	22. (a) 가정법	23. (d) 당위성	24. (b) 시제
25. (c) 조동사	26. (b) 준동사		

1. 시제 – 과거진행

정답   (b)

단서   he caught ~ while

해석   제이슨은 집에 도착하자마자, 공원에서 걷던 중에 봤던 것을 누군가에게 말한다는 사실에 흥분되었다. 그는 연못 주위를 거닐던 중에 아름다운 백조 한 마리가 수영하는 광경을 보게 된 것을 아버지께 말씀 드렸다.

해설   동사 stroll의 알맞은 형태를 고르는 문제이다. 빈칸이 속한 절을 이끄는 접속사 while은 '~하는 사이, ~하는 동안'이라는 의미로 동시 진행 상황을 나타내므로 while 앞에 위치한 절에 쓰인 과거 시제 동사(caught)가 가리키는 과거 시점에 연못 주위를 일시적으로 거닐던 일이 진행되던 상황을 의미해야 한다. 따라서, 과거진행시제로 된 동사가 빈칸에 쓰여야 알맞으므로 (b) was strolling이 정답이다.

어휘   as soon as ~하자마자, ~하는 대로 while ~하는 사이, ~하는 동안, ~인 반면 catch sight of ~하는 광경을 보게 되다 pond 연못 stroll 거닐다, 산책하다

2. 준동사 – 동명사

정답   (a)

단서   are having trouble

해석   대기업들은 흔히 팀워크 정신을 향상시키기 위해 직원들에게 교육 워크숍에 참석하도록 요구한다. 그럼에도 불구하고, 일부 직원들은 동료들과 함께 잘 어울려 지내는 데 어려움을 겪는다고 말한다.

해설   동사 get의 알맞은 형태를 고르는 문제이다. 빈칸 앞에 위치한 have trouble은 동명사와 결합해 '~하는 데 어려움을 겪다, ~하는 데 문제가 있다'와 같은 의미를 나타내므로 (a) getting이 정답이다. 이때, (c) having gotten과 같은 완료동명사의 형태는 사용하지 않는다.

어휘   require A to 동사원형: A에게 ~하도록 요구하다, 요청하다

attend ~에 참석하다 training 교육, 훈련 improve ~을 향상시키다, 개선하다 nonetheless 그럼에도 불구하고 have trouble -ing ~하는 데 어려움을 겪다, ~하는 데 문제가 있다 get along with ~와 잘 어울려 지내다

3. 관계사절

정답   (a)

단서   places (사물 선행사)

해석   대규모 지리적 특징들로 인해 바람이 방해를 받을 때, 바람의 강도는 약화된다. 탁 트인 평원에 자주 바람이 아주 많이 불긴 하지만, 높은 산악 지대 근처에 자리잡고 있는 곳은 일반적으로 바람을 덜 겪는다.

해설   주절의 주어(places)와 동사(experience) 사이에 위치해 주어를 수식할 관계사절로 알맞은 것을 고르는 문제이다. places가 장소 사물 명사이므로 that 또는 where가 이끄는 절 중에서 하나를 골라야 하는데, 「that + 불완전한 절」 또는 「where + 완전한 절」의 구조가 되어야 하므로 이 두 가지 중 하나에 해당되는 (a) that are situated near tall mountain ranges가 정답이다. 관계부사 where이 이끄는 (c)는 전치사 near 뒤에 목적어가 빠진 불완전한 절이므로 오답이다.

어휘   impede ~을 방해하다, 지연시키다 geographical 지리적인 feature 특징 diminish ~을 약화시키다, 줄어들게 하다 plain 평원 generally 일반적으로, 보통 be situated 자리잡고 있다 near ~ 근처에 mountain range 산악 지대, 산맥

4. 가정법 과거완료

정답   (d)

단서   If ~ had not been

해석   제인은 밤 11시쯤 뜻하지 않게 잠드는 바람에 자정에 있었던 새해 맞이 카운트다운을 놓쳤다. 그녀가 그렇게 피곤하지만 않았어도,

친구들과 함께 카운트다운을 즐기기 위해 늦게까지 깨어 있을 수 있었을 것이다.

해설 동사 stay up의 알맞은 형태를 고르는 문제이다. If절의 동사가 had been과 같이 가정법 과거완료를 나타내는 「had p.p.」일 때, 주절의 동사는 「would/could/might + have p.p.」와 같은 형태가 되어야 알맞으므로 (d) could have stayed up이 정답이다.

어휘 miss ~을 놓치다, 지나치다 accidentally 뜻하지 않게, 우연히 fall asleep 잠들다 around ~쯤, ~경에

5. 준동사 – to부정사

정답 (b)

단서 able

해석 사샤가 항상 놀라운 새 식사를 요리하기는 하지만, 절대로 같은 방식으로 두 번이나 만들 수 있는 것처럼 보이진 않는다. 그녀는 기억을 통해 다시 만들려 하는 대신 종이에 조리법을 적어 놓아야 한다고 생각한다.

해설 동사 make의 알맞은 형태를 고르는 문제이다. 빈칸 앞에 위치한 형용사 able은 to부정사와 함께 쓰여 '~할 수 있는'이라는 의미를 나타내므로 빈칸에는 to부정사가 들어가야 한다. 따라서 정답은 (b) to make이다.

어휘 seem to 동사원형: ~하는 것처럼 보이다, ~하는 것 같다 be able to 동사원형: ~할 수 있다 the same way 같은 방식으로 recipe 조리법 instead of ~ 대신 remake ~을 다시 만들다

6. 시제 – 과거완료진행

정답 (c)

단서 until ~ forced

해설 지난 주에, 렌츠 매뉴팩처링의 최고 운영 책임자가 사임을 발표했으며, 그것은 즉시 효력이 발휘되었다. 그는 재무 관련 부정 행위에 대한 혐의로 인해 어쩔 수 없이 자리에서 물러나기 전까지 사실 최고 경영자 직책을 맡을 계획을 세우고 있었다.

해설 동사 plan의 알맞은 형태를 고르는 문제이다. 앞선 문장에 과거시제 동사(announced)와 함께 과거 시점에 사임을 발표했다는 내용이 언급되어 있어서 과거에 대한 내용임을 알 수 있는데, 빈칸 뒤의 until 부사절의 동사가 과거시제(forced)이므로 그보다 더 이전까지는 과거에 최고 경영자 직책을 맡을 계획을 세우고 있었다는 의미가 되어야 자연스럽다. 따라서 forced라는 특정 과거 시점보다 더 이전의 과거 시점에 발생된 일은 과거완료시제 또는 과거완료진행시제로 나타내므로 과거완료진행시제 (c) had actually been planning이 정답이다.

어휘 COO 최고 운영 책임자 (= chief operating officer) resignation 사임, 사퇴 with immediate effect 즉시 효력이 발휘되는 take on (직책, 책임 등) ~을 맡다 CEO 최고 경영자 (= chief executive officer) allegation 혐의 irregularity 부정 (행위) A force B to 동사원형: A로 인해 어쩔 수 없이 B가 ~하다, A가 B에게 ~하도록 강요하다 step down from ~에서 물러나다

7. 준동사 – to부정사

정답 (c)

단서 learns

해석 클러치 조작 연습은 운전을 연습하는 누구에게나 유용하다. 클러치와 가속 페달을 성공적으로 이해함으로써, 초보 운전자는 두 발을 모두 함께 사용해 효과적으로 차량을 조작하는 법을 배운다.

해설 동사 control의 알맞은 형태를 고르는 문제이다. 빈칸 앞에 현재시제로 쓰여 있는 동사 learn은 to부정사와 결합해 '~하는 법을 배우다'라는 의미를 나타내므로 (c) to control이 정답이다.

어휘 control ⑲ 조작, 제어, 통제, ⑧ ~을 조작하다, 제어하다, 통제하다 gas pedal 가속 페달 learn to 동사원형: ~하는 법을 배우다 vehicle 차량 effectively 효과적으로

8. 가정법 과거완료

정답 (d)

단서 had they survived

해석 여덟 명의 멘체스터 유나이티드 선수들이 1958년에 있었던 뮌헨 비행기 참사로 목숨을 잃었다. 축구 팬들은 이 선수들이 추락 사고에서 생존했다면 나중의 활동 기간에 무엇을 이뤄냈을지 종종 궁금해한다.

해설 동사 accomplish의 알맞은 형태를 고르는 문제이다. 빈칸 뒤에 위치한 「had + 주어 + p.p.」는 가정법 과거완료 문장의 if절에서 if가 생략되고 had가 주어 앞으로 이동하면서 도치된 구조이다. 따라서, 빈칸에 가정법 과거완료 문장의 if절과 연결되는 절에 쓰이는 「would/could/might + have p.p.」와 같은 형태로 된 동사가 쓰여야 알맞으므로 (d) would have accomplished가 정답이다.

어휘 disaster 참사, 재난, 재해 survive ~에서 생존하다 crash 비행기 추락 사고, 자동차 충돌 사고 accomplish 이루다, 성취하다, 달성하다

9. 시제 – 미래진행

정답 (b)

단서 if they have

해석 실내 장식 전문가들이 오전 10시에 린튼 씨의 집에 나타났다. 이들이 도착했을 때, 그녀는 각자에게 차를 한 잔씩 대접하면서 어떤 질문이든 있을 경우에 자신은 거실에서 운동하고 있을 것이라고 말했다.

해설 동사 exercise의 알맞은 형태를 고르는 문제이다. 빈칸 뒤에 접속사 if가 이끄는 절이 쓰여 있는데, if처럼 조건이나 시간을 나타내는 접속사가 이끄는 절에 현재시제 동사(have)가 쓰이면 주절의 동사는 미래시제 또는 미래진행시제가 되어야 하므로 미래진행시제인 (b) will be exercising이 정답이다.

어휘 decorator 장식 전문가 turn up 나타나다, 모습을 보이다 arrive 도착하다 exercise 운동하다

10. 조동사

정답 (a)

단서 have closed

해석 커다란 소음이 한밤 중에 트레버를 잠에서 깨웠다. 그는 침실 전등을 켜고 문이 꽉 닫혀 있는 것을 봤다. 그 문이 창문을 통해 들어온 세찬 바람으로 인해 닫힌 것이 틀림없었다.

해설 문장의 의미에 어울리는 조동사를 고르는 문제이다. 앞선 문장에 과거시제 동사(woke, saw)와 함께 과거 시점에 커다란 소음이 났고 문이 꽉 닫혀 있는 것을 본 사실이 쓰여 있다. 따라서, 빈칸이 속한 문장은 그 원인과 관련된 추측에 대한 확신을 나타내야 자연스러우므로 빈칸 뒤에 위치한 have p.p. 동사와 결합해 '~했던 것이 틀림없다, 분명 ~했을 것이다'라는 의미를 구성할 때 사용하는 (a) must가 정답이다. 「would have p.p.」는 가정법 과거완료의 주절에 쓰이는 것이므로 (b)는 오답이다. (c) can과 (d) shall은 have p.p. 동사와 결합하여 쓰이지 않는다.

어휘 in the middle of ~ 중간에, ~ 도중에 turn on ~을 켜다, 틀다 see A p.p.: A가 ~된 것을 보다 tight ad. 꽉, 단단히 due to ~로 인해 a gust of wind 세찬 바람 come in through ~을 통해 들어오다 must have p.p. ~한 것이 틀림없다, 분명 ~했을 것이다

11. 가정법 과거

정답 (b)

단서 would donate(주절)

해석 어떤 사람들은 복권을 사서 수백만 달러에 당첨될 정도로 충분히 운이 좋다. 내가 복권에 당첨된 사람이라면, 많은 액수를 자선 단체에 기부한 다음, 나머지는 가족을 위해 쓸 것이다.

해설 be동사의 알맞은 형태를 고르는 문제이다. If절이 포함된 가정법 문장에서, 주절의 동사가 「would/could/might + 동사원형」과 같은 형태일 때, If절의 동사는 가정법 과거를 나타내는 과거시제가 되어야 알맞으므로 (b) were가 정답이다. 참고로, 가정법 과거의 if절에서 be동사의 과거시제는 was가 아닌 were로 쓰인다.

어휘 enough to 동사원형: ~할 정도로 충분히 win (상, 상금 등) ~에 당첨되다, ~을 타다 millions of 수백만의 lottery 복권 donate ~을 기부하다 charity 자선 단체, 자선 행위 the rest 나머지, 남은 것

12. 준동사 – 동명사

정답 (a)

단서 involves

해석 많은 사람들은 판매가 오직 제품 홍보만을 중심으로 돌아가는 듯한 인상을 받는다. 하지만, 최고의 영업사원들은 자신들의 일이 관계 구축 및 갈등 해결과 같은 다른 전략을 포함하는 것도 수반한다는 점을 자주 지적한다.

해설 동사 incorporate의 알맞은 형태를 고르는 문제이다. 빈칸 앞에 현재시제로 쓰여 있는 동사 involve는 동명사를 목적어로 취하므로 (a) incorporating이 정답이다. 이때, (b) having incorporated와 같은 완료동명사의 형태는 사용하지 않는다.

어휘 under the impression that ~라는 인상을 받는, ~라는 느낌을 갖는 sales 판매, 영업, 매출 revolve around (일 등이) ~을 중심으로 돌아가다 promotion 홍보 however 하지만, 그러나 representative 직원, 대리인, 대표자 point out that ~임을 지적하다 involve -ing ~하는 것을 수반하다, ~하는 것과 관련되다 strategy 전략 rapport 관계 conflict 갈등, 충돌 resolution 해결 incorporate ~을 포함하다, 통합하다

13. 시제 – 현재완료진행

정답 (c)

단서 for a while, occurs

해석 다이어트를 하는 사람들은 과거에 한때 그랬던 것만큼 효과적으로 체지방을 빼는 데 어려움을 겪는 느낌을 때때로 받을 수 있다. 한 사람이 한동안 계속 다이어트를 해오고 있다면, 정체기가 나타나며, 이는 운동을 추가해 극복할 수 있다.

해설 동사 diet의 알맞은 형태를 고르는 문제이다. 빈칸 뒤에 위치한 주절의 동사가 현재시제(occurs)로 쓰여 있으므로 일종의 결과로서 일반적으로 발생되는 일이 언급되어 있음을 알 수 있다. 그리고 그 조건에 해당되는 Once절에 위치한 for a while이 과거에서 현재까지 계속 다이어트를 해온 일이 이어지는 일정 기간을 언급하는 것이므로 현재시제와 관련된 기간 표현과 어울리는 현재완료진행 시제 (c) has been dieting이 정답이다.

어휘 struggle to 동사원형: ~하는 데 어려움을 겪다, ~하는 것을 힘겨워하다 as A as B: B만큼 A하게 effectively 효과적으로 once ⓥ 과거에 한때, ⓐ (일단) ~하면 for a while 한동안 plateau period 정체기 occur 나타나다, 발생되다 overcome ~을 극복하다 addition 추가(되는 것)

14. 관계사절

정답 (d)

단서 Atlus Theater, (사물/장소 선행사와 콤마)

해석 낸시와 그녀의 남편은 토요일과 일요일에 뭔가 특별한 것을 할 계획을 세우고 있다. 그녀의 남편은 아틀러스 극장에서 열리는 마틴 스콜세지 영화제에 참석하자고 제안했는데, 이곳에서 그 유명 감독이 만든 최고의 영화들이 주말 내내 상영될 예정이다.

해설 명사 Atlus Theater를 뒤에서 수식할 관계사절로 알맞은 것을 고르는 문제이다. 빈칸 앞에 위치한 Atlus Theater가 장소 사물 명사이므로 장소 명사를 수식할 수 있으면서 콤마 뒤에 위치할 수 있는 which 또는 where가 이끄는 절 중에서 하나를 골라야 하는데, 「which + 불완전한 절」 또는 「where + 완전한 절」의 구조가 되어야 하므로 이 두 가지 중 하나에 해당되는 (d) where the famous director's best movies will be showing이 정답이다. show는 '상영되다'는 의미를 나타내는 목적어를 취하지 않는 자동사로 쓰일 수 있기 때문에 the famous director's best movies will be showing은 완전한 절이 된다. 그래서 which가 이끄는 (b)는 which 뒤에 완전한 절이 쓰여 있으므로 오답이며, (a)의 that이 이끄는 절은 콤마 뒤에 위치하지 못하므로 오답이다.

어휘 plan to 동사원형: ~할 계획이다 attend ~에 참석하다 show 상영되다, 상연되다

15. 당위성을 나타내는 동사원형

정답 (a)

단서 It is ~ recommended that

해석 생명 유지와 관련된 일부 의료 기구들은 배터리로 작동되며, 예기치 못하게 전력이 떨어지는 경우에 생명을 위협하는 상황이 발생될 수 있다. 따라서 사용자들은 기구들이 꺼지기 전에 넣을 여분의 배터리를 휴대하고 다니는 것이 권장된다.

해설 동사 carry의 알맞은 형태를 고르는 문제이다. 빈칸은 「It is ~ that절」 구조로 된 가주어/진주어 문장에서 진주어 역할을 하는 that절의 동사 자리인데, that 앞에 recommended와 같이 권고/필수/의무/중요성 등을 나타내는 과거분사나 형용사가 쓰이면 that절의 동사는 should 없이 동사원형으로 당위성을 나타내므로 (a) carry가 정답이다.

어휘 vital 생명 유지와 관련된, 필수적인 run on batteries 배터리로 작동되다 life-threatening 생명을 위협하는 occur 발생되다, 나타나다 unexpectedly 예기치 못하게 It is recommended that ~하는 것이 권장되다, 추천되다 therefore 따라서, 그러므로 expire (기계 등이) 꺼지다

16. 가정법 과거완료

정답 (b)

단서 If ~ had only waited

해석 개빈은 밴드 멤버들의 사인을 받을 수 있을 것이란 희망을 갖고 1시간 동안 콘서트 행사장 밖에서 기다렸지만, 결국 포기했다. 개빈이 몇 분 더 기다리기만 했어도, 밴드의 리드 싱어가 행사장에서 나갈 때 만났을 것이다.

해설 동사 meet의 알맞은 형태를 고르는 문제이다. If절의 동사가 had waited와 같이 가정법 과거완료를 나타내는 「had p.p.」일 때, 주절의 동사는 「would/could/might + have p.p.」와 같은 형태가 되어야 알맞으므로 (b) would have met이 정답이다.

어휘 venue 행사장, 개최 장소 in the hopes (that) ~라는 희망을 갖고 autograph 사인 eventually 결국, 마침내 give up 포기하다 exit ~에서 나가다, 떠나다

17. 준동사 - 동명사

정답 (c)

단서 mind

해석 브라이언이 갑자기 화장실로 가야 했을 때 그는 놀이공원의 기구를 하나 타려고 길게 줄을 서고 있었다. 그는 앞에 서 있는 여성에게 자신이 돌아올 때까지 자리를 봐줄 수 있는지 물어봤다.

해설 동사 watch의 알맞은 형태를 고르는 문제이다. 빈칸 앞에 쓰인 동사 mind는 동명사를 목적어로 취하므로 (c) watching이 정답이다. 이때, (b) having watched와 같은 완료동명사의 형태는 사용하지 않는다.

어휘 amusement park ride 놀이공원의 기구 suddenly 갑자기 not mind -ing ~해도 괜찮다, 상관없다

18. 접속부사

정답 (d)

해석 존 제이콥 애스터는 유명 사업가이자 예술 후원가였다. 게다가, 1848년에 사망할 당시에, 그는 미국에서 가장 부유한 사람이었다.

해설 빈칸에 알맞은 접속부사를 고르는 문제이므로 앞뒤 문장들의 의미 관계를 확인해야 한다. 빈칸 앞뒤로 모두 John Jacob Astor라는 사람의 신분과 관련된 정보가 쓰여 있으므로 같은 성격의 정보가 추가로 나열되는 의미 관계임을 알 수 있다. 따라서, '게다가, 추가로'라는 의미로 유사 정보를 추가로 제시할 때 사용하는 (d) in addition이 정답이다.

어휘 renowned 유명한 patron 후원자, 고객 individual ⑲ 사람, 개인 hence (결과) 그래서, 그런 이유로 likewise 마찬가지로, 유사하게 as a result 그 결과, 결과적으로 in addition 게다가, 추가로

19. 가정법 과거

정답 (d)

단서 if ~ vanished

해석 한 특정 지역의 생물 다양성은 먹이 사슬에 속한 다양한 종 사이에서 나타나는 상호 작용에 크게 좌우된다. 따라서, 한 가지 종이 갑자기 사라지면, 그 먹이 사슬은 완전히 붕괴되어, 그 지역 생물 다양성에 크게 영향을 미칠 것이다.

해설 동사 break down의 알맞은 형태를 고르는 문제이다. If절의 동사가 가정법 과거를 나타내는 과거시제(vanished)일 때, 주절의 동사는 「would/could/might + 동사원형」과 같은 형태가 되어야 알맞으므로 (d) would completely break down이 정답이다.

어휘 biodiversity 생물 다양성 given 특정한 largely 크게, 대체로 be dependent on ~에 좌우되다, ~에 달려 있다 interaction 상호 작용 species (동식물의) 종 food web 먹이 사슬 vanish 사라지다 affect ~에 영향을 미치다 break down 붕괴되다, 허물어지다, 고장 나다

20. 시제 - 미래완료진행

정답 (c)

단서 By the time I complete, for nine months

해석 우리 할머니께서 연주하시는 피아노 소리를 들은 것이 악기에 대한 나의 관심을 촉발시키면서, 그것이 내가 일련의 피아노 수업에 등록하게 하였다. 내가 이 과정을 마칠 때쯤이면, 9개월 동안 피아노를 배우는 중일 것이다.

해설 동사 learn의 알맞은 형태를 고르는 문제이다. 빈칸 앞에 「By the time + 주어 + 현재시제동사(complete)」의 구조로 된 절이 쓰여 있고, 빈칸이 있는 주절에 <for + 숫자 기간> 표현이 있는데, 이렇게 기간을 나타내는 표현과 함께 By the time이 이끄는 절에 현재시제동사가 쓰이면 주절에 미래완료시제 또는 미래완료진행시제로 된 동사가 함께 쓰여야 하므로 미래완료진행시제인 (c) will have been learning이 정답이다. 참고로, By the time이 이끄는 절의 동사가 과거시제이면 주절에 과거완료시제로 된 동사가 함께 쓰여야 한다.

어휘   hear A 동사원형: A가 ~하는 것을 듣다 spark ⑤ ~을 촉발시키다
        musical instrument 악기 A prompt B to 동사원형: A로
        인해 B가 ~하게 되다, A가 B에게 ~하게 만들다 sign up for ~에
        등록하다, ~을 신청하다 by the time ~할 때쯤이면 complete
        ~을 마치다, 완료하다

21. 접속사

정답   (a)

해석   내가 예전에 다니던 회사에서는, 신입 사원들이 출근 첫 날에 정식
        계약서를 받지 않았다. 그 사원들은 한 달 동안의 의무 수습 기간
        을 끝마치고 나서야 공식적으로 고용되었다.

해설   문장의 의미에 어울리는 접속사를 고르는 문제이다. 빈칸이 속한
        문장을 읽어보면, '그 직원들은 정식으로 고용되지 않았다'와 '그
        들이 한 달 동안의 의무 수습기간을 끝마쳤다'라는 내용인데, 이
        두 문장을 연결하기 위해서는 '~할 때까지'라는 의미의 접속사를
        사용하여 '그 직원들은 한 달 동안의 의무 수습기간을 끝마칠 때
        까지 정식으로 고용되지 않았다'라는 의미가 되는 것이 자연스럽
        다. 이렇게 앞문장에 부정어 not이 있는 경우, '~할 때까지'라는
        의미를 나타내는 접속사 until과 함께 쓰여서 '~할 때까지 …않는
        다'라는 의미가 '…해서야 ~한다'라는 의미로 해석된다. 따라서 접
        속사 (a) until이 정답이다. unless는 if not의 의미이기 때문에
        unless 뒤에 과거시제 finished가 위치하게 되면 가정법 과거가
        되어 주절에 조동사의 과거형이 쓰여야 하므로 (c)는 오답이다.

어휘   previous 이전의, 과거의 receive ~을 받다 formal 정식의,
        공식적인 contract 계약(서) officially 공식적으로, 정식으로
        hire ~을 고용하다 mandatory 의무적인 probationary
        period 수습 기간 not A until B: B해서야 (비로소) A하다
        since ~이후로, ~때문에 unless ~하지 않는다면, ~가 아니라면
        as long as ~하는 한

22. 가정법 과거

정답   (a)

단서   If ~ included

해석   세계에서 가장 아름다운 사원들 중 일부는 산 꼭대기에 위치해 있
        다. 이 사원들 대부분은 가파르고 바위 투성이의 지형으로 인해 방
        문하기 너무 어렵다. 그곳들이 쉽게 접근할 수 있는 통행로를 포함
        한다면, 아마 관광객들이 그곳으로 찾아갈 수 있을 것이다.

해설   동사 travel의 알맞은 형태를 고르는 문제이다. If절의 동사가 가
        정법 과거를 나타내는 과거시제(included)일 때, 주절의 동사는
        「would/could/might + 동사원형」과 같은 형태가 되어야 알맞
        으므로 (a) could probably travel이 정답이다.

어휘   temple 사원, 절 be located 위치해 있다 peak 꼭대기, 정상
        too A to 동사원형: ~하기엔 너무 A한 steep 가파른 rocky
        바위투성이의, 바위로 된 terrain 지형 include ~을 포함하다
        accessible 접근할 수 있는, 이용할 수 있는

23. 당위성을 나타내는 동사원형

정답   (d)

단서   it is important that

해석

해석   일부 자선 단체들은 사람들에게 멸종 위기에 처한 동물 종을 "입
        양"할 수 있는 특권을 제공한다. 하지만, 이 동물들이 항상 제대로
        보살펴지지는 않는다는 것을 일반 사람들이 유의하는 것이 중요
        하다.

해설   be동사와 형용사 aware가 함께 쓰인 be aware의 알맞은 형태
        를 고르는 문제이다. 빈칸은 「it is ~ that절」 구조로 된 가주어/
        진주어 문장에서 진주어 역할을 하는 that절의 동사 자리인데,
        that 앞에 important와 같이 필수/의무/중요성 등을 나타내는
        형용사가 쓰이면 that절의 동사로 동사원형만 사용하므로 (d) be
        aware가 정답이다.

어휘   charitable 자선의, 자선을 베푸는 organization 단체, 기관
        offer A B: A에게 B를 제공하다 privilege 특권, 특전 adopt
        ~을 입양하다, 채택하다 endangered 멸종 위기에 처한 species
        (동식물) 종 be aware that ~임에 유의하다, ~임을 인식하다
        care for ~을 보살피다 properly 제대로, 적절히

24. 시제 – 현재진행

정답   (b)

단서   Currently

해석   스테판의 조경 작업 제안서는 시청 바깥쪽에 있는 공원의 외관을
        개선하는 것을 목표로 한다. 현재, 그는 장미와 모란으로 구성되는
        화단들의 배치를 고안하고 있다.

해설   동사 design의 알맞은 형태를 고르는 문제이다. 빈칸 바로 앞에
        위치한 Currently가 '현재, 지금'이라는 의미를 나타내어 현재 일
        시적으로 진행되는 일을 뜻하는 현재진행시제 동사와 어울려 쓰
        이므로 (b) is designing이 정답이다.

어휘   landscaping 조경 proposal 제안(서) aim to 동사원형:
        ~하는 것을 목표로 하다 improve ~을 개선하다, 향상시키다
        appearance 외관, 겉모습 currently 현재 layout 배치(도)
        flowerbed 화단 consist of ~으로 구성되다 peony 모란, 작약

25. 조동사

정답   (c)

단서   today

해석   딜런 씨는 치과 예약 때문에 일찍 퇴근할 것인지, 아니면 회사의
        새 고객들을 만나기 위해 사무실에 머물러 있을 것인지 결정하지
        못했다. 그 회의가 내일로 연기되었다는 말은 들은 후, 그는 치과
        의사에게 오늘 예약 시간에 갈 것이라고 알렸다.

해설   문장의 의미에 어울리는 조동사를 고르는 문제이다. 빈칸이 속
        한 that절은 After절에 포함된 과거시제 동사(heard, was
        postponed)를 통해 과거에 회의가 연기된 사실을 들은 후에 치
        과 예약 시간에 맞춰 가기로 결정한 사항을 나타낸다. 따라서, 그
        결정을 통보한 시점을 가리키는 동일한 과거시제 동사 informed
        보다 미래 시점의 일로서, 문맥상 today에서 언급하는 시점은 말
        하는 시점보다 더 미래의 시점이므로 미래시제를 나타낼 수 있는
        조동사 (c) will이 정답이다.

어휘   whether to 동사원형: ~할 것인지 dental 치과의, 치아의
        appointment 예약, 약속 postpone ~을 연기하다, 미루다
        inform A that~ A에게 ~라고 알리다 attend ~에 가다, 참석하다

26. 준동사 – to부정사

정답 　(b)

단서 　many advertising agencies were forced

해석 　2014년에 이탈리아의 여러 옥외 광고판에 게시된 한 여성 속옷 광
　　　고가 논란을 초래했다. 이 광고는 도로 교통 사고의 증가에 대한
　　　원인으로 여겨졌으며, 많은 광고 대행사들이 어쩔 수 없이 그 광고
　　　를 제거해야 했다.

해설 　동사 remove의 알맞은 형태를 고르는 문제이다. 빈칸 앞에 위
　　　치한 수동태 동사 be forced는 to부정사와 결합해 '어쩔 수 없
　　　이 ~하다, 강제로 ~하게 되다'와 같은 의미를 나타내므로 (b) to
　　　remove가 정답이다. 이때, (d) to have removed와 같은 완료
　　　부정사의 형태는 사용하지 않는다. 이렇게 수동태(be p.p.) 뒤에
　　　빈칸이 있는 경우 to부정사가 정답인 경우가 많다.

어휘 　advertisement 광고(= ad) display ~을 게시하다, 진열하다
　　　billboard 옥외 광고판 cause ~을 초래하다, 야기하다
　　　controversy 논란 be blamed for ~에 대한 원인으로 여겨지다,
　　　~으로 비난받다 increase in ~의 증가 advertising agency
　　　광고 대행사 be forced to 동사원형: 어쩔 수 없이 ~하다, 강제로
　　　~하게 되다 remove ~을 제거하다, 없애다

TEST 5 | 정답 및 문제 유형

1. (b) 가정법	2. (c) 준동사	3. (a) 시제	4. (d) 관계사절
5. (d) 당위성	6. (c) 가정법	7. (a) 접속부사	8. (d) 시제
9. (b) 준동사	10. (a) 가정법	11. (c) 준동사	12. (d) 당위성
13. (d) 준동사	14. (b) 시제	15. (a) 준동사	16. (a) 조동사
17. (d) 가정법	18. (b) 시제	19. (b) 관계사절	20. (a) 시제
21. (c) 가정법	22. (d) 준동사	23. (c) 시제	24. (b) 접속사
25. (d) 가정법	26. (a) 조동사		

1. 가정법 과거

정답 (b)

단서 If ~ weren't

해석 마커스는 자주 나에게 자신의 친구들과 함께 외식하러 가자고 한다. 난 항상 회사 일로 정말 바쁘기 때문에 그의 초대를 전혀 수락하지 못한다. 분명히, 내가 그렇게 일에 시달리지 않는다면, 그들과 함께 저녁 식사를 할 것이다.

해설 동사 have의 알맞은 형태를 고르는 문제이다. if절의 동사가 가정법 과거를 나타내는 과거시제(were)일 때, 주절의 동사는 「would/could/might + 동사원형」과 같은 형태가 되어야 알맞으므로 (b) would have가 정답이다.

어휘 ask A to 동사원형: A에게 ~하도록 부탁하다, 요청하다 accept ~을 수락하다, 받아들이다 invitation 초대(장) for sure 분명히, 확실히 overworked 일에 시달리는, 혹사당하는

2. 준동사 – 동명사

정답 (c)

단서 prevents

해석 공사장 인부들에게 항상 안전모와 보호 안경을 착용하도록 요구하는 것은 건설 현장에서 작업하는 모든 사람들의 안전을 보장하는 데 필수적이다. 이 규정은 심각한 부상으로 이어질 수 있는 상황과 맞닥뜨리는 것을 방지해준다.

해설 동사 encounter의 알맞은 형태를 고르는 문제이다. 빈칸 앞에 현재시제로 쓰여 있는 동사 prevent는 동명사를 목적어로 취하므로 (c) encountering이 정답이다. 이때, (b) having encountered와 같은 완료동사의 형태는 사용하지 않는다.

어휘 require that ~하도록 요구하다, 요청하다 at all times 항상 necessary 필수적인, 필요한 ensure ~을 보장하다, 확실히 해두다 regulation 규정, 규제 prevent ~을 방지하다, 막다 lead to ~로 이어지다 encounter ~와 맞닥뜨리다, ~에 직면하다

3. 시제 – 과거완료진행

정답 (a)

단서 for decades, until it was

해석 피츠버그의 여러 공장 소유주들은 한때 무거운 처벌에 대한 위험을 감수하면서도 불법적으로 폐기물을 처리했다. 폐기물 처리 수수료를 지불하는 것을 피하기 위해, 이들은 근처의 강에 폐기물을 내다버리곤 했다. 이러한 관행은 보건 감독관들에 의해 발각되기 전까지 수십 년 동안 지속되었다.

해설 동사 continue의 알맞은 형태를 고르는 문제이다. 빈칸 뒤에 위치한 until절에 과거시제 동사(was detected)으로 과거 시점에 발각된 사실이 쓰여 있으므로 주절의 동사인 빈칸은 그 과거 시점보다 더 이전의 과거에 수십 년 동안(for decades) 그 관행이 지속되었다는 의미가 되어야 자연스럽다. 이렇게 특정 과거 시점보다 더 이전의 과거에 발생된 일은 과거완료시제 또는 과거완료진행시제로 나타내므로 (a) had been continuing이 정답이다.

어휘 once (과거에) 한때 dispose of ~을 처리하다, 처분하다 illegally 불법적으로 despite ~에도 불구하고 risk ⓥ ~에 대한 위험을 감수하다 avoid -ing ~하는 것을 피하다 disposal 처리, 처분 used to 동사원형: (전에) ~하곤 했다 dump ~을 내버리다 practice 관행, 관례 decade 10년 detect ~을 발견하다, 감지하다 health inspector 보건 감독관, 위생 조사관 continue 지속되다, 계속되다

4. 관계사절

정답 (d)

단서 the fresco scenes, (사물 선행사와 콤마)

해석 세계에서 가장 유명한 프레스코화들 중 몇몇은 바티칸 궁전에 있는 시스티나 성당에서 발견되었다. 그 연대에도 불구하고, 프레스코화에 담긴 구약 성서의 장면들은, 500년도 더 이전에 그려진 것인데, 오늘날에도 여전히 훌륭한 상태이다.

해설 명사구 the fresco scenes from Old Testament를 수식할 관계사절로 알맞은 것을 고르는 문제이다. 빈칸 앞에 위치한 the fresco scenes from Old Testament가 사물 명사이므로 사물 명사를 수식할 수 있으면서 주어와 동사 사이에 콤마와 함께 삽입되는 절을 이끌 수 있는 관계사 which로 시작되는 (d) which were painted가 정답이다. (b)의 that은 콤마와 함께 삽입되는 구조에 쓰일 수 없으므로 오답이다.

어휘 renowned 유명한 fresco 프레스코화(벽화의 일종) despite ~에도 불구하고 Old Testament 구약 성서 in excellent condition 훌륭한 상태인

5. 당위성을 나타내는 동사원형

정답 (d)

단서 it is advisable that

해석 체스 두는 법을 배우는 사람은 복잡한 전략들을 피하지 말아야 한다. 다방면에 걸쳐 더 나은 선수가 되려면 역사적인 경기들을 공부하고 부지런히 연습함으로써 이러한 전략들을 습득하는 것이 좋다.

해설 동사 acquire의 알맞은 형태를 고르는 문제이다. 빈칸은 「it is ~ that절」 구조로 된 가주어/진주어 문장에서 진주어 역할을 하는 that절의 동사 자리인데, that 앞에 advisable과 같이 권고/필수/의무/중요성 등을 나타내는 형용사가 쓰이면 that절의 동사는 조동사 should 없이 동사원형으로 당위성을 나타내므로 선택지 중에 동사원형인 (d) acquire가 정답이다.

어휘 avoid ~을 피하다 complex 복잡한 strategy 전략 it is advisable that ~하는 것이 좋다, 권장되다 by (방법) ~함으로써, ~해서 historical 역사적인 match 경기, 시합 practice 연습하다 diligently 부지런히, 성실히 acquire ~을 습득하다, 얻다

6. 가정법 과거완료

정답 (c)

단서 If ~ had known

해석 서섹스 지역의 한 여성이 경매에서 판매하던 화병의 진정한 가치를 알지 못해 50만 파운드를 벌 수 있는 기회를 놓쳤다. 이 여성이 그 화병의 역사적 중요성에 관해 알고 그것을 분명히 알렸다면, 입찰자가 그녀에게 더 높은 액수를 제안했을 것이다.

해설 동사 offer의 알맞은 형태를 고르는 문제이다. If절의 동사가 had known과 같이 가정법 과거완료를 나타내는 「had p.p.」일 때, 주절의 동사는 「would/could/might + have p.p.」와 같은 형태가 되어야 알맞으므로 (c) would have offered가 정답이다.

어휘 miss ~을 놓치다, 지나치다 opportunity 기회 earn ~을 벌다, 얻다 be unaware of ~을 알지 못하다 auction 경매(장) declare ~을 분명히 말하다, 공표하다 historical 역사적인 significance 중요성 bidder 입찰자 amount 액수, 금액 offer A B: A에게 B를 제안하다, 제공하다

7. 접속부사

정답 (a)

해석 1990년대에 컴팩트 디스크는 녹음된 음악에 대해 단연 가장 인기 있는 수단이었기 때문에, 음악 판매의 90퍼센트를 넘게 차지했다. 하지만, 처음 MP3 플레이어들이 출시되었을 때 그 인기가 빠르게 감소했다.

해설 빈칸에 알맞은 접속부사를 고르는 문제이므로 앞뒤 문장들의 의미 관계를 확인해야 한다. 빈칸 앞에는 컴팩트 디스크가 1990년대에 큰 인기를 얻었고 음악 판매의 90퍼센트 이상을 차지했다는 내용이 언급되어 있다. 그리고 빈칸 뒤에는 MP3 플레이어로 인해 컴팩트 디스크의 인기가 빠르게 감소한 사실이 각각 쓰여 있다. 이는 컴팩트 디스크의 인기가 대조적인 상황을 말하는 의미 관계에 해당하므로 '하지만, 그러나'라는 뜻으로 대조 또는 반대를 나타낼 때 사용하는 (a) However가 정답이다.

어휘 by far (비교급, 최상급 강조) 단연, 훨씬 medium 수단, 매체 account for (비율 등) ~을 차지하다 sales 판매, 영업, 매출 popularity 인기 decrease 감소하다, 줄어들다 launch ~을 출시하다, 공개하다 however 하지만, 그러나 instead 대신 moreover 더욱이, 게다가 finally 결국, 마침내, 마지막으로

8. 시제 - 현재진행

정답 (d)

단서 at the moment

해석 샌디는 7월에 바이런 베이를 방문할 예정이며, 라구나 리조트에 머물기를 바라고 있다. 이 리조트가 보통 여름에 아주 바쁘기 때문에, 그녀는 다른 곳에서 머무를 필요가 없도록 확실히 해두기 위해 지금 객실을 예약하고 있다.

해설 동사 reserve의 알맞은 형태를 고르는 문제이다. 빈칸 뒤에 위치한 at the moment가 '지금, 현재'라는 의미를 나타내어 현재 일시적으로 진행되는 일을 뜻하는 현재진행시제 동사와 어울려 쓰이므로 (d) is reserving이 정답이다. 현재시제인 (a) reserves는 일반적으로 반복되는 일이나 불변하는 사실 등을 나타내므로 at the moment와 어울리지 않으므로 오답이다.

어휘 since ~하기 때문에, ~한 이후로 normally 보통, 일반적으로 at the moment 지금, 현재 ensure that ~임을 확실히 해두다, 보장하다 won't have to 동사원형: ~할 필요가 없을 것이다 elsewhere 다른 곳에서 reserve ~을 예약하다

9. 준동사 - to부정사

정답 (b)

단서 places

해석 '뮤지컬 체어스'는 음악이 멈출 때까지 사람들이 줄지어 놓인 의자들을 빙 둘러 달리는 게임이다. 그런 다음, 한 사람이 서 있는 채로 남겨져 게임에서 탈락되기 전에 참가자들이 반드시 앉을 자리를 찾아야 한다.

해설 동사 sit의 알맞은 형태를 고르는 문제이다. 빈칸 앞에 복수로 쓰여 있는 명사 place는 to부정사의 수식을 받아 '~하는 자리/곳/장소'와 같은 의미를 나타내며, 특히 '앉을 자리'를 뜻할 때 a place to sit과 같이 표현하므로 (b) to sit이 정답이다.

어휘   row 줄, 열   until (지속) ~할 때까지   participant 참가자   left -ing ~하는 채로 남겨진   eliminate ~을 탈락시키다, 없애다

10. 가정법 과거완료

정답   (a)

단서   **If ~ had seen**

해석   피오나는 어제 식중독에 걸렸다. 남동생은 피오나가 날짜가 지난 닭 가슴살을 신선하다고 생각해 실수로 먹었다고 말했다. 그녀가 유통기한을 보기만 했어도, 일주일 내내 침대에 누워 시간을 보내지 않았을 것이다.

해설   동사 spend의 알맞은 형태를 고르는 문제이다. If절의 동사가 had seen과 같이 가정법 과거완료를 나타내는 「had p.p.」일 때, 주절의 동사는 「would/could/might + have p.p.」와 같은 형태가 되어야 알맞으므로 (a) wouldn't have spent가 정답이다.

어휘   give oneself food poisoning 식중독에 걸리다   mistakenly 실수로, 잘못하여   out-of-date 날짜가 지난   chiken breast 닭가슴살   expiration date 유통기한   spend A -ing: ~하면서 A의 시간을 보내다

11. 준동사 - 동명사

정답   (c)

단서   **promote**

해석   많은 기업들이 2022년 이후로 새로운 직원 모집 전략들을 계속 채택해오고 있다. 이 접근 방식들은 아주 다양한 문화적 배경을 지닌 다양한 직원들을 고용하는 것을 촉진한다. 예를 들어, 회사들은 모든 인종이 고르게 대표되도록 보장하기 위해 애쓰고 있다.

해설   동사 hire의 알맞은 형태를 고르는 문제이다. 빈칸 앞에 현재시제로 쓰여 있는 동사 promote은 동명사를 목적어로 취하므로 (c) hiring이 정답이다. 이때, (a) having hired와 같은 완료동명사의 형태는 사용하지 않는다.

어휘   adopt ~을 채택하다   recruitment 직원 모집   strategy 전략   approach 접근 방식   promote ~을 촉진하다, 활성화하다   a wide variety of 아주 다양한   strive to 동사원형: ~하기 위해 애쓰다   ensure that ~하도록 보장하다, ~임을 확실히 해두다   ethnicity 인종, 민족   represent ~을 대표하다, 대리하다

12. 당위성을 나타내는 동사원형

정답   (d)

단서   **it is crucial that**

해석   접질린 발목은 제대로 치료 받으면 더 빨리 나을 수 있다. 우선, 영향을 받은 부위에 걸쳐 얼음 팩을 대고 있는 것이 아주 중요하다. 그런 다음, 약 15분 후에, 의료용 붕대로 발목을 단단히 감싸준다.

해설   수동태 be applied의 알맞은 형태를 고르는 문제이다. 빈칸은 「it is ~ that절」 구조로 된 가주어/진주어 문장에서 진주어 역할을 하는 that절의 동사 자리인데, that 앞에 crucial과 같이 필수/의무/중요성 등을 나타내는 형용사가 쓰이면 that절은 조동사 should 없이 동사원형으로 당위성을 나타내므로 수동태 동사원형인 (d) be applied가 정답이다.

어휘   twisted ankle 접질린 발목   heal 낫다, 치유되다   treat 치료하다, 처치하다   properly 제대로, 적절히   crucial 아주 중요한, 중대한   affect ~에 영향을 미치다   tightly 단단히, 꽉   bandage 붕대   apply ~을 갖다 대다, 바르다, 적용하다

13. 준동사 - to부정사

정답   (d)

단서   **in efforts**

해석   지난 달에, 서울에 있는 한 지역 극장이 공연 중에 어떤 방해도 받지 않도록 보장하려는 노력으로 새로운 규정을 발표했다. 이 새 정책은 관객에게 극장 내부로 외부 음식과 음료를 반입하지 않도록 요구한다.

해설   동사 ensure의 알맞은 형태를 고르는 문제이다. 빈칸 앞에 위치한 in efforts는 to부정사와 함께 쓰여 '~하려는 노력으로'라는 의미를 나타낸다. 여기서 to부정사는 앞에 위치한 명사 efforts를 수식하는 형용사적 용법으로 쓰인다. 따라서 정답은 (d)이다. 이때 문장의 동사인 announced보다 앞선 시제를 나타내는 「to have p.p.」 형태의 완료부정사는 의미상 어울리지 않으므로 (a)는 오답이다.

어휘   local 지역의, 현지의   distraction 지장, 방해   policy 정책   require that ~하도록 요구하다   audience 관객, 청중, 시청자들   in efforts to 동사원형: ~하려는 노력으로   ensure (that) ~임을 보장하다, ~임을 확실히 해두다

14. 시제 - 미래진행

정답   (b)

단서   **once ~ becomes**

해석   풍력 발전용 터빈은 작동되기 위해 전력 공급을 필요로 하지 않는다. 바람이 터빈들을 움직일 정도로 충분히 강해지는 대로 날개들이 지속적으로 돌게 될 것이다.

해설   동사 turn의 알맞은 형태를 고르는 문제이다. 빈칸 뒤에 접속사 once가 이끄는 절이 쓰여 있는데, once처럼 시간이나 조건을 나타내는 절에 현재시제 동사(becomes)가 쓰이면 주절의 동사는 미래시제 또는 미래진행시제가 되어야 하므로 미래진행시제인 (b) will be turning이 정답이다.

어휘   wind turbine 풍력 발전용 터빈   require ~을 필요로 하다   electrical power 전력   supply 공급   in order to 동사원형: ~하기 위해   function 작동되다, 기능하다   blade 날, 날개   constantly 지속적으로   once ~하는 대로, ~하자마자   enough to 동사원형: ~할 정도로 충분히

15. 준동사 - to부정사

정답   (a)

단서   **wooden structures** (명사)

해석   주택 소유자들은 집에 흰개미가 있을 경우에 항상 적절한 조치를 취해야 한다. 사람에게 해로운 어떤 질병도 옮기지는 않지만, 이 곤충은 갉아먹을 목재 구조물을 찾는데, 이는 집의 구조적 안정성을 손상시킨다.

해설　동사 gnaw의 알맞은 형태를 고르는 문제이다. 명사구 wooden structures를 뒤에서 수식해 '갉아먹을 목재 구조물'이라는 의미가 되어야 자연스러운데, 이는 to부정사의 형용사적 용법으로, to부정사 앞에 위치한 명사가 의미상 to부정사의 목적어와 같은 역할을 할 때 '~할'이라는 의미로 해석한다. 따라서 to부정사인 (b) to gnaw가 정답이다. 참고로, 분사(-ing)도 명사를 뒤에서 수식할 수 있지만, (c) gnawing과 같은 현재분사가 명사를 뒤에서 수식하려면 수식 받는 명사가 일종의 주어와 같은 역할(gnaw의 행위 주체)을 해야 하는데, wooden structures가 gnaw의 행위 주체일 수 없으므로 오답이다.

어휘　take action 조치를 취하다　appropriate 적절한, 알맞은　termite 흰개미　carry a disease 질병을 옮기다　harmful 해로운　insect 곤충　structure 구조(물)　damage ~에 피해를 끼치다, 손상시키다　integrity 완전함, 온전함　gnaw ~을 갉아먹다

16. 조동사

정답　(a)

해석　어느 목적지로든 차를 운전해서 갈 때, 배송 기사는 효율적으로 경로를 계획하기 위해 항상 위성 내비게이션 시스템을 이용해야 한다. 이 유익한 기기를 이용하는 것은 이동 시간을 상당히 줄여줄 수 있다.

해설　문장의 의미에 어울리는 조동사를 고르는 문제이다. 배송기사가 위성 내비게이션 시스템을 이용해야 한다는 내용이 앞문장에 언급되어 있고, 빈칸이 포함된 문장이 '이 유익한 기기를 이용하는 것이 이동 시간을 상당히 줄인다'라는 내용이므로 문맥상 해당 문장은 '기기 이용이 이동 시간을 줄일 수 있다'라는 의미가 되는 것이 자연스럽다. 따라서 '~할 수 있다'라는 뜻으로 가능성이나 능력 등을 의미하는 (a) can이 정답이다. 배송기사가 위성 내비게이션 시스템을 항상 이용해야 한다는 의무의 내용이 이미 언급되어 있고, 해당 문장의 주어는 '기기 이용'이라는 동명사구이므로 의무나 확신을 나타내는 (b) must는 오답이다. 또한 '~할지도 모른다'라는 추측의 의미를 나타내는 (d) might 또한 앞문장과 해당 문장의 의미에 어울리지 않으므로 오답이다.

어휘　destination 목적지, 여행지　satellite 위성　route 경로, 노선　efficiently 효율적으로　beneficial 유익한, 이로운　device 기기, 장치　significantly 상당히, 많이　reduce ~을 줄여주다, 감소시키다

17. 가정법 과거

정답　(d)

단서　If ~ did not have

해석　레베카는 프랭크의 생일 파티에 집에서 만든 당근 아몬드 케이크를 가져갔다. 하지만, 그녀는 그가 견과류에 알레르기가 있다는 사실을 알지 못했다. 프랭크에게 음식 알레르기가 있지만 않아도, 그는 그 디저트를 즐길 것이다.

해설　동사 enjoy의 알맞은 형태를 고르는 문제이다. If절의 동사가 가정법 과거를 나타내는 과거시제(did not have)일 때, 주절의 동사는 「would/could/might + 동사원형」과 같은 형태가 되어야 알맞으므로 (d) would enjoy가 정답이다.

어휘　however 하지만, 그러나　be aware that ~임을 알고 있다,

인지하다　be allergic to ~에 알레르기가 있다

18. 시제 – 미래완료진행

정답　(b)

단서　by the time it turns

해석　설립된 이후로, 영국 영화 텔레비전 예술 아카데미(BAFTA)는 BAFTA 영화 시상식을 계속 주최해오고 있다. 이 단체가 설립 75주년이 될 때쯤이면 1,000개가 넘는 상을 시상하게 될 것이다.

해설　동사 present의 알맞은 형태를 고르는 문제이다. 빈칸 뒤에 「by the time + 주어 + 현재시제동사(turns)」의 구조로 된 절이 쓰여 있는데, by the time이 이끄는 절에 현재시제동사가 쓰이면 주절에 미래완료시제 또는 미래완료진행시제로 된 동사가 함께 쓰여야 하므로 선택지 중 미래완료진행시제인 (b) will have been presenting이 정답이다. 참고로, by the time이 이끄는 절의 동사가 과거시제이면 주절에 과거완료시제로 된 동사가 함께 쓰여야 한다.

어휘　found ~을 설립하다　host ~을 주최하다　organization 단체, 기관　by the time ~할 때쯤이면　turn (나이, 시기 등) ~이 되다　present ~을 주다, 제공하다

19. 관계사절

정답　(b)

단서　protein chains (사물 선행사)

해석　거미줄은 그 강도와 내구성으로 알려져 있다. 거미줄은 튜브 같은 방식으로 견고하게 연결되는 단백질 사슬로 만들어진 망으로 구성되어 있다. 이 거미줄은 복잡한 거미집과 다른 구조물들을 짓는 데 이상적이다.

해설　명사 protein chains를 뒤에서 수식할 관계사절로 알맞은 것을 고르는 문제이다. 빈칸 앞에 위치한 protein chains가 사물 명사이므로 사물 명사를 수식할 수 있는 which 또는 that이 이끄는 절 중에서 하나를 골라야 하는데, 이 둘은 모두 불완전한 절을 이끌어야 하므로 that 뒤에 주어가 빠진 불완전한 절이 이어지는 (b) that are firmly connected가 정답이다. (a) which they are firmly connected는 which 뒤에 주어 they와 동사 are connected로 구성된 수동태의 완전한 절이 이어져 있으므로 오답이다.

어휘　spider silk 거미줄　be known for ~로 알려져 있다　durability 내구성　consist of ~로 구성되다　protein 단백질　arrangement 방식, 배치, 정리, 마련　ideal 이상적인　complex 복잡한　structure 구조(물)　firmly 견고하게, 단단히, 확고하게

20. 시제 – 과거진행시제

정답　(a)

단서　when a music producer heard ~ and offered

해석　에드 시런은 세계적으로 유명한 음반 아티스트가 되기 전에 길거리 가수로 시작했다. 한 음악 프로듀서가 그 소리를 듣고 그에게 즉석에서 음반 녹음 계약을 제안했을 때 그는 지하철 역에서 기타를 연주하고 있었다.

해설 동사 play의 알맞은 형태를 고르는 문제이다. 빈칸 뒤에 과거시제 동사(heard와 offered)를 포함한 when절이 쓰여 있어 이 when절이 가리키는 과거 시점에 기타를 연주하던 일이 일시적으로 진행되던 상황을 나타내야 자연스러우므로 이러한 의미로 쓰이는 과거진행시제 (a) was playing이 정답이다.

어휘 start off as ~로서 시작하다 busker 길거리 가수 offer A B: A에게 B를 제안하다, 제공하다 contract 계약(서) on the spot 즉석에서, 그 자리에서

21. 가정법 과거

정답 (c)

단서 If ~ did not have

해석 난 업무 일정으로 인해 대부분의 저녁 시간에 7시까지 사무실에 머물러 있어야 하기 때문에, 나는 요즘 체육관을 방문하는 것을 어렵게 생각한다. 내가 매일 그렇게 늦게까지 일할 필요가 없다면, 적어도 일주일에 두 번은 체육관에서 운동할 것이다.

해설 동사 work out의 알맞은 형태를 고르는 문제이다. If절의 동사가 가정법 과거를 나타내는 과거시제(did not have)일 때, 주절의 동사는 「would/could/might + 동사원형」과 같은 형태가 되어야 알맞으므로 (c) would work out이 정답이다.

어휘 A require B to 동사원형: A로 인해 B가 ~해야 하다, A가 B에게 ~하도록 요구하다 find it 형용사 to 동사원형: ~하는 것을 …하게 생각하다 at least 적어도, 최소한 work out 운동하다

22. 준동사 – 동명사

정답 (d)

단서 try

해석 레몬 머랭 파이는 집에서 만드는 것이 놀라울 정도로 어려운 맛있는 디저트이다. 실제로, 장차 제빵사가 되고자 하는 많은 사람들이 이 파이를 좋아해서 각자의 주방에서 시험삼아 한번 구워 보기는 하지만, 그 결과물은 흔히 실망스럽다.

해설 동사 bake의 알맞은 형태를 고르는 문제이다. 빈칸 앞에 현재시제로 쓰여 있는 동사 try는 「try + to부정사(~하도록 노력하다)」 또는 「try + 동명사(시험삼아 한번 ~해보다)」와 같이 쓰이는데, 문맥상 파이를 시험삼아 한번 구워 보았으나 그 결과는 실망스러웠다는 내용이 자연스럽게 이어지므로 동명사 (d) baking이 정답이다. 참고로, 빈칸에 to try가 위치하면, 파이를 좋아하는 사람들이 하나의 파이를 굽기 위해서 노력했다는 내용이 되어 그 뒤에 '그러나'라는 의미를 나타내는 역접의 접속사 but 뒤에는 '(노력했으나) 파이를 굽지 못했다'라는 내용이 이어져야 적절하다.

어휘 surprisingly 놀라울 정도로 in fact 실제로, 사실 aspiring 장차 ~가 되려는 be fond of ~을 좋아하다 result 결과(물) disappointing 실망시키는

23. 시제 – 현재완료진행

정답 (c)

단서 since then

해석 보라카이는 필리핀에서 오랫동안 관광객들에게 인기 있는 여행지였던 경치 좋은 섬이다. 안타깝게도, 그곳 정부에서 2018년에 그 섬을 폐쇄했고, 그 이후로 어떤 관광객도 그 섬을 방문하지 않고 있다.

해설 동사 visit의 알맞은 형태를 고르는 문제이다. 빈칸 뒤에 위치한 since then에서 then은 앞서 언급된 2018년을 가리키므로 현재완료진행시제와 함께 쓰이는 기간 표현인 「since + 과거시점」이 쓰여 있음을 알 수 있다. 따라서 정답은 현재완료진행시제인 (c) hasn't been visiting이다.

어휘 scenic 경치 좋은 destination 여행지, 목적지 unfortunately 안타깝게도, 유감스럽게도 since then (앞서 언급된 특정 시점에 대해) 그 이후로

24. 접속사

정답 (b)

해석 가상 현실(VR)은 가상 세계를 보여주는 고급 헤드셋과 동작 감지 장치들을 수반한다. 이 기술은 사용자들이 마치 컴퓨터가 만들어낸 세상 속을 누비고 다니는 듯한 느낌이 들게 만든다.

해설 문장의 의미에 어울리는 접속사를 고르는 문제이다. 빈칸이 속한 문장을 읽어보면, '마치 컴퓨터가 만들어낸 세상 속을 누비고 다니는 듯한 느낌이 들게 만든다'와 같은 의미가 되어야 자연스러우므로 '마치 ~인 듯한'을 뜻하는 (b) as if가 정답이다.

어휘 Virtual Reality 가상 현실 involve ~을 수반하다, ~와 관련되다 advanced 고급의, 진보한 motion-sensitive 동작을 감지하는 device 장치, 기기 make A 동사원형: A를 ~하게 만들다 computer-generated 컴퓨터가 만들어낸 although 비록 ~이기는 하지만, ~임에도 불구하고 as if 마치 ~인 듯한 unless ~하지 않는다면, ~가 아니라면 while ~하는 동안, ~인 반면

25. 가정법 과거완료

정답 (d)

단서 had more people watched

해석 세릴은 항상 친구들에게 벤 휘틀리의 영화들을 보라고 권했다. 그녀는 더 많은 사람들이 휘틀리의 영화를 봤다면, 그가 세계 최고의 감독들 중 한 명으로 여겨졌을 것이라고 생각했다.

해설 동사 consider의 알맞은 형태를 고르는 문제이다. 빈칸 뒤에 위치한 「had + 주어 + p.p.」는 가정법 과거완료 문장의 if절에서 if가 생략되고 had가 주어 앞으로 이동하면서 도치된 구조이다. 따라서, 빈칸에 가정법 과거완료 문장의 if절과 연결되는 절에 쓰이는 「would/could/might + have p.p.」와 같은 형태로 된 동사가 쓰여야 알맞으므로 (d) would have considered가 정답이다.

어휘 encourage A to 동사원형: A에게 ~하도록 권하다, 장려하다 be considered as ~로 여겨지다

26. 조동사

정답 (a)

해석 금붕어는 깨끗한 물, 그리고 쓰레기가 없는 환경을 필요로 한다. 실제로, 이틀 동안 교체하지 않은 물조차 이 물고기에게 해로울 수 있다. 산소 발생기를 설치하는 것이 도움이 될지도 모르지만, 이 물

고기의 배설물을 정화시켜 주지는 않는다.

해설   문장의 의미에 어울리는 조동사를 고르는 문제이다. 빈칸 뒤에 위치한 대조 또는 반대를 나타내는 접속사 but이 이끄는 절을 읽어 보면, 산소 발생기의 부정적인 측면이 쓰여 있다. 따라서, 빈칸이 속한 주절은 그와 반대로 도움이 될 가능성과 관련된 의미가 되어야 자연스러우므로 '~할지도 모르다, ~일 수도 있다'와 같은 뜻으로 낮은 가능성이나 추측 등을 나타낼 때 사용하는 (a) might이 정답이다. 빈칸 뒤에 접속사 but으로 이어지는 부정적인 내용으로 인해 '~임에 틀림없다'라는 확신의 의미를 나타내는 (b)는 어울리지 않는다.

어휘   require ~을 필요로 하다 free from ~가 없는 in fact 실제로, 사실 harmful 해로운 install ~을 설치하다 generator 발생기, 발생시키는 것 excrement 배설물

01회
02회
03회
04회
05회
06회
07회
08회
09회
10회
11회
12회

TEST 6 | 정답 및 문제 유형

1. (a) 당위성	2. (c) 준동사	3. (b) 조동사	4. (d) 시제
5. (a) 가정법	6. (d) 준동사	7. (c) 관계사	8. (b) 시제
9. (d) 가정법	10. (a) 당위성	11. (c) 시제	12. (b) 접속부사
13. (b) 가정법	14. (c) 준동사	15. (a) 시제	16. (d) 준동사
17. (c) 가정법	18. (d) 조동사	19. (a) 가정법	20. (d) 시제
21. (c) 준동사	22. (d) 시제	23. (b) 준동사	24. (a) 접속사
25. (d) 가정법	26. (c) 관계사절		

1. 당위성을 나타내는 동사원형

정답 (a)

단서 is urging that

해석 관광 명소 두 곳을 방문한 후, 우리 투어 버스가 고장 났다. 기사님께서 승객들에게 버스가 수리되는 대로 출발할 준비가 되도록 자리에 그대로 앉아 있으라고 적극 권하고 계신다.

해설 동사 remain의 알맞은 형태를 고르는 문제이다. 빈칸은 동사 is urging의 목적어 역할을 하는 that절의 동사 자리인데, urge와 같이 주장/요구/명령/제안 등을 나타내는 동사의 목적어 역할을 하는 that절은 조동사 should 없이 동사원형으로 당위성을 나타내므로 (a) remain이 정답이다.

어휘 tourist attraction 관광 명소 break down 고장 나다 urge that ~하라고 적극 권하다, 촉구하다 as soon as ~하는 대로, ~하자마자 repair ~을 수리하다 remain 형용사: 계속 ~한 상태로 있다, ~한 상태를 유지하다

2. 준동사 – 동명사

정답 (c)

단서 recommended

해석 여러 식사 손님들이 헨리 레스토랑에서 식사한 후에 속이 좋지 않은 느낌이라고 알렸지만, 그곳 소유주는 책임을 지지 않았다. 의심스러웠던, 위생 조사관은 철저한 조사를 실시하는 것을 권했다. 결과에 따르면 유통기한이 지난 재료가 사용되고 있었던 것으로 나타났다.

해설 동사 conduct의 알맞은 형태를 고르는 문제이다. 빈칸 앞에 과거시제로 쓰여 있는 동사 recommend는 동명사를 목적어로 취하므로 (c) conducting이 정답이다. 이때, (a) having conducted와 같은 완료동명사의 형태는 사용하지 않는다.

어휘 diner 식사 손님 proprietor 소유주 accept no responsibility 책임을 지지 않다 suspicious 의심스러운, 수상쩍은 inspector 조사관, 점검 담당자 thorough 철저한 investigation 조사 expired 유통기한이 지난, 기간이 만료된 ingredient (음식) 재료, 성분 conduct ~을 실시하다, 수행하다

3. 조동사

정답 (b)

단서 in order to

해석 리자는 최근 행사 기획 대행사에서 새로운 일을 시작했다. 그곳 광고부를 맡기에 앞서, 그녀는 모든 새로운 동료 직원들과 알고 지내기 위해 회사의 다른 책임자들과 먼저 만나봐야 한다.

해설 문장의 의미에 어울리는 조동사를 고르는 문제이다. 문맥의 내용은 리자가 새로운 직장에서 광고부서를 맡기 전에 동료 직원들을 알고 지내기 위해서 다른 매니저들을 먼저 만난다는 내용이다. 빈칸이 포함된 문장에 '~하기 위하여'라는 의미를 나타내는 「in order to + 동사원형」 구문이 있는데, 이 구문이 쓰이면 해당 문장의 동사는 '~해야 한다'라는 의미를 나타내는 것이 자연스럽다. 따라서 문맥상 '동료 직원들을 알고 지내기 위해서 다른 매니저들을 먼저 만나야 한다'라는 의미가 되는 것이 적절하므로 '~해야 한다'라는 충고 및 당위성을 나타내는 조동사 (b) should가 정답이다.

어휘 recently 최근 agency 대행사 take charge of ~을 맡다, ~을 책임지다 be acquainted with ~와 알고 지내다 colleague 동료 (직원)

4. 시제 – 현재진행

정답 (d)

단서 Currently

해석 2010년에 버려진 한 대형 산업 단지가 작년에 길드포드 시의회에 의해 매입되었다. 현재, 도시 기획자들이 이 구역과 건물들을 유흥 구역로 탈바꿈시키기 위해 부활 및 재개발 전략들을 고려하고 있다.

해설 동사 consider의 알맞은 형태를 고르는 문제이다. 빈칸 앞에 위

치한 Currently가 '현재, 지금'이라는 의미를 나타내어 현재 일시적으로 진행되는 일을 뜻하는 현재진행시제 동사와 어울려 쓰이므로 (d) are considering이 정답이다. 현재시제인 (a) consider는 일반적으로 반복되는 일이나 불변하는 사실 등을 나타내므로 오답이다.

어휘 industrial park 산업 단지, 공업 단지 abandon ~을 버리다, 버리고 떠나다 purchase ~을 매입하다, 구입하다 currently 현재 urban 도시의 rejuvenation 부활, 활기 회복 redevelopment 재개발 strategy 전략 convert A into B: A를 B로 탈바꿈시키다, 전환하다 consider ~을 고려하다

5. 가정법 과거완료

정답 (a)

단서 If ~ had been

해석 전기 기술자들이 지하 케이블을 설치하다가 실수로 전력 공급 선을 절단했다. 그 결과, 그 지역 내의 500곳이 넘는 가정에 전기가 끊겼다. 그 기술자들이 더 신중했다면, 정전 문제를 초래하지 않았을 것이다.

해설 동사 cause의 알맞은 형태를 고르는 문제이다. If절의 동사가 had been과 같이 가정법 과거완료를 나타내는 「had p.p.」일 때, 주절의 동사는 「would/could/might + have p.p.」와 같은 형태가 되어야 알맞으므로 (a) would not have caused가 정답이다.

어휘 install ~을 설치하다 accidentally 실수로, 우연히 supply 공급 as a result 그 결과, 결과적으로 lose power 전기가 끊기다 careful 신중한, 조심하는 power cut 정전 cause ~을 초래하다, 야기하다

6. 준동사 – to부정사

정답 (d)

단서 the company carried out a national consumer survey (완전한 절)

해석 MP3 플레이어가 미국에서 화제를 낳기 시작했을 때, 소니 일렉트로닉스는 처음에 그 유행에 대해 회의적이었다. 따라서, 이 회사는 그러한 제품들에 대한 수요가 지속될 것인지 확인하기 위해 전국적인 소비자 설문 조사를 실시했다.

해설 동사 ascertain의 알맞은 형태를 고르는 문제이다. 빈칸 앞에 주어(the company), 동사(carried out), 목적어(a national consumer survey)가 있어 완전한 절을 이루고 있다. 또한, 빈칸에 들어갈 동사 ascertain은 '확인하기 위해'라는 의미를 나타내어 빈칸 이하 부분이 소비자 설문 조사를 실시한 목적을 나타내는 것이 알맞으므로 '~하기 위해'라는 의미로 목적을 나타낼 때 사용하는 to부정사 (d) to ascertain이 정답이다. 동명사는 주로 타동사의 목적어 또는 전치사 뒤에서 목적어 역할을 하므로 (c) ascertaining은 오답이다.

어휘 generate buzz 화제를 낳다 skeptical 회의적인 trend 유행, 동향, 추세 accordingly 따라서, 그에 따라 carry out ~을 실시하다, 수행하다 consumer survey 소비자 설문 조사 demand 수요, 요구 last 지속되다 ascertain ~을 확인하다, 알아내다

7. 관계사절

정답 (c)

단서 heaters (사물 선행사)

해석 그 레스토랑 소유주들은 식사 손님들이 충분히 따뜻하도록 보장하기 위해 옥외 테라스 구역에 놓은 난방 기기를 구입하고 싶어한다. 이들은 편리함을 이유로 전기 대신 연료를 사용하는 난방 기기를 구입할 계획이다.

해설 각 선택지에 포함된 use fuel를 고려해 읽어보면, 빈칸 이하 부분이 빈칸 앞에 위치한 명사 heaters의 특징을 나타낸다는 것을 알 수 있다. 따라서, 빈칸 이하 부분이 heaters를 수식할 관계사절이 되어야 알맞으므로 사물 명사를 수식하는 관계사 that이 이끄는 (c) that use fuel이 정답이다. (a)의 what은 명사를 수식하지 않는 관계대명사이므로 선행사 없이 쓰이기 때문에 오답이며, (d)의 when은 부사절 접속사이므로 명사를 수식하는 역할을 하지 못한다.

어휘 patio 테라스 ensure that ~임을 보장하다, 확실히 해두다 diner 식사 손님 plan on -ing ~할 계획이다 purchase ~을 구입하다, 매입하다 instead of ~ 대신 for reasons of ~을 이유로 convenience 편리함

8. 시제 – 과거진행

정답 (b)

단서 when he decided

해석 콜린은 스페인 여행을 위해 숙박 시설을 검색하기 시작했다. 그는 자신이 확인했던 첫 번째 호텔이 마음에 들었지만, 계속 둘러보기로 정했다. 3시간 후에, 그가 첫 번째 호텔이 최선의 선택이라는 결정을 내렸을 때 그는 여전히 다양한 객실을 비교해보고 있었다.

해설 동사 compare의 알맞은 형태를 고르는 문제이다. 빈칸 뒤에 과거시제 동사(decided)를 포함한 when절이 쓰여 있어 이 when절이 가리키는 과거 시점에 다양한 객실을 비교하는 일이 일시적으로 진행되던 상황을 나타내야 자연스러우므로 이러한 의미로 쓰이는 과거진행시제 (b) was still comparing이 정답이다.

어휘 accommodation 숙박 시설 choose to 동사원형: ~하기로 정하다, 선택하다 keep -ing 계속 ~하다 browse ~을 둘러보다 decide that ~라는 결정을 내리다 compare ~을 비교하다

9. 가정법 과거완료

정답 (d)

단서 If ~ had been

해석 리지는 구직 지원에 필요한 언어 능력 시험을 통과하지 못했다. 공부를 하지 않고, 그녀는 75%라는 필요 점수를 얻지 못했다. 그녀가 조금만 더 열심히 공부하기만 했어도, 분명 합격 점수를 달성했을 것이다.

해설 동사 attain의 알맞은 형태를 고르는 문제이다. If절의 동사가 had been과 같이 가정법 과거완료를 나타내는 「had p.p.」일 때, 주절의 동사는 「would/could/might + have p.p.」와 같은 형태가 되어야 알맞으므로 (d) would have attained가 정답이다.

어휘 language proficiency test 언어 능력 시험 application 지원(서), 신청(서) without -ing ~하지 않고, ~하지 않은 채 fail

심각한 부상이 이 스포츠에서의 조기 은퇴로 이어졌다.

해설   문장 시작 부분에 빈칸이 콤마와 함께 제시되는 경우, 알맞은 접속부사를 고르는 문제이므로 앞뒤 문장들의 의미 관계를 확인해야 한다. 빈칸 앞에는 선수로서 90골 넘게 기록한 사실이, 빈칸 뒤에는 심각한 부상으로 인해 일찍 은퇴한 사실이 각각 쓰여 있다. 앞뒤의 내용이 서로 호응하지 않고 상반된 내용으로 이어져 있으므로 '안타깝게도, 유감스럽게도'라는 뜻으로 뒷문장에서 부정적인 면을 말할 때 사용하는 (b) Unfortunately가 정답이다.

어휘   promising 장래가 촉망되는, 유망한 fulfill ~을 실현시키다, 이행하다, 준수하다, 충족하다 potential 잠재력 injury 부상 lead to ~로 이어지다 retirement 은퇴 specifically 특히, 구체적으로 unfortunately 안타깝게도, 유감스럽게도 therefore 따라서, 그러므로 as a result 그 결과로

10. 당위성을 나타내는 동사원형

정답   (a)

단서   ask that

해석   한 미술품 수집가가 최근에 화가 윌리엄 블레이크의 사라진 그림 한 점을 소유하고 있다고 주장했다. 하지만, 모두가 그것이 블레이크의 작품이라고 확신하지는 않는다. 미술 전문가들은 이 그림의 진위 여부를 확인하기 위해 조사되어야 한다고 요청했다.

해설   수동태 be examined의 알맞은 형태를 고르는 문제이다. 빈칸은 동사 ask의 목적어 역할을 하는 that절의 동사 자리인데, ask와 같이 주장/요청/명령/제안 등을 나타내는 동사의 목적어 역할을 하는 that절의 동사는 조동사 should 없이 동사원형으로 당위성을 나타내므로 수동태 동사원형인 (a) be examined가 정답이다.

어휘   collector 수집가 recently 최근 claim to 동사원형: ~하다고 주장하다 in the possession of ~을 소유하고 있는 however 하지만, 그러나 be convinced (that) ~임을 확신하다 expert 전문가 confirm ~을 확인하다, 확정하다 authenticity 진품임, 진짜임 examine 검사하다, 조사하다

11. 시제 – 미래완료진행

정답   (c)

단서   for around six days, by the time they ~ arrive

해석   선원들로 구성된 한 팀이 3일 전에 버뮤다에서 플리머스까지 대서양을 건너가기 위해 출발했다. 이들은 금요일에 목적지에 도달할 예정이지만, 악천후가 아마 이들의 속도를 늦출 것이다. 이들이 실제로 플리머스에 도착할 때쯤이면 약 6일 동안 항해하는 중일 것이다.

해설   동사 sail의 알맞은 형태를 고르는 문제이다. 빈칸 뒤에 「by the time + 주어 + 현재시제동사(arrive)」의 구조로 된 절이 쓰여 있는데, by the time이 이끄는 절에 현재시제동사가 쓰이면 주절에 미래완료시제 또는 미래완료진행시제로 된 동사가 함께 쓰여야 하므로 미래완료진행시제인 (c) will have been sailing이 정답이다. 참고로, by the time이 이끄는 절의 동사가 과거시제이면 주절에 과거완료시제로 된 동사가 함께 쓰여야 한다.

어휘   set off 출발하다, 떠나다 be supposed to 동사원형: ~할 예정이다, ~하기로 되어 있다, ~해야 하다 destination 목적지, 도착지 inclement weather 악천후 likely 아마, ~할 가능성이 있는 slow A down: (속도, 진행 등) A를 늦추다, 둔화시키다 around 약, 대략 by the time ~할 때쯤이면 arrive 도착하다

12. 접속부사

정답   (b)

해석   피에를루이지 카시라기는 잠재력을 실현시켰던, 장래가 촉망되던 이탈리아 축구 선수였다. 그는 유벤투스와 라치오, 그리고 첼시에서 뛰면서, 경력 기간 중에 90골 넘게 득점했다. 안타깝게도, 여러

13. 가정법 과거

정답   (b)

단서   If ~ were

해설   벨링엄 씨는 자신의 건강 식품 매장의 출입구 근처에 유기농 캔디를 진열해 놓았지만, 잘 판매되지 않는다. 내가 그녀라면, 그 진열 제품을 계산대 옆으로 옮길 것이다. 왜냐하면 캔디가 흔히 아이들과 함께 줄을 서서 기다리는 부모에 의해 구입되기 때문이다.

해설   동사 move의 알맞은 형태를 고르는 문제이다. If절의 동사가 가정법 과거를 나타내는 과거시제(were)일 때, 주절의 동사는 「would/could/might + 동사원형」과 같은 형태가 되어야 알맞으므로 (b) would move가 정답이다.

어휘   display ⑧ ~을 진열하다, 전시하다 ⑨ 진열(품), 전시(품) checkout 계산대

14. 준동사 – 동명사

정답   (c)

단서   suggest

해석   여행 전문가들은 배낭 여행객 및 빠듯한 예산으로 여행하는 다른 사람들에게 많은 조언을 제공한다. 예를 들어, 여행 경비를 낮게 유지하기 위해 호스텔에서 또는 현지 가족과 함께 머무는 것을 제안한다.

해설   동사 stay의 알맞은 형태를 고르는 문제이다. 빈칸 앞에 쓰여 있는 동사 suggest는 동명사를 목적어로 취하므로 (c) staying이 정답이다. 이때, (b) having stayed와 같은 완료동명사의 형태는 사용하지 않는다.

어휘   expert 전문가 backpacker 배낭 여행객 tight (비용, 일정 등이) 빠듯한, 빡빡한 budget 예산 local 현지의, 지역의 keep A 형용사: A를 ~하게 유지하다

15. 시제 – 미래진행

정답   (a)

단서   next month

해설   한 건축회사가 재개발되는 레이크사이드 호텔 설계도를 곧 공개할 계획이다. 이 프로젝트 책임자들은 이 일이 그 지역으로 더 많은

관광객들을 끌어들이기 위한 주요 단계라고 확신하고 있다. 이들은 다음 달에 그 건축 설계도를 처음 선보일 예정이다.

해설 동사 unveil의 알맞은 형태를 고르는 문제이다. 빈칸 뒤에 next month라는 미래 시점 표현이 쓰여 있으므로 이 미래 시점 표현과 어울리는 미래진행시제 동사 (a) will be unveiling이 정답이다.

어휘 architectural firm 건축회사 plan to 동사원형: ~할 계획이다 redevelop ~을 재개발하다 be confident that ~임을 확신하다 towards (목적) ~을 위해 attract ~을 끌어들이다 blueprint 설계도, 청사진 unveil ~을 처음 선보이다, 발표하다

16. 준동사 - to부정사

정답 (d)

단서 The GI Bill was created (완전한 절, 수동태)

해석 2차 세계 대전 후에, 제대 군인 원호법이 미국 정부에 의해 통과되었다. 제대 군인 원호법은 전쟁 후에 미국으로 돌아간 참전 용사들을 돕기 위해 만들어졌다.

해설 동사 help의 알맞은 형태를 고르는 문제이다. 빈칸 앞에 주어(The GI Bill)와 수동태(was created)가 갖춰진 완전한 절이 위치해 있으므로 빈칸에는 명사 역할을 하는 동명사가 위치할 수 없다. 문맥상 '참전 용사들을 돕기 위해'라는 의미로 제대 군인 원호법이 만들어진 목적을 나타내야 알맞으므로 '~하기 위해'라는 의미로 목적을 나타낼 때 사용하는 to부정사 (d) to help가 정답이다.

어휘 GI Bill 제대 군인 원호법(퇴역 군인들에게 의료, 교육, 직업 훈련 등의 기회를 제공하기 위한 법) pass ~을 통과시키다 create ~을 만들어내다 veteran 참전 용사

17. 가정법 과거완료

정답 (c)

단서 If ~ had ~ been

해석 아이들을 데리고 인기 연예인을 보러 갔던 많은 부모들은 해당 등장 인물을 다른 배우가 연기한 것에 화가 났다. 그 공연이 정확히 광고되기만 했어도 아무도 실망하지 않았을 것이다.

해설 수동태 be disappointed의 알맞은 형태를 고르는 문제이다. if절의 동사가 had been과 같이 가정법 과거완료를 나타내는 「had p.p.」일 때, 주절의 동사는 「would/could/might + have p.p.」와 같은 형태가 되어야 알맞으므로 (c) would have been disappointed가 정답이다.

어휘 be upset that ~라는 점에 화가 나다 performance 공연, 연주(회) accurately 정확히 disappointed 실망한

18. 조동사

정답 (d)

단서 so that he

해석 유명 록밴드 푸 파이터스의 리더 데이브 그롤이 2015년 콘서트 중 무대에서 떨어졌을 때 그의 다리가 부러졌다. 응급처리를 받고 깁스를 한 후에, 그는 의사에게 남은 콘서트 동안 노래를 부를 수 있도록 그의 부러진 다리를 잡아 달라고 요청하였다.

해설 문장의 의미에 어울리는 조동사를 고르는 문제이다. 빈칸 앞에 '~하도록'이라는 의미로 목적을 나타내는 접속사 so that이 위치해 있고, 문맥상 데이브 그롤이 응급처치를 받고 깁스를 한 후에, 의사에게 부러진 다리는 잡아달라고 요청한 것은 남은 콘서트 동안 노래를 부를 수 있도록 하기 위해서임을 알 수 있다. 따라서 빈칸에 들어갈 조동사는 접속사 so that과 함께 '~할 수 있도록'이라는 의미를 나타내야 하므로 '~할 수 있다'라는 의미를 나타내는 조동사 can의 과거형 (d) could가 정답이다.

어휘 frontman (음악 밴드의) 리더 fall off ~에서 떨어지다 first aid 응급처치 cast 깁스(= plaster cast) ask A to 동사원형: A에게 ~해달라고 요청하다 so that ~하기 위해서, ~하도록 rest 나머지

19. 가정법 과거

정답 (a)

단서 If ~ had

해석 5성급 호텔의 관리 책임자로서, 제프리는 출장으로 전 세계 곳곳의 많은 흥미로운 도시를 방문한다. 그의 출장은 항상 업무 회의로 가득 차 있다. 그가 느긋하게 쉴 시간이 더 많다면, 분명 그는 관광 여행을 떠날 것이다.

해설 동사 go의 알맞은 형태를 고르는 문제이다. If절의 동사가 가정법 과거를 나타내는 과거시제(had)일 때, 주절의 동사는 「would/could/might + 동사원형」과 같은 형태가 되어야 알맞으므로 (a) would surely go가 정답이다.

어휘 on business 출장으로, 업무로 be filled with ~로 가득 차다 relax 느긋하게 쉬다, 긴장을 풀다 sightseeing 관광

20. 시제 - 현재완료진행

정답 (d)

단서 for over thirty years

해석 스탠리 무어 씨는 내가 최근 가입한 단체인 도킨스 테니스 클럽을 책임지고 있다. 스탠리 씨는 체계적이고 경험이 많으시며, 30년 넘게 이 클럽의 회장으로 계속 일해오고 있다.

해설 동사 serve의 알맞은 형태를 고르는 문제이다. 앞선 문장에 현재시제 동사(is)와 함께 스탠리 무어 씨가 현재 해당 동호회를 맡고 있다는 말이 쓰여 있으므로 빈칸 뒤에 위치한 기간 표현 for over thirty years가 과거에서 현재까지 클럽 회장으로 일해온 기간을 나타낸다는 것을 알 수 있다. 이렇게 과거에서 현재까지 지속되어 온 일을 나타낼 때 현재완료시제 또는 현재완료진행시제를 사용하므로 (d) has been serving이 정답이다.

어휘 in charge of ~을 책임지고 있는, 맡고 있는 association 단체, 협회, 조합 recently 최근 join ~에 가입하다, 합류하다 organized 체계적인, 조직적인 experienced 경험이 많은 serve 일하다, 봉사하다, 근무하다

21. 준동사 - 동명사

정답 (c)

단서 proposed

해석 　호손 캔들 컴퍼니는 회사가 더 환경 친화적인 곳이 되기를 원하는 마케팅 책임자를 한 명 고용했다. 이 신임 책임자는 환경적으로 더욱 친화적인 포장 방식으로서 재활용 상자에 제품을 담아 판매하는 것을 제안했다.

해설 　동사 sell의 알맞은 형태를 고르는 문제이다. 빈칸 앞에 과거시제로 쓰여 있는 동사 propose는 동명사를 목적어로 취하므로 (c) selling이 정답이다. 이때, (b) having sold와 같은 완료동명사의 형태는 사용하지 않는다.

어휘 　hire ~을 고용하다 eco-friendly 환경 친화적인 (= environmentally friendly) recycled 재활용의 packaging 포장(재)

22. 시제 – 과거완료진행

정답 　(d)

단서 　for 24 years, before deciding

해석 　브렛 로저스는 잘 알려진 지역 마라톤 선수로, 장기간의 무릎 부상에 대한 수술을 거친 끝에 최근 은퇴했다. 그는 그만두기로 결정하기 전까지 24년 동안 여러 전국 마라톤 대회에서 계속 달리기를 했다.

해설 　동사 run의 알맞은 형태를 고르는 문제이다. 앞선 문장에 과거시제 동사(retired)와 함께 과거 시점에 이미 은퇴한 사실이 쓰여 있으므로 before deciding to stop 또한 과거시점임을 알 수 있다. 따라서 빈칸 뒤에 위치한 기간 표현 for 24 years가 과거의 은퇴 시점보다 더 이전의 과거에 달리기를 한 기간이므로 특정 과거 시점보다 더 이전의 과거에 발생된 일을 나타낼 때 쓰이는 과거완료진행시제 (d) had been running이 정답이다.

어휘 　well-known 잘 알려진 local 지역의, 현지의 recently 최근 retire 은퇴하다 undergo ~을 거치다, 겪다 surgery 수술 long-term 장기간의 injury 부상 decide to 동사원형: ~하기로 결정하다

23. 준동사 – to부정사

정답 　(b)

단서 　They encourage other employees

해석 　ALK 코퍼레이션은 고급 교육 워크숍에 등록하는 직원들에게 보상을 해준다. 이곳은 또한 다른 직원들에게도 각자의 능력과 지식을 확장할 수 있는 새롭고 혁신적인 방법을 생각해내도록 권장한다.

해설 　동사 come up의 알맞은 형태를 고르는 문제이다. 빈칸 앞에 동사 encourage와 목적어 other employees가 위치해 있으므로 빈칸은 목적격보어 자리임을 알 수 있다. 동사 encourage는 목적격보어로 to부정사를 취하므로 정답은 (b) to come up이다.

어휘 　reward ~에게 보상하다 enroll in ~에 등록하다 advanced 고급의, 진보한, 발전된 training 교육, 훈련 encourage A to 동사원형: A에게 ~하도록 권장하다 innovative 혁신적인 way to 동사원형: ~하는 방법 skill set (다양한) 능력 come up with ~을 생각해내다

24. 접속사

정답 　(a)

해석 　시에라 강의 쓰레기 증가가 최소 세 가지 현지 물고기 종의 멸종에 대한 원인으로 지목되었다. 전문가들은 이 강을 정화하기 위한 계획이 시행되지 않는다면 더 많은 물고기 종이 멸종될 수 있다고 생각한다.

해설 　문장의 의미에 어울리는 접속사를 고르는 문제이다. 빈칸 앞의 내용은 '더 많은 물고기 종이 멸종될 수 있다'라는 의미이고, 빈칸 뒤의 내용은 '강을 정화하기 위한 계획이 시행된다'는 의미이다. 빈칸 뒤의 내용이 부정문이 되어야 빈칸 앞의 내용에 대한 원인으로 문맥이 완성되므로 '~하지 않는다면, ~가 아니라면'을 뜻하는 접속사 (a) unless가 정답이다.

어휘 　build-up 증가, 축적, 증진 be blamed for ~에 대한 원인이다, ~에 대해 비난 받다 extinction 멸종 at least 최소한, 적어도 local 지역의, 현지의 species (동식물의) 종 extinct 멸종한 plan to 동사원형: ~하기 위한 계획 implement ~을 시행하다 unless ~하지 않는다면, ~가 아니라면

25. 가정법 과거완료

정답 　(d)

단서 　if ~ had planned

해석 　두 명의 탐험가들이 최근 가장 빠른 시간 내에 전 세계를 여행하려 시도했지만, 아프리카 지역의 내전으로 인해 그들의 계획을 지연되었다. 그들이 더욱 철저히 경로를 계획하기만 했어도 새로운 세계 일주 기록을 달성했을 것이다.

해설 　동사 achieve의 알맞은 형태를 고르는 문제이다. if절의 동사가 had planned와 같이 가정법 과거완료를 나타내는 「had p.p.」일 때, 주절의 동사는 「would/could/might + have p.p.」와 같은 형태가 되어야 알맞으므로 (d) would have achieved가 정답이다.

어휘 　explorer 탐험가 recently 최근 attempt to 동사원형: ~하려 시도하다 delay ~을 지연시키다 due to ~로 인해, ~ 때문에 civil war 내전 circumnavigation 일주 thoroughly 철저히, 꼼꼼하게 achieve ~을 달성하다, 성취하다

26. 관계사절

정답 　(c)

단서 　This celebration, (사물 선행사와 콤마)

해석 　매년, 멕시코 전역의 지역 사회들은 선조들의 삶과 죽음을 기리기 위해 특별 축제를 개최한다. 이 기념 행사는 그 지역에서 "Dia de los Muertos"라고 불리는 것으로, 보통 11월의 첫 이틀 동안 열린다.

해설 　명사구 This celebration을 뒤에서 수식할 관계사절로 알맞은 것을 고르는 문제이다. 빈칸 앞에 위치한 celebration이 행사를 나타내는 사물 명사이므로 사물 명사를 수식할 수 있으면서 콤마와 함께 삽입되는 구조에 쓰일 수 있는 관계대명사 which가 이끄는 (c) which is locally called "Dia de los Muertos"가 정답이다. (d)의 that은 콤마와 함께 삽입되는 구조에 쓰이지 못하므로 오답이다.

어휘 　community 지역 사회, 지역 공동체 hold ~을 개최하다, 열다 commemorate ~을 기리다, 기념하다 ancestor 선조, 조상 celebration 기념 행사, 축하 행사 take place (행사, 일 등이) 열리다, 개최되다, 일어나다 locally 지역적으로, 현지에서

TEST 7 | 정답 및 문제 유형

1. (c) 조동사	2. (d) 준동사	3. (b) 시제	4. (a) 준동사
5. (b) 당위성	6. (d) 가정법	7. (a) 시제	8. (b) 가정법
9. (d) 접속사	10. (c) 당위성	11. (a) 준동사	12. (c) 준동사
13. (d) 관계사절	14. (a) 가정법	15. (c) 시제	16. (b) 가정법
17. (d) 접속부사	18. (a) 시제	19. (b) 준동사	20. (a) 가정법
21. (c) 준동사	22. (d) 시제	23. (c) 관계사절	24. (b) 시제
25. (b) 가정법	26. (c) 조동사		

1. 조동사

정답 (c)

해석 람보르기니 우라칸 에보는 전 세계에서 시속 0~60마일의 범위에서 가장 빠르게 가속하는 자동차이다. 이 자동차는 2.9초라는 짧은 시간에 시속 62마일의 속도에 도달할 수 있다.

해설 문장의 의미에 어울리는 조동사를 고르는 문제이다. 빈칸이 속한 문장은 특정 차량이 발휘할 수 있는 가속 성능을 나타내야 알맞으므로 '~할 수 있다'라는 의미로 능력이나 가능성을 나타낼 때 사용하는 (c) can이 정답이다.

어휘 accelerating 가속하는 mph 시속 마일 (= miles per hour) range 범위, 폭, ~대 reach ~에 도달하다, 이르다 as A as B: B만큼 A한

2. 준동사 – 동명사

정답 (d)

단서 enjoy

해석 전 세계 어디에서나 이용할 수 있는 소셜 미디어 플랫폼이 되기에 앞서, 페이스북은 오직 하버드 대학교의 학생들을 대상으로만 제한되어 있었다. 하지만, 마크 저커버그가 이것을 일반인이 이용하는 수단으로 만들면서, 오늘날 수십 억 명의 사람들이 즐겨 이용하는 플랫폼으로 탈바꿈시켰다.

해설 동사 use의 알맞은 형태를 고르는 문제이다. 빈칸 앞에 현재시제로 쓰여 있는 동사 enjoy는 동명사를 목적어로 취하므로 (d) using이 정답이다. 이때, (a) having used와 같은 완료동명사의 형태는 사용하지 않는다.

어휘 ubiquitous 어디에서나 이용하는, 어디에나 있는 be limited to ~로 제한되다 make A B: A를 B로 만들다 public access 일반인의 이용, 일반인의 접근 resource 수단, 자원, 자료 transform A into B: A를 B로 탈바꿈시키다, 변모시키다

3. 시제 – 현재진행

정답 (b)

단서 Now

해석 수년 동안 커피를 피한 후에, 이안은 결국 그것에 중독될 것이라는 생각은 전혀 하지 않았다. 그는 지금 하루 중 네 번째 커피를 마시면서, 앞으로 카페인을 포기할 수 있을지 궁금해하고 있다.

해설 동사 drink의 알맞은 형태를 고르는 문제이다. 빈칸이 포함된 문장 앞에 '지금, 현재'라는 의미를 나타내는 부사 Now가 언급되어 있으므로 현재 일시적으로 진행되는 일을 뜻하는 현재진행시제 (b) is drinking이 정답이다.

어휘 avoid ~을 피하다 end up 결국 ~하게 되다 addicted to ~에 중독된 wonder if ~인지 궁금하다 ever 앞으로, 언젠가 be able to 동사원형: ~할 수 있다 give up ~을 포기하다

4. 준동사 – to부정사

정답 (a)

단서 was ~ allowed (수동태)

해석 미국의 가수 마이클 잭슨은 한때 "버블즈"라는 이름을 지닌 침팬지를 키웠다. 이 유인원은 잭슨과 함께 모든 곳을 여행했으며, 심지어 인터뷰 자리에도 합석하거나 외국의 고관들을 만나도록 허용되었다.

해설 동사 join의 알맞은 형태를 고르는 문제이다. 빈칸 앞에 쓰인 과거시제 수동태로 쓰여 있는 동사 be allowed는 to부정사와 결합해 '~하도록 허용되다'라는 의미를 나타내므로 (a) to join이 정답이다. 빈칸 앞에 위치한 allowed는 동사가 아니라 과거분사이며, 따라서 빈칸은 allowed의 목적어 자리가 아니므로 동명사 (c) joining은 오답이다.

어휘 used to 동사원형: 한때 ~했다 ape 유인원 be allowed to 동사원형: ~하도록 허용되다 dignitary 고관, 고위 관리 join ~에 함께 하다

5. 당위성을 나타내는 동사원형

정답 (b)

단서 is insisting that

해석 우리 배구팀은 최근 다음 달에 토론토에서 열리는 선수권 대회 참가 자격을 얻었다. 반드시 여행이 순조롭게 진행되도록 하기 위해, 감독님께서는 우리 각자가 감독님께서 교통편 및 숙소에 대해 준비하신 여행 일정을 엄밀히 따라야 한다고 주장하고 계신다.

해설 동사 follow의 알맞은 형태를 고르는 문제이다. 빈칸은 동사 is insisting의 목적어 역할을 하는 that절의 동사 자리인데, insist와 같이 주장/요구/명령/제안 등을 나타내는 동사의 목적어 역할을 하는 that절의 동사는 조동사 should 없이 동사원형으로 당위성을 나타내므로 (b) follow가 정답이다.

어휘 qualify for ~에 대한 자격을 얻다 ensure (that) 반드시 ~하도록 하다, ~임을 확실히 하다 run 진행되다 smoothly 순조롭게 closely 엄밀히, 면밀히 itinerary 여행 일정(표) prepare ~을 준비하다 transportation 교통편 accommodation 숙소, 숙박시설 follow ~을 따르다, 준수하다

6. 가정법 과거완료

정답 (d)

단서 If ~ hadn't developed

해석 장고 라인하르트는 화재로 인해 손이 끔찍하게 화상을 입은 후에 연주 스타일을 과감하게 바꾼 유명 재즈 기타리스트였다. 그가 그렇게 혁신적인 방법을 개발하지 못했다면, 사고 후에 계속 기타를 연주하지 못했을 것이다.

해설 동사 continue의 알맞은 형태를 고르는 문제이다. If절의 동사가 had developed와 같이 가정법 과거완료를 나타내는 「had p.p.」일 때, 주절의 동사는 「would/could/might + have p.p.」와 같은 형태가 되어야 알맞으므로 (d) wouldn't have continued가 정답이다.

어휘 renowned 유명한 drastically 과감하게, 급격하게 alter ~을 바꾸다, 변경하다 develop ~을 개발하다 innovative 혁신적인 continue -ing 계속 ~하다

7. 시제 – 현재완료진행

정답 (a)

단서 for 60 years already

해석 믹 재거는 19살 때 롤링 스톤즈와 함께 콘서트를 하기 시작했다. 이 밴드와 함께 세계적인 성공을 거둔 후에도, 전 세계에서 관객들을 대상으로 계속 라이브로 공연해왔다. 실제로, 재거는 이미 60년 동안 계속 공연해오고 있다!

해설 동사 perform의 알맞은 형태를 고르는 문제이다. 앞선 문장에 현재완료시제 동사(has continued)를 이용해 과거에서 현재까지 계속 공연해오고 있다는 사실이 쓰여 있다. 따라서, 빈칸 뒤에 위치한 for 60 years가 그 기간임을 알 수 있으므로 동일하게 과거에서 현재까지 60년 동안 계속 공연해오고 있는 사실을 나타낼 수 있는 현재완료진행시제 (a) has been performing이 정답이다.

어휘 achieve ~을 이루다, 달성하다 continue to 동사원형: 계속 ~하다 audience 관객, 청중, 시청자들

8. 가정법 과거완료

정답 (b)

단서 If ~ had earning

해석 미국의 테니스 선수 빌리 진 킹은 1970년에 상금으로 겨우 600달러만 지급 받았을 때 항의했는데, 많은 남성 선수들이 수천 달러를 벌고 있었기 때문이었다. 여성들이 당시에 남성들과 동일하게 돈을 벌었다면, 그녀는 훨씬 더 많은 액수의 돈을 받았을 것이다.

해설 동사 receive의 알맞은 형태를 고르는 문제이다. If절의 동사가 had earned와 같이 가정법 과거완료를 나타내는 「had p.p.」일 때, 주절의 동사는 「would/could/might + have p.p.」와 같은 형태가 되어야 알맞으므로 (b) would have received가 정답이다.

어휘 protest 항의하다, 시위하다 award A B: A에게 B를 주다, 제공하다, 시상하다 earn ~을 벌다, 얻다 far (비교급 강조) 훨씬 sum 액수, 총액 receive ~을 받다

9. 접속사

정답 (d)

해석 <브레이브하트>는 윌리엄 월래스라는 이름을 지닌 13세기 후반 스코틀랜드의 한 전사에 관한 인기 영화이다. 비록 이 영화가 여러 상을 받기는 했지만, 역사적 부정확함으로 인해 크게 혹평 받기도 했다.

해설 문장의 의미에 어울리는 접속사를 고르는 문제이다. 빈칸이 속한 문장을 읽어보면, '그 영화는 여러 상을 받았다'는 내용이며, 그 뒤의 주절의 내용은 '역사적 부정확함으로 인해 크게 혹평 받기도 했다'라는 의미로 두 문장의 내용이 서로 상반되고 있음을 알 수 있다. 따라서 '비록 ~이기는 하지만'이라는 의미로 연결하는 것이 자연스러우므로 (d) Although가 정답이다.

어휘 warrior 전사 receive ~을 받다 be criticized for ~로 인해 혹평 받다, 비난 받다 heavily 크게, 매우, 대단히 historical 역사적인 inaccuracy 부정확함 however 아무리 ~해도 unless ~하지 않는다면, ~가 아니라면 although 비록 ~이기는 하지만

10. 당위성을 나타내는 동사원형

정답 (c)

단서 It is recommended that

해석 바이러스 방지 소프트웨어가 파일 및 하드 드라이브를 스캔하고 의심스러운 프로그램을 차단함으로써 컴퓨터 문제의 위험성을 없앨 수 있다. 인터넷에 연결되는 사람은 각자의 컴퓨터에 바이러스 방지 프로그램을 설치하도록 권장된다.

해설 동사 install의 알맞은 형태를 고르는 문제이다. 빈칸은 「It is ~ that절」 구조로 된 가주어/진주어 문장에서 진주어 역할을 하는 that절의 동사 자리인데, that 앞에 recommended와 같이 권고/필수/의무/중요성 등을 나타내는 과거분사나 형용사가 쓰이면 that절의 동사는 조동사 should 없이 동사원형으로 당위성을 나타내므로 (c) install이 정답이다.

어휘 anti-virus 바이러스 방지의 eliminate ~을 없애다, 제거하다 risk 위험(성) by (방법) ~함으로써, ~해서 block ~을 차단하다, 막다 suspicious 의심스러운 It is recommended that ~하도록 권장되다 install ~을 설치하다

11. 준동사 - to부정사

정답 (a)

단서 The fish use a modified luminescent fin ray(완전한 절)

해석 아귀는 먹이를 유인하는 독특한 방식으로 알려져 있는 경골어이다. 이 물고기는 사냥 가능한 범위 내로 생물체들을 통째로 삼켜버리기 전에 유혹하기 위해 변형된 형태의 발광 지느러미 선을 이용한다.

해설 동사 lure의 알맞은 형태를 고르는 문제이다. 빈칸 앞에 주어 The fish와 동사 use, 목적어 a modified luminescent fin ray로 구성된 완전한 절이 위치해 있으므로 빈칸에는 동명사가 들어갈 수 없다. 문맥상 빈칸 뒤의 내용과 함께 빈칸에 들어갈 동사 lure는 변형된 형태의 발광 지느러미 선을 이용하는 목적을 나타내야 알맞으므로 '~하기 위해'라는 의미로 목적을 나타낼 때 사용하는 to부정사 (a) to lure가 정답이다.

어휘 anglerfish 아귀 bony fish 경골어(뼈가 굳고 단단한 물고기) known for ~로 알려진 unique 독특한, 특별한 method 방법 attract ~을 유인하다, 끌어들이다 prey 먹이 modified 변형된, 개조된, 수정된 luminescent 발광의 fin ray 지느러미 선 creature 생물체 feeding range 사냥 가능한 범위 swallow ~을 삼키다 whole 통째로, 한꺼번에 lure ~을 유혹하다

12. 준동사 - 동명사

정답 (c)

단서 kept

해석 최근, 샐리는 가족과 함께 시간을 보내기엔 너무 바빴다. 실제로, 그녀는 가족과의 식사를 위해 부모님 댁을 방문하는 일정을 계속 재조정했다. 그녀는 아버지께 꾸중을 듣고서야 그곳에 갔다.

해설 동사 reschedule의 알맞은 형태를 고르는 문제이다. 빈칸 앞에 과거시제로 쓰여 있는 동사 keep은 동명사를 목적어로 취하므로 (c) rescheduling이 정답이다. 이때, (d) having rescheduled와 같은 완료동명사의 형태는 사용하지 않는다.

어휘 recently 최근 too A to 동사원형: ~하기엔 너무 A한 in fact 실제로, 사실 keep -ing 계속 ~하다 be told off by ~에게 꾸중을 듣다, 혼나다

13. 관계사절

정답 (d)

단서 The app, (사물 선행사와 콤마)

해석 앱토피아에서 수집한 통계 자료에 따르면, 틱톡이 2021년에 전 세계에서 가장 많이 다운로드된 모바일 애플리케이션이었다. 이 앱은, 그 해에 약 6억 5,600만 명의 사용자가 다운로드한 것으로, 사람들에게 어떤 주제에 관한 것이든 15초 길이의 동영상을 만들어 공유할 수 있게 해준다.

해설 명사 The app을 뒤에서 수식할 관계사절로 알맞은 것을 고르는 문제이다. 빈칸 앞에 위치한 The app이 사물 명사이므로 사물 명사를 수식할 수 있으면서 콤마와 함께 삽입되는 구조에 쓰일 수 있는 관계대명사 which가 이끄는 (d) which was downloaded by about 656 million users that year가 정답이다. (c)의 that은 콤마와 함께 삽입되는 구조에 쓰이지 못한다.

어휘 according to ~에 따르면 statistics 통계 (자료) compile (자료 등) ~을 수집하다, 모아서 정리하다 allow A to 동사원형: A에게 ~할 수 있게 해주다, ~하도록 허용하다 create ~을 만들어내다 share ~을 공유하다 about 약, 대략

14. 가정법 과거완료

정답 (a)

단서 If ~ had not sounded

해석 밋치가 도서관에서 대학 에세이 과제 작업을 시작하고 있을 때 화재 경보가 울렸다. 그래서, 그는 결국 친구들과 대신 점심을 먹으러 나갔다. 그 경보가 울리지 않았다면, 그는 이미 에세이를 쓰는 일을 끝마쳤을 것이다.

해설 동사 finish의 알맞은 형태를 고르는 문제이다. If절의 동사가 had sounded와 같이 가정법 과거완료를 나타내는 「had p.p.」일 때, 주절의 동사는 「would/could/might + have p.p.」와 같은 형태가 되어야 알맞으므로 (a) would have already finished가 정답이다.

어휘 work on ~에 대한 작업을 하다 end up -ing 결국 ~하게 되다 instead 대신

15. 시제 - 과거진행

정답 (c)

단서 when a local artist saw

해석 내 사촌 데니스는 원래 우리 지역의 미술 경연대회에 참가할 의도가 없었다. 그는 그저 공책에 가장 좋아하는 만화책 등장인물을 스케치하고 있었는데, 그때 한 지역 미술가가 그의 그림을 보고 경연대회에 참가하도록 권했다.

해설 동사 sketch의 알맞은 형태를 고르는 문제이다. 빈칸 뒤에 과거시제 동사(saw, encouraged)를 포함한 when절이 쓰여 있어 이 when절이 가리키는 과거 시점에 스케치를 하는 일이 일시적으로 진행되던 상황을 나타내야 자연스러우므로 이러한 의미로 쓰이는 과거진행시제 (c) was only sketching이 정답이다.

어휘 originally 원래, 애초에 intend to 동사원형: ~할 생각이다, 의도를 가지다 enter ~에 참가하다 local 지역의, 현지의 competition 경연대회, 경기대회 work (그림, 글, 음악 등의) 작업물, 작품 encourage A to 동사원형: A에게 ~하도록 권하다, 장려하다 take part in ~에 참가하다

16. 가정법 과거

정답 (b)

단서 If ~ were

해석 마이크는 피자를 먹지 않고는 이틀을 거의 넘기지 못한다. 피자는 그가 배고픔을 느낄 때마다 만족감을 주고 기쁘게 만들어준다. 그가 남은 일생 동안 먹을 오직 하나의 음식을 고르게 된다면, 틀림없이 그 음식을 피자로 선택할 것이다.

해설 동사 choose의 알맞은 형태를 고르는 문제이다. If절의 동사가 가정법 과거를 나타내는 과거시제(were)일 때, 주절의 동사는 「would/could/might + 동사원형」과 같은 형태가 되어야 알맞으므로 (b) would surely choose가 정답이다.

어휘　barely 거의 ~ 없다　without -ing ~하지 않고, ~하지 않은 채　whenever ~할 때마다, ~할 때는 언제든　be 동사원형: ~하게 되다, ~해야 하다, ~할 예정이다　pick ~을 고르다　the rest of 나머지의, 남은　surely 틀림없이, 분명히　choose ~을 선택하다

17. 접속부사

정답　(d)

해석　미국 국경 순찰대(USBP)는 미국으로 입국하려 시도하는 모든 사람들이 반드시 합법적으로 그렇게 하도록 해야 한다. 따라서, USBP는 사람들이 필수 서류를 지니고 있는지 확인한 다음에 국경을 넘도록 허용한다.

해설　빈칸에 알맞은 접속부사를 고르는 문제이므로 앞뒤 문장들의 의미 관계를 확인해야 한다. 빈칸 앞에는 USBP가 사람들에게 합법적으로 입국하도록 한다는 내용이, 빈칸 뒤에는 필수 서류를 지니고 있는지 확인한 다음에 국경을 넘도록 허용한다는 내용이 각각 쓰여 있다. 이는 원인과 결과를 나타내는 의미 관계에 해당하므로 '따라서, 그러므로'라는 의미로 결과를 나타낼 때 사용하는 (d) Therefore가 정답이다.

어휘　ensure that 반드시 ~하도록 하다, ~임을 보장하다　individual ⑲ 사람, 개인　attempt to 동사원형: ~하려 시도하다　be permitted to 동사원형: ~하도록 허용되다　legally 합법적으로　check if ~인지 확인하다　necessary 필수의, 필요한　allow A to 동사원형: A에게 ~하도록 허용하다　cross the border 국경을 넘다　furthermore 더욱이, 더 나아가서　nevertheless 그럼에도 불구하고　otherwise 그렇지 않으면, 그 외에는, 달리　therefore 따라서, 그러므로

18. 시제 – 미래진행

정답　(a)

단서　at the end of the month

해석　마리엘라 극장은 제10회 연례 독립 영화 시상식을 주최하게 되어 기쁩니다. 저희 극장은 이달 말에 새롭게 개조된 마그네타 볼룸에서 이 행사를 주최할 예정입니다.

해설　동사 host의 알맞은 형태를 고르는 문제이다. 앞선 문장에서 현재시제 동사(is)와 함께 특정 행사를 주최하게 되어 기쁘다고 알리는 것을 통해 미래 시점에 개최되는 행사임을 알 수 있다. 따라서, 빈칸이 속한 문장 마지막에 쓰여 있는 at the end of the month가 미래 시점임을 알 수 있으므로 미래 시점 표현과 어울리는 미래진행시제 (a) will be hosting이 정답이다. 미래완료시제인 (d) will have hosted는 과거나 현재에 시작되어 지속되는 일이 미래의 특정 시점에 완료되는 경우에 사용하므로 이 문장에 맞지 않는다.

어휘　hold ~을 주최하다, 개최하다　annual 연례적인, 해마다의　independent movie 독립 영화　newly-renovated 새롭게 개조된, 새롭게 보수된　host ~을 주최하다

19. 준동사 – to부정사

정답　(b)

단서　need

해석　코로나 바이러스는 사람들에게 여러 다양한 방법으로 영향을 미치는 호흡기 질환을 일으킬 수 있다. 의료 전문가들에 따르면, 심각한 증상들이 생기는 위험성을 줄이기 위해 사람들은 코로나 바이러스 부스터샷 접종을 할 필요가 있다.

해설　동사 get의 알맞은 형태를 고르는 문제이다. 빈칸 앞에 현재시제로 쓰여 있는 동사 need는 사람이 주어일 때 주로 to부정사를 목적어로 취하므로 (b) to get이 정답이다. 참고로, need 뒤에 동명사가 오는 경우, 동명사는 주어가 행위를 당하는 수동의 의미를 나타낸다.

어휘　respiratory 호흡기의　disease 질환, 질병　affect ~에 영향을 미치다　way 방법, 방식　according to ~에 따르면　professional ⑲ 전문가　booster 부스터샷　reduce ~을 줄이다, 감소시키다　risk 위험(성)　develop (질병 등) ~을 생기게 하다, 발병시키다　severe 심각한, 극심한　symptom 증상

20. 가정법 과거

정답　(a)

단서　If ~ ran

해석　우리 아파트 근처에 새로 생긴 레스토랑에는 놀라울 정도의 스테이크와 립 요리가 있지만, 그 가격은 나에겐 조금 높다. 내가 그 레스토랑을 운영한다면, 레스토랑의 메뉴를 조정해 더욱 알맞은 가격이 되도록 만들 것이다.

해설　동사 modify의 알맞은 형태를 고르는 문제이다. If절의 동사가 가정법 과거를 나타내는 과거시제(ran)일 때, 주절의 동사는 「would/could/might + 동사원형」과 같은 형태가 되어야 알맞으므로 (a) would modify가 정답이다.

어휘　a bit 조금, 약간　make A 형용사: A를 ~하게 만들다　affordable 가격이 알맞은　modify ~을 조정하다, 수정하다, 바꾸다

21. 준동사 – 동명사

정답　(c)

단서　involves

해석　많은 사람들은 와인의 맛과 향에 관해 많이 아는 것이 소믈리에가 되는 데 충분하다고 생각한다. 실제로는 그보다 훨씬 더 많은 것이 존재한다. 소믈리에가 되는 데에는 재배 환경 및 포도밭에서 활용되는 생산 기술을 연구하는 일도 수반한다.

해설　동사 research의 알맞은 형태를 고르는 문제이다. 빈칸 앞에 현재시제로 쓰여 있는 동사 involve는 동명사를 목적어로 취하므로 (c) researching이 정답이다. 이때, (a) having researched와 같은 완료동명사의 형태는 사용하지 않는다.

어휘　knowledgeable 많이 아는, 박식한　be enough to 동사원형: ~하기에 충분하다　sommelier 소믈리에(와인의 맛을 시음, 감별, 평가하는 사람)　involve ~을 수반하다, ~와 관련 있다　condition 환경, 조건　vineyard 포도밭　research ~을 연구하다

22. 시제 – 과거완료진행

정답　(d)

단서　for 35 years, before he received

해석 결국, 피트 그레이가 온타리오 주의 제약 관리국장으로 임명되었다. 그는 때늦은 승진을 받기 전 브래뷰 병원에서 약사로 35년 동안 근무하고 있었다.

해설 동사 work의 알맞은 형태를 고르는 문제이다. 빈칸이 속한 주절 뒤로 과거시제 동사(received)를 포함한 before절이 쓰여 있는데, 접속사 before의 의미 특성상 주절이 before절보다 더 이전의 일을 나타내야 한다. 문맥상 피트 그레이가 승진한 것은 과거 시점인데, 그보다 35년 이전부터 그가 브래뷰 병원에서 근무해오고 있었다는 의미이므로 특정 과거 시점보다 더 이전의 과거 시점에 발생된 일을 나타낼 때 과거완료시제 또는 과거완료진행시제를 사용한다. 따라서 정답은 과거완료진행시제 (d) had been working이다.

어휘 eventually 결국, 마침내 be appointed as ~로 임명되다 province (행정 구역) 주 pharmacist 약사 receive a promotion 승진되다 overdue 때늦은, 기한이 지난, 벌써 했어야 할

23. 관계사절

정답 (c)

단서 a traveler and refugee (사람 선행사)

해석 <터미널>은 메흐란 나세리 씨의 실제 경험을 일부 토대로 삼아 2004년에 개봉한 코미디 드라마이다. 이 작품은 존 F. 케네디 국제 공항에서 홀로 오도가도 못한 채로 9개월을 보낸 여행객이자 난민인 빅터 나보르스키의 이야기를 그리고 있다.

해설 명사구 a traveler and refugee를 뒤에서 수식할 관계사절로 알맞은 것을 고르는 문제이다. a traveler and refugee가 Victor Navorski를 가리키는 사람 명사이므로 사람 명사를 수식할 수 있는 who 또는 whom이 이끄는 절 중에서 하나를 골라야 하는데, 「who + 불완전한 절」 또는 「whom + 불완전한 절」의 구조가 되어 하므로 이 두 가지 중 하나에 해당되는 (c) who spent 9 months가 정답이다. whom이 이끄는 (d)는 whom 뒤로 주어와 동사, 그리고 목적어가 이어지는 완전한 구조로 된 절이 쓰여 있으므로 오답이다.

어휘 partly 일부분, 부분적으로 based on ~을 토대로 한, 바탕으로 한 portray (작품 등이) ~을 그리다, 묘사하다 refugee 난민 stranded 오도가도 못하게 된, 발이 묶인

24. 시제 - 미래완료진행

정답 (b)

단서 by the time Patricia finishes, for almost three hours

해석 패트리샤는 경제학 수업의 조별 과제 프로젝트를 거의 끝마친 상태이다. 하지만, 공부 파트너인 팀은 조금도 도와주겠다고 하지 않았다. 패트리샤가 마칠 쯤이면, 그는 세 시간 동안 전화기로 계속 웹 사이트들만 둘러보고 있는 중일 것이다.

해설 동사 browse의 알맞은 형태를 고르는 문제이다. 빈칸 뒤에 「by the time + 주어 + 현재시제동사(finishes)」의 구조로 된 절이 쓰여 있는데, by the time이 이끄는 절에 현재시제동사가 쓰이면 주절에 미래완료시제 또는 미래완료진행시제로 된 동사가 함께 쓰여야 하므로 미래완료진행시제인 (b) will have been browsing이 정답이다. 참고로, by the time이 이끄는 절의 동사가 과거시제이면 주절에 과거완료시제로 된 동사가 함께 쓰여야 한다.

어휘 be finished with ~을 끝마치다 economics 경제학 not ~ at all 조금도 ~ 않다, 전혀 ~ 않다 offer to 동사원형: ~하겠다고 제안하다 browse ~을 둘러보다

25. 가정법 과거

정답 (b)

단서 If ~ were

해석 미셸은 남편이 집안일을 하는 것을 잊기 때문에 자주 화를 낸다. 당연히, 이는 그들 사이에서 잦은 언쟁으로 이어진다. 내가 미셸이라면, 그가 변명하지 못하도록 집안일 일정표를 만들어 둘 것이다.

해설 동사 make의 알맞은 형태를 고르는 문제이다. If절의 동사가 가정법 과거를 나타내는 과거시제(were)일 때, 주절의 동사는 「would/could/might + 동사원형」과 같은 형태가 되어야 알맞으므로 (b) would make가 정답이다.

어휘 lose one's temper 화를 내다, 성질을 부리다 forget to 동사원형: ~하는 것을 잊다 lead to ~로 이어지다 frequent 잦은, 빈번한 argument 언쟁, 논쟁 chore 집안일, 잡일 excuse 변명, 핑계

26. 조동사

정답 (c)

해석 타이어 접지면 깊이 측정기를 이용해 차량 타이어의 법적 적합성을 테스트할 수 있다. 접지면 깊이가 최소 1.6 밀리미터인 타이어는 사용하기에 적합하지만, 접지면 깊이가 더 낮은 것들은 사용하기에 안전하지 못하다. 이 타이어들은 반드시 교체되어야 한다.

해설 문장의 의미에 어울리는 조동사를 고르는 문제이다. 빈칸이 속한 문장에서 주어이자 교체 대상에 해당되는 They는 앞선 문장에서 사용하기에 안전하지 못한 것으로 언급된 타이어들을 가리킨다. 이는 첫 문장에서 말하는 법적 적합성을 지니지 못한 것으로서 안전을 위해 반드시 교체되어야 하는 대상으로 볼 수 있으므로 '반드시 ~해야 하다'라는 의미로 의무나 필요성을 나타낼 때 사용하는 (c) must가 정답이다.

어휘 legal 법적인, 합법적인 suitability 적합성 vehicle 차량 tread 접지면 gauge 측정기 at least 최소한, 적어도 be suitable for ~에 적합하다, 알맞다 while ~이지만, ~인 반면, ~하는 동안 replace ~을 교체하다

08회 문법 모의고사

TEST 8 | 정답 및 문제 유형

1. (d) 준동사	2. (b) 가정법	3. (a) 시제	4. (d) 조동사
5. (b) 시제	6. (c) 당위성	7. (d) 관계사절	8. (d) 접속부사
9. (a) 시제	10. (b) 가정법	11. (c) 관계사절	12. (d) 가정법
13. (a) 시제	14. (c) 준동사	15. (d) 준동사	16. (a) 가정법
17. (b) 시제	18. (c) 가정법	19. (a) 준동사	20. (d) 시제
21. (b) 준동사	22. (b) 접속사	23. (a) 가정법	24. (a) 준동사
25. (c) 당위성	26. (d) 조동사		

1. 준동사 – 동명사

정답 (d)

단서 envisions

해석 메건은 미래에 직접 변호사가 되기를 희망하는 법정 속기사이다. 실제로, 그녀는 재판 공식 기록을 작성할 때마다 증인들을 반대 심문하는 변호사를 마음 속에 그려본다.

해설 be동사의 알맞은 형태를 고르는 문제이다. 빈칸 앞에 현재시제로 쓰여 있는 동사 envision은 동명사를 목적어로 취하므로 (d) being이 정답이다. 이때, (c) having been과 같은 완료동명사의 형태는 사용하지 않는다.

어휘 courtroom 법정 typist 속기사 oneself (부사처럼 쓰여) 직접, 스스로 envision ⑧ ~을 마음 속에 그리다, 상상하다 cross-examine ~을 반대 심문하다 witness 증인, 목격자 whenever ~할 때마다, ~할 때는 언제든 proceedings (회의 등의) 공식 기록, 의사록 trial 재판, 공판

2. 가정법 과거완료

정답 (b)

단서 If ~ had not intervened

해석 원래의 버틀랜드 몰의 디자인은 아주 구식이고 매력적이지 못했다. 다행히, 건축가 레이 루이즈 씨가 이 프로젝트를 맡아 몇 가지를 개선했다. 루이즈 씨가 관여하지 않았다면, 개업식에서 첫 방문객들은 실망하였을 것이다.

해설 수동태 be disappointed의 알맞은 형태를 고르는 문제이다. 가정법 문장에서 If절의 동사가 had not intervened와 같이 가정법 과거완료를 나타내는 「had p.p.」일 때, 주절의 동사는 「would/could/might + have p.p.」와 같은 형태가 되어야 알맞으므로 (b) would have been disappointed가 정답이다.

어휘 original 원래의, 애초의 outdated 구식, 낡은 unattractive 매력적이지 못한, 볼품 없는 fortunately 다행히 take charge of ~을 맡다, 책임지다 make an improvement 개선하다, 향상시키다 intervene 관여하다, 개입하다 be disappointed 실망하다

3. 시제 – 미래완료진행

정답 (a)

단서 by the time she ~ records, for more than five years

해석 베아트리체는 어렸을 때부터 줄곧, 전문 음악가가 되는 것을 꿈꿔왔다. 그녀는 자신이 마침내 첫번째 앨범을 녹음할 때쯤이면, 그녀는 5년 넘게 음악을 계속 연주하는 중일 것이라고 생각한다.

해설 동사 play의 알맞은 형태를 고르는 문제이다. 빈칸 앞에 「by the time + 주어 + 현재시제동사(records)」의 구조로 된 절이 쓰여 있는데, by the time이 이끄는 절에 현재시제로 된 동사가 쓰이면 함께 짝을 이루는 절에 미래완료시제 또는 미래완료진행시제로 된 동사가 쓰여야 하므로 미래완료진행시제인 (a) will have been playing이 정답이다. 참고로, by the time이 이끄는 절의 동사가 과거시제이면 함께 짝을 이루는 절에 과거완료시제로 된 동사가 함께 쓰여야 한다.

어휘 ever since ~한 이후로 줄곧 by the time ~할 때쯤이면 eventually 마침내, 결국

4. 조동사

정답 (d)

해석 지속적으로 지각을 하는 것과 팀원들과 잘 협업하지 못하는 것은 대부분의 고용주들이 불쾌해 하는 두 가지 사항이다. 이러한 습관들은 회사 내에서 진급하는 것을 막으면서, 승진 기회에 크게 영향을 미칠 수 있다.

해설 빈칸 앞에 위치한 주어 These habits가 앞 문장에 언급된 두 가지 좋지 못한 행동을 가리키므로 그러한 행동이 회사 내에서의 진급을 막는 상황이 발생 가능하다는 사실을 말하는 문장이 되어야

가장 자연스럽다. 따라서, '~할 수 있다'는 의미로 가능성을 나타낼 때 사용하는 조동사 (d) can이 정답이다.

어휘   consistently 지속적으로   fail to 동사원형: ~하지 못하다   be frowned upon by A: A가 불쾌해 하다, A의 눈살을 찌푸리게 만들다   employer 고용주   prevent A from -ing: A가 ~하는 것을 막다, A가 ~하지 못하게 하다   advance ⑧ 진급하다, 승진하다   drastically 크게, 대폭, 급격하게   impact ~에 영향을 미치다   promotion 승진

5. 시제 – 과거진행

정답   (b)

단서   while ~, he bumped

해석   지미는 운동 시간 후에 샤워를 할 수 있도록 곧장 집으로 갈 계획이었다. 하지만, 아파트로 조깅하면서 가던 중에, 옛 동창과 우연히 마주쳤고, 그 동창은 커피를 마시러 가자고 부탁했다.

해설   동사 jog의 알맞은 형태를 고르는 문제이다. 빈칸이 속한 절을 이끄는 접속사 while은 '~하는 사이, ~하는 동안'이라는 의미로 동시 진행 상황을 나타내므로 빈칸 뒤에 위치한 주절에 쓰인 과거시제 동사(bumped)가 가리키는 과거 시점에 일시적으로 조깅하는 일이 진행되던 상황을 의미해야 한다. 따라서, 과거진행시제로 된 동사가 빈칸에 쓰여야 알맞으므로 (b) was jogging이 정답이다.

어휘   plan to 동사원형: ~할 계획이다   go straight 곧장 가다   session (특정 활동을 하는) 시간   however 하지만, 그러나   while ~하는 중에, ~인 반면   bump into ~와 우연히 마주치다   invite ~에게 부탁하다, 요청하다

6. 당위성을 나타내는 동사원형

정답   (c)

단서   it is crucial that

해석   프로판 가스통이 인화성 가스를 안에 보관할 수 있도록 고안되어 있기는 하지만, 소량의 가스가 새어 나올 수 있다. 따라서, 화재 또는 폭발을 피할 수 있도록 어떤 노출된 불꽃이든 프로판 가스통과 멀리 떨어져 있는 것이 대단히 중요하다.

해설   be동사의 알맞은 형태를 고르는 문제이다. 빈칸은 「it is ~ that 절」 구조로 된 가주어/진주어 문장에서 진주어 역할을 하는 that 절의 동사 자리인데, that 앞에 crucial과 같이 필수/의무/중요성 등을 나타내는 형용사가 쓰이면 that절의 동사는 조동사 should 없이 동사원형으로 당위성을 나타내므로 (c) be가 정답이다.

어휘   propane tank 프로판 가스통   flammable 인화성의   escape from ~에서 빠져 나오다   therefore 따라서, 그러므로   crucial 대단히 중요한   naked flame 노출된 불꽃   avoid ~을 피하다   explosion 폭발

7. 관계사절

정답   (d)

단서   a caterer(사람 선행사)

해석   남편과 나는 반드시 우리 결혼식 음식이 완벽하기를 원했다. 우리는 음식이 아주 실망스러웠던 결혼식에 가본 적이 많다. 그것이 바로 우리의 모든 음식을 제공하기 위해 오랜 친구이기도 했던 출장

요리 제공업자를 고용한 이유이다.

해설   명사 caterer를 뒤에서 수식할 관계사절로 알맞은 것을 고르는 문제이다. caterer가 사람을 의미하므로 사람 명사를 수식할 수 있는 who 또는 whose가 이끄는 절 중에서 하나를 골라야 하는데, 「who + 불완전한 절」 또는 「whose + 완전한 절」의 구조가 되어야 하므로 이 두 가지 중 하나에 해당되는 (d) who was also our long-time friend가 정답이다. whose가 이끄는 (c)는 was 뒤에 보어가 빠진 불완전한 절이므로 오답이다. 참고로, (b)의 what은 명사를 뒤에서 수식하는 역할을 하지 못한다.

어휘   make sure (that) 반드시 ~하도록 하다, ~임을 확실히 해두다   disappointing 실망시키는   hire ~을 고용하다   caterer 출장 요리 제공업자, 출장 요리 제공업체   provide ~을 제공하다

8. 접속부사

정답   (d)

해석   실시간 전략(RTS) 게임을 하는 사람은 승리를 이루기 위해 전략적인 결정을 내려야 한다. 예를 들어, RTS 게임을 하는 사람은 반드시 자원을 관리하고 기지를 짓거나, 성공 가능성에 영향을 미칠 수 있는 여러 다른 선택을 해야 한다.

해설   빈칸에 알맞은 접속부사를 고르는 문제이므로 앞뒤 문장들의 의미 관계를 확인해야 한다. 빈칸 앞에는 승리를 위해 전략적인 결정을 내려야 한다는 말이, 빈칸 뒤에는 자원을 관리하고 기지를 짓거나 여러 가지 다른 선택을 해야 한다는 말이 각각 쓰여 있다. 이는 전략적인 결정에 해당되는 예시를 구체적으로 언급하는 의미 관계이므로 '예를 들어'라는 의미로 예시를 말할 때 사용하는 (d) For example이 정답이다.

어휘   real-time strategy game 실시간 전략 게임   A require B to 동사원형: A로 인해 B가 ~해야 하다, A가 B에게 ~하도록 요구하다   individual ⑧ 사람, 개인   make a decision 결정을 내리다   strategic 전략적인   in order to 동사원형: ~하기 위해, ~하려면   achieve ~을 이루다, 달성하다   resource 자원, 재원   build a base 기지를 짓다   make a choice 선택하다   affect ~에 영향을 미치다   eventually 결국   otherwise 그렇지 않으면   however 하지만, 그러나   for example 예를 들어

9. 시제 – 현재완료진행

정답   (a)

단서   for almost two years now

해석   나의 조카는 항상 만화책을 모으는 것을 좋아했다. 그가 더 나이 들어가면서, 취미를 수익성이 있는 활동으로 탈바꿈시켰다. 그의 최근 이메일에 따르면, 지금까지 거의 2년 동안 개인 만화책방을 계속 운영해오고 있다.

해설   동사 run의 알맞은 형태를 고르는 문제이다. 빈칸이 속한 문장 마지막 부분에 쓰여 있는 전치사구 for almost two years now는 과거에서 현재에 이르는 기간을 나타내어 현재완료시제 또는 현재완료진행시제와 어울려 쓰이므로 현재완료진행시제인 (a) has been running이 정답이다.

어휘   collect ~을 모으다, 수집하다   turn A into B: A를 B로 탈바꿈시키다, 변모시키다   profitable 수익성이 있는   according to ~에 따르면   recent 최근의   run ~을 운영하다

10. 가정법 과거

정답 (b)

단서 If ~ didn't have

해석 내가 일하고 있는 레스토랑에서는, 식사 손님들이 계산서를 본 후에 다시 식사하러 재방문하는 일이 드물다. 이곳이 그렇게 가격이 높지만 않아도, 우리는 고객 유지 성공률이 더 높을 것이다.

해설 동사 have의 알맞은 형태를 고르는 문제이다. If절의 동사가 가정법 과거를 나타내는 과거시제(didn't have)일 때, 주절의 동사는 「would/could/might + 동사원형」과 같은 형태가 되어야 알맞으므로 (b) would have가 정답이다.

어휘 diner 식사 손님 rarely 드물게, 좀처럼 ~ 않다 bill 계산서, 고지서, 청구서 rate 비율, 요금, 등급, 속도 retain ~을 유지하다

11. 관계사절

정답 (c)

단서 the umbrella, (사물 선행사와 콤마)

해석 켄은 지하철에 우산을 놓고 내렸다는 사실을 알게 되었을 때 몹시 기분이 상했다. 그는 같은 집에 사는 사람에게 빌렸던 우산을 잃어버린 것에 대해 사과했으며, 완전히 새로운 것을 사주겠다고 약속했다.

해설 콤마와 함께 삽입되어 특정 명사(선행사)를 설명하는 역할을 할 관계사절로 알맞은 것을 고르는 문제이다. 빈칸 앞에 위치한 umbrella가 사물에 해당되므로 사물 명사를 수식하는 관계대명사 which 또는 that이 이끄는 절 중에서 하나를 골라야 하는데, 콤마와 함께 삽입되는 구조에 쓰일 수 있는 것은 which이므로 (c) which he borrowed from his housemate가 정답이다. (d)의 that은 콤마와 함께 삽입되는 구조에 쓰이지 않으며, (b)의 what은 명사(선행사)를 수식하는 역할을 하지 않는다.

어휘 upset 기분이 상한, 화가 난 realize (that) ~임을 알게 되다, 깨닫다 leave ~을 놓고 오다 apologize for ~에 대해 사과하다 promise A to 동사원형: A에게 ~하겠다고 약속하다 borrow ~을 빌리다 housemate 같은 집에 사는 사람

12. 혼합 가정법

정답 (d)

단서 If ~ had banned, now dead and barren

해석 인도네시아의 많은 지역이 모든 나무를 베어 쓰러뜨리고 있는 야자유 회사들로 인해 현재 죽어 있고 척박한 상태이다. 정부에서 오래 전에 삼림 벌채를 금지했다면, 이 지역들은 숲이 우거진 정글처럼 보일 것이다.

해설 동사 look의 알맞은 형태를 고르는 문제이다. 가정법 문장에서 If절의 동사가 had banned와 같이 가정법 과거완료를 나타내는 「had p.p.」일 때, 주절의 의미가 현재 사실에 대한 가정을 나타내는 경우에 주절의 동사로 혼합 가정법 문장을 구성하는 「would/could/might + 동사원형」을 사용하는데, 문맥상 과거에 정부가 삼림 벌채를 금지했다면, 이 지역들이 지금은 숲이 우거진 정글처럼 보일 것이라는 내용으로, 주절의 내용이 현재 사실의 반대에 해당하므로 (d) would look이 정답이다. 참고로, If절의 동사가 「had p.p.」일 때, 주절의 동사로 「would/could/might + have

p.p.」의 형태를 사용하면 과거 사실에 대한 가정을 나타낸다.

어휘 barren 척박한, 황량한 due to ~로 인해, ~ 때문에 palm oil 야자유 ban ~을 금지하다 deforestation 삼림 벌채 region 지역, 지방 lush 숲이 우거진, 무성한

13. 시제 – 미래진행

정답 (a)

단서 as soon as we wake

해석 친구들과 내가 모두 이번 주말에 휴무이기 때문에, 난 우리가 가장 좋아하는 스키 리조트에 우리 여섯 명을 위해 숙소를 예약했다. 우리는 토요일에 일어나자마자 스키도 타고 느긋하게 쉬기 위해 그곳으로 향하고 있을 것이다.

해설 동사 go의 알맞은 형태를 고르는 문제이다. 빈칸 뒤에 접속사 as soon as이 이끄는 절이 쓰여 있는데, as soon as처럼 시간이나 조건을 나타내는 절에 현재시제로 된 동사(wake)가 쓰이면 주절의 동사는 미래시제 또는 미래진행시제가 되어야 하므로 미래진행시제인 (a) will be going이 정답이다.

어휘 be off work 휴무이다, 일하지 않고 쉬다 reserve ~을 예약하다 lodge 숙소, 별장, 오두막 relax 느긋하게 쉬다 as soon as ~하자마자, ~하는 대로

14. 준동사 – 동명사

정답 (c)

단서 stop

해석 대니의 여자친구는 대니가 배우가 되려고 하면서 시간을 허비하고 있다고 생각한다. 그녀는 절대로 그가 TV 프로그램이나 영화에 배역을 얻지 못할 것이라고 생각한다. 그녀가 어떻게 생각하든 상관없이, 대니는 무엇이든 자신이 할 수 있는 역할을 위해 오디션을 보는 일을 멈추지 않을 것이다.

해설 동사 audition의 알맞은 형태를 고르는 문제이다. 빈칸 앞에 원형으로 쓰여 있는 동사 stop은 동명사를 목적어로 취하므로 (c) auditioning이 정답이다. 이때, (d) having auditioned와 같은 완료동명사의 형태는 사용하지 않는다.

어휘 waste one's time -ing ~하면서 시간을 허비하다 get cast 캐스팅되다, 배역을 얻다 regardless of ~와 상관없이 whatever 무엇이든 ~하는 것, ~하는 무엇이든 audition ⑧ 오디션을 보다

15. 준동사 – to부정사

정답 (d)

단서 He advised me

해석 우리 삼촌께서는 항상 다른 나라들을 여행할 기회를 가지라고 말씀해 주셨다. 그는 나에게 다른 나라들과 관련해 가능한 한 많이 배우라고 조언해 주셨는데, 세계가 점점 더 문화적으로 다양해지고 있기 때문이다.

해설 동사 learn의 알맞은 형태를 고르는 문제이다. 빈칸 앞에 주어 He와 동사 advised, 그리고 목적어 me가 위치해 있으므로 빈칸은 5형식 동사 advised의 목적격보어 자리이다. advise는 to부정사를 목적격보어로 취하므로 정답은 (d) to learn이다.

어휘   take an opportunity to 동사원형: ~할 기회를 갖다 advise A to 동사원형: A에게 ~하라고 조언하다 as A as one can: 가능한 한 A하게 diverse 다양한

16. 가정법 과거

정답   (a)

단서   **If ~ were**

해석   달이 궤도를 돌다가 태양과 지구 사이에서 일직선이 될 때, 그 결과로 나타나는 것이 일식이다. 이 현상은 대략 18개월에 한번씩 우리 눈으로 볼 수 있다. 달이 파괴된다면, 그것이 초래하는 일식은 일어나지 않을 것이다.

해설   동사 occur의 알맞은 형태를 고르는 문제이다. If절의 동사기 가정법 과거를 나타내는 과거시제(were)일 때, 주절의 동사는 「would/could/might + 동사원형」과 같은 형태가 되어야 알맞으므로 (a) would not occur가 정답이다.

어휘   orbit ⑤ 궤도를 돌다 directly 일직선으로, 곧장, 똑바로 result 결과(물) eclipse 일식, (일식, 월식의) 식 phenomenon 현상 visible 눈으로 볼 수 있는 roughly 대략, 약 be to 동사원형: ~하게 되다, ~할 예정이다, ~해야 하다 destroy ~을 파괴하다 cause ~을 초래하다, 야기하다 occur 일어나다, 발생되다

17. 시제 – 현재진행

정답   (b)

단서   **Right now**

해석   버논은 영화 속에서 싸우는 사람들을 보는 것이 아주 재미있어서 무술에 관심을 갖게 되었다. 그는 심지어 가라데 학원에 등록하기도 했다. 바로 지금, 그는 자신의 첫 대회에 앞서 기술을 완벽히 연마하고 있다.

해설   동사 perfect의 알맞은 형태를 고르는 문제이다. 빈칸 바로 앞에 위치한 Right now가 '바로 지금'이라는 의미를 나타내어 현재 일시적으로 진행되는 일을 뜻하는 현재진행시제 동사와 어울려 쓰이므로 (b) is perfecting이 정답이다. 현재시제인 (a) perfects는 일반적으로 반복되거나 불변하는 일 등을 나타내므로 맞지 않는다.

어휘   become interested in ~에 관심을 갖게 되다 martial arts 무술 see A 동사원형: A가 ~하는 것을 보다 enroll 등록하다 contest 경기대회, 경연대회 perfect ⑤ ~을 완벽히 하다

18. 가정법 과거완료

정답   (c)

단서   **if ~ had ceased**

해석   태양이 발산하는 열은 지구의 모든 살아있는 생물체의 생존에 있어 대단히 중요하다. 사실, 태양의 에너지가 지구를 따뜻하게 해주는 것을 오랫동안 멈췄다면, 지구상의 생명체는 오래 전에 전멸되었을 것이다.

해설   be동사의 알맞은 형태를 고르는 문제이다. if절의 동사가 had ceased와 같이 가정법 과거완료를 나타내는 「had p.p.」일 때, 주절의 동사는 「would/could/might + have p.p.」와 같은 형태가 되어야 알맞으므로 (c) would have been이 정답이다.

어휘   crucial 대단히 중요한 survival 생존 organism 생물(체) indeed 사실, 실제로 cease to 동사원형: ~하는 것을 멈추다, 중단하다 warm ⑤ ~을 따뜻하게 하다 wipe out ~을 전멸시키다

19. 준동사 – 동명사

정답   (a)

단서   **enjoyed**

해석   우리 회사가 직원들을 위해 야유회를 마련한지 아주 오래 되었다. 그래서 사장님께서 우리를 지역 음식 축제에 데리고 가셨다. 모든 직원들이 제공되는 다양한 외국 음식들을 즐겁게 먹었다.

해설   동사 eat의 알맞은 형태를 고르는 문제이다. 빈칸 앞에 과거시제로 쓰여 있는 동사 enjoy는 동명사를 목적어로 취하므로 (a) eating이 정답이다. 이때, (b) having eaten과 같은 완료동명사의 형태는 사용하지 않는다.

어휘   ages 오랜 기간, 오랫동안 since ~한 이후로 organize ~을 마련하다, 준비하다, 주최하다 outing 야유회 local 지역의, 현지의 on offer 제공되는

20. 시제 – 과거완료진행

정답   (d)

단서   **for three hours, before she thought**

해석   극심한 치통으로 인해, 비비안은 치과에 가기 위해 일찍 퇴근해야 했다. 그녀는 응급 진료 예약을 생각하기에 앞서 세 시간 동안 계속 통증을 느꼈다고 치과 의사에게 알렸다.

해설   동사 feel의 알맞은 형태를 고르는 문제이다. 빈칸 뒤로 시간 전치사구 for three hours가 있고, 그 뒤에 과거시제 동사(thought)를 포함한 before절이 이어져 있는데, 접속사 before의 의미 특성상 전치사구 for three hours가 before절보다 더 이전의 시간임을 알 수 있다. 이렇게 특정 과거 시점보다 더 이전의 과거 시점에 발생한 일을 나타낼 때 과거완료시제 또는 과거완료진행시제를 사용하므로 과거완료진행시제 (d) had been feeling이 정답이다.

어휘   severe 극심한, 심각한 dental 치과의, 치아의 inform A that: A에게 ~라고 알리다 sore 아픈, 쓰라린, 따가운 make an appointment 예약하다 emergency 응급 상황, 긴급 사태

21. 준동사 – to부정사

정답   (b)

단서   **want**

해석   펜타닐은 극심한 고통을 겪는 환자들을 치료하기 위해 처방되는 약이다. 하지만, 일부 의료 전문가들은 환자들이 이 약에 중독되어 평생 동안의 의존증이 생길 수 있기 때문에 이 약을 금지하기를 원한다.

해설   동사 ban의 알맞은 형태를 고르는 문제이다. 빈칸 앞에 현재시제로 쓰여 있는 동사 want는 to부정사를 목적어로 취하므로 (b) to ban이 정답이다. 이때, (a) to have banned와 같은 완료부정사의 형태는 사용하지 않는다.

어휘   prescribe ~을 처방하다 treat ~을 치료하다, 처치하다 patient

환자 severe 극심한, 심각한 however 하지만, 그러나 expert 전문가 get addicted to ~에 중독되다 develop (병 등) ~이 생기다, ~을 발병시키다 lifelong 평생 동안의 dependence 의존(증) ban ~을 금지하다

22. 접속사

정답   (b)

해석   우리 할머니께서는 댁에서 직접 도넛을 요리하시는 것을 아주 좋아하시며, 자주 나에게 새로운 조리법으로 시도한 도넛을 시식해보게 해주신다. 요리 후에는, 이 도넛들이 아주 뜨겁긴 하지만, 한동안 식히고 나면, 먹을 준비가 된다.

해설   문장의 의미에 어울리는 접속사를 고르는 문제이다. 빈칸이 속한 문장을 읽어보면, '요리 후에는, 이 도넛들이 아주 뜨겁긴 하지만, 한동안 식히고 나면, 먹을 준비가 된다'와 같은 뜻이 되어야 가장 자연스러우므로 빈칸에는 '(일단) ~하면', '~하는 대로'라는 의미를 나타내는 (b) once가 정답이다.

어휘   let A 동사원형: A에게 ~하게 해주다 sample ⑧ ~을 시식하다, 시음하다 recipe 조리법 once ~하는 대로, ~하자마자 for a while 한동안

23. 가정법 과거

정답   (a)

단서   if ~ offered

해석   로버트는 친구들을 차로 태워주는 것을 좋아하는데, 그가 유일하게 운전 면허증이 있는 사람이기 때문이다. 게다가, 그는 친구들이 차를 얻어 탈 필요가 있을 때마다 여기저기 차로 데려다 주겠다고 하면 친구들이 자신을 더 좋아할 것이라고 생각한다.

해설   빈칸에 알맞은 조동사를 고르는 문제이다. if절의 동사가 가정법 과거를 나타내는 과거시제(offered)일 때, 주절의 동사는 「would/could/might + 동사원형」과 같은 형태가 되어야 알맞으므로 (a) would like가 정답이다.

어휘   give A a ride: A를 차로 태워주다 offer to 동사원형: ~하겠다고 제안하다 whenever ~할 때마다, ~할 때는 언제든 ride ⑱ 차 얻어 타기, 차로 태워주기

24. 준동사 – to부정사

정답   (a)

단서   They are tightly strapped around the elbows and knees (완전한 절, 수동태)

해석   스케이트보드를 타는 데 필수인 몇몇 장비로 보호대가 있다. 찰과상을 방지하기 위해 이것들을 팔꿈치와 무릎에 단단히 둘러 묶는다. 이 보호대들은 스케이트보드를 타는 사람이 넘어질 때 관절에 미치는 영향도 줄여준다.

해설   동사 prevent의 알맞은 형태를 고르는 문제이다. 빈칸 앞에 주어 They와 수동태 동사 are tightly strapped, 그리고 전치사구 around the elbows and knees가 위치하여 문장 성분이 모두 갖춰진 완전한 절이 위치해 있으므로 명사 역할을 하는 동명사는 빈칸에 위치할 수 없다. 또한 문맥상 빈칸과 grazing이 '찰과상을

방지하기 위해'라는 의미로 팔꿈치와 무릎에 보호대를 단단히 착용하는 목적을 나타내야 알맞으므로 '~하기 위해'라는 부사적 용법으로 목적을 나타낼 때 사용하는 to부정사 (a) to prevent가 정답이다.

어휘   a piece of equipment 한 가지 장비 essential 필수적인 safety pads 보호대 tightly 단단히, 꽉 strap ~을 끈으로 묶다 elbow 팔꿈치 grazing 찰과상 lessen (강도, 크기 등) ~을 줄여주다 impact on ~에 미치는 영향 joint 관절 fall 넘어지다, 쓰러지다 prevent ~을 방지하다, 막다

25. 당위성을 나타내는 동사원형

정답   (c)

단서   insists that

해석   우리 음악 선생님께서는 우리에게 새로운 곡들을 배우는 법을 가르치실 때 매우 엄격하시다. 그는 우리가 완벽히 연주할 수 있도록 각각의 작품을 매일 아침과 저녁에 연습해야 한다고 주장한다.

해설   동사 practice의 알맞은 형태를 고르는 문제이다. 빈칸은 동사 insists의 목적어 역할을 하는 that절의 동사 자리인데, insist와 같이 주장/요구/명령/제안 등을 나타내는 동사의 목적어 역할을 하는 that절의 동사는 조동사 should 없이 동사원형으로 당위성을 나타내므로 (c) practice가 정답이다.

어휘   strict 엄격한 how to 동사원형: ~하는 법 composition 곡, 작곡, (글, 음악 등의) 작품 insist that ~라고 주장하다 piece (글, 음악, 그림 등의) 작품 practice ~을 연습하다

26. 조동사

정답   (d)

해석   일주일 전에 새로운 호흡기 질병이 아프리카에서 발견되었다고 보고되었다. 감염병 전문가인 오코누 박사가 각국 정부는 이 문제를 처리하기 위해 신속한 조치를 취해야 한다고 말했을 때, 환자의 수는 놀라운 속도로 증가하고 있었다.

해설   문장의 의미에 어울리는 조동사를 고르는 문제이다. 빈칸이 속한 문장은 오코누 박사 정부에 말한 내용을 담고 있는데, 문맥상 the problem에 해당하는 새로운 호흡기 질병을 해결하기 위해서 신속한 조치를 취해야 한다고 말하는 내용이다. 신속한 조치를 취하는 것(take swift steps)이 반드시 이루어져야 한다는 의미로 말한 것이므로 '반드시 ~해야 하다'라는 의미로 의무나 필요성을 나타낼 때 사용하는 (d) must가 정답이다.

어휘   respiratory 호흡기의 disease 질병, 질환 infectious 감염되는, 전염되는 expert 전문가 take steps 조치를 취하다 swift 신속한 address ⑧ (문제 등) ~을 처리하다, 다루다 the number of ~의 수 patient 환자 at an alarming rate 무서운 속도로, 놀라운 속도로

문제집 p.52

TEST 9 | 정답 및 문제 유형

1. (d) 조동사	2. (c) 시제	3. (b) 당위성	4. (a) 준동사
5. (d) 접속부사	6. (b) 가정법	7. (d) 준동사	8. (a) 시제
9. (c) 접속사	10. (c) 조동사	11. (d) 가정법	12. (b) 준동사
13. (a) 시제	14. (c) 가정법	15. (d) 준동사	16. (c) 관계사절
17. (a) 가정법	18. (b) 당위성	19. (d) 준동사	20. (c) 시제
21. (a) 시제	22. (b) 가정법	23. (a) 준동사	24. (d) 시제
25. (a) 가정법	26. (c) 관계사절		

1. 조동사

정답 (d)

해석 마릴린은 시내에 있는 레스토랑에서 식사할 때 야외 테이블을 예약하는 것을 선호한다. 난 그녀가 다음 주에 우리 고객들을 모시고 나가서 저녁 식사하도록 요청 받게 된다면 곧 야외 테이블을 예약할지도 모른다고 생각한다.

해설 문장의 의미에 어울리는 조동사를 고르는 문제이다. 빈칸이 속한 주절은 현재시제 동사(is)가 쓰인 if절에 제시된 조건에 따라 마릴린이 옥외 테이블 하나를 예약하는 일이 발생될 가능성이나 추측 등을 나타내는 의미가 되어야 가장 자연스럽다. 따라서, '~할지도 모른다, ~할 수도 있다'와 같은 의미로 다소 낮은 가능성이나 추측을 말할 때 사용하는 (d) might이 정답이다.

어휘 prefer to 동사원형: ~하는 것을 선호하다 book ~을 예약하다 (= reserve) downtown 시내에서, 시내로 be asked to 동사원형: ~하도록 요청 받다

2. 시제 - 과거진행

정답 (c)

단서 when ~ spotted

해석 2021년에, 한 남자가 버려져 있던 귀중한 그림 한 점을 발견했다. 그와 그의 아내가 근처의 쓰레기통에 놓여 있던 그 미술품을 발견했을 때 그들은 극장에서 나오고 있던 중이었다.

해설 동사 come out의 알맞은 형태를 고르는 문제이다. 빈칸 뒤에 과거시제 동사(spotted)를 포함한 when절이 쓰여 있어 이 when절이 가리키는 과거 시점에 나오는 일(come out)이 일시적으로 진행되던 상황을 나타내야 자연스러우므로 이러한 의미로 쓰이는 과거진행시제 (c) were coming out이 정답이다.

어휘 valuable 귀중한, 가치 있는 discard ~을 버리다, 폐기하다 spot ⑧ ~을 발견하다, 찾다 sit (사물이) 놓여 있다, 방치되어 있다 nearby 근처의 come out 나오다

3. 당위성을 나타내는 동사원형

정답 (b)

단서 It is crucial that

해석 인터넷 보안 문제가 과거 그 어느 때보다 지금 더 중요하다. 악성 소프트웨어와 바이러스, 그리고 기타 유해한 컴퓨터 프로그램들 같은 잠재적 위협 요소들에 대비해 컴퓨터를 보호하는 것이 대단히 중요하다.

해설 동사 protect의 알맞은 형태를 고르는 문제이다. 빈칸은 「It is ~ that절」 구조로 된 가주어/진주어 문장에서 진주어 역할을 하는 that절의 동사 자리인데, that 앞에 crucial과 같이 필수/의무/중요성 등을 나타내는 형용사가 쓰이면 that절은 조동사 should 없이 동사원형으로 당위성을 나타내므로 동사원형인 (b) protect가 정답이다.

어휘 than ever before 과거 그 어느 때보다 against ~에 대비해 potential 잠재적인 threat 위협 (요소) malware 악성 소프트웨어 harmful 유해한

4. 준동사 - to부정사

정답 (a)

단서 zookeepers encourage people

해석 사로잡힌 대부분의 동물들은 야생에서 일반적으로 먹을 법한 것을 반영하는 매우 엄격한 식단을 제공 받는다. 그것이 바로 동물원 사육사들이 사람들에게 동물원 방문 중에 동물들에게 먹이를 주지 말라고 권하는 이유이다.

해설 동사 feed의 알맞은 형태를 고르는 문제이다. 빈칸 앞에 why 명사절의 주어 zookeepers, 동사 encourage, 목적어 people이 위치해 있는데, 동사 encourage는 「encourage + 목적어 + to부정사」의 구조로 목적격보어자리에 to부정사를 써서 '~에게 …하도록 권하다, 부추기다, 장려하다'라는 의미를 나타내므로 encourage와 목적어 people 뒤에 위치한 빈칸은 to부정사 자

리임을 알 수 있다. 따라서, to부정사의 부정형인 (a) not to feed 가 정답이다.

어휘   in captivity 사로잡힌, 감금되어 있는   be provided with ~을 제공 받다   strict 엄격한   reflect ~을 반영하다   normally 일반적으로, 보통   encourage A to 동사원형: A에게 ~하도록 권하다, 부추기다, 장려하다   while ~하는 중에, ~하는 동안, ~인 반면   feed ~에게 먹이를 주다

5. 접속부사

정답   (d)

해석   영국의 권투 선수 타이슨 퓨리는 우울증 및 기타 건강상의 문제에 시달리던 중에 헤비급 챔피언 자리를 빼앗겼다. 그럼에도 불구하고, 그는 재기에 성공해 트레이너들과 팬들의 지원에 힘입어 챔피언 자리를 되찾았다.

해설   빈칸에 알맞은 접속부사를 고르는 문제이므로 앞뒤 문장들의 의미 관계를 확인해야 한다. 빈칸 앞에는 여러 문제로 인해 챔피언 자리를 빼앗긴 사실이, 빈칸 뒤에는 다시 챔피언이 된 사실이 각각 쓰여 있다. 이는 대조적인 의미 관계에 해당되므로 '그럼에도 불구하고'라는 의미로 대조를 나타낼 때 사용하는 관계부사 (d) Nevertheless가 정답이다.

어휘   while ~하는 중에, ~하는 동안, ~인 반면   suffer from (질병, 어려움 등)에 시달리다, ~로 고통 받다   depression 우울증   issue 문제, 사안   mount a comeback 재기에 성공하다, 역전승하다   regain ~을 되찾다, 회복하다   in the first place 우선, 첫째로   consequently 그 결과, 결과적으로   nevertheless 그럼에도 불구하고

6. 가정법 과거완료

정답   (b)

단서   **If ~ had not sent**

해석   데이나는 새로운 아스트로 휴대전화기를 구입하는 것을 꺼렸지만, 친구가 그것을 적극 추천해주었다. 친구가 할인 쿠폰을 보내주지 않았다면, 그녀는 그 제품을 구입하지 않았을 것이다.

해설   동사 purchase의 알맞은 형태를 고르는 문제이다. If절의 동사가 had not sent와 같이 가정법 과거완료를 나타내는 「had p.p.」일 때, 주절의 동사는 「would/could/might + have p.p.」와 같은 형태가 되어야 알맞으므로 (b) would not have purchased 가 정답이다.

어휘   be reluctant to 동사원형: ~하는 것을 꺼리다, 주저하다   recommend A highly: A를 적극 추천하다   voucher 쿠폰, 상품권   purchase ~을 구입하다

7. 준동사 – to부정사

정답   (d)

단서   **has the entitlement**

해석   세입자들은 론건 씨가 월간 임대 요금의 상당한 인상을 공지한 뒤로 그를 고소했다. 하지만, 판사는 어떤 식으로든 그가 원하는 방식으로 임대료를 조정할 자격이 있다고 판결했다.

해설   동사 adjust의 알맞은 형태를 고르는 문제이다. 빈칸이 속한 that 절의 이미 동사 has가 쓰여 있으므로 빈칸은 동사 자리가 아니며, 빈칸 앞에 위치한 has the entitlement는 to부정사와 결합해 '~할 자격이 있다'라는 의미를 나타내므로 (d) to adjust가 정답이다. 이렇게 to부정사가 명사를 뒤에서 수식하여 '~할'이라는 의미를 나타내는 경우 형용사적 용법이라 한다.

어휘   tenant 세입자   take A to court: A를 고소하다   significant 상당한, 많은   rise in ~의 인상, 증가   rental 임대, 대여   rate 요금, 등급, 속도, 비율   however 하지만, 그러나   judge 판사   have the entitlement to 동사원형: ~할 자격이 있다   rent 임대료   in any way one like 어떤 식으로든 ~가 원하는 방식으로   adjust ~을 조정하다

8. 시제 – 현재진행

정답   (a)

단서   **Right now**

해석   배리는 인기 있는 소셜 미디어 인플루언서이다. 한 에너지 음료 회사의 후원을 통해, 그는 후기를 작성할 그곳의 최신 음료를 받았다. 바로 지금, 그는 자신의 팔로워들에게 모든 후기를 제공하기 위해 그 음료의 맛과 포장을 평가하고 있다.

해설   동사 evaluate의 알맞은 형태를 고르는 문제이다. 빈칸 바로 앞에 위치한 Right now가 '바로 지금'이라는 의미를 나타내어 현재 일시적으로 진행되는 일을 뜻하는 현재진행시제 동사와 어울려 쓰이므로 (a) is evaluating이 정답이다. 현재시제인 (d) evaluates는 일반적으로 반복되거나 불변하는 일 등을 나타내므로 오답이다.

어휘   sponsor ~을 후원하다   receive ~을 받다   beverage 음료   review ⑤ ~의 후기를 작성하다, ~을 평가하다 ⑥ 후기, 평가, 의견   packaging 포장(재)   present ~을 제공하다, 제시하다   evaluate ~을 평가하다

9. 접속사

정답   (c)

해석   필리핀에 있는 여행사들은 장마철에 더 저렴한 요금을 제공한다. 이 가격 할인으로, 설사 여행 중에 악천후가 발생할 가능성이 있다 하더라도 여행객들은 신청하는 것을 고려한다.

해설   문장의 의미에 어울리는 접속사를 고르는 문제이다. 빈칸이 속한 문장을 읽어보면, '설사 여행 중에 악천후가 발생할 가능성이 있다 하더라도 여행객들은 신청하는 것을 고려한다'와 같은 의미가 되어야 가장 자연스러우므로 '설사 ~한다 하더라도'를 뜻하는 (c) even if가 정답이다.

어휘   rate 요금, 등급, 속도, 비율   monsoon season 장마철   reduction 할인, 인하, 감소   consider -ing ~하는 것을 고려하다   sign up 등록하다, 신청하다   inclement weather 악천후   occur 발생하다, 일어나다   supposing that 만일 ~라면   now that 이제 ~이므로   even if 설사 ~한다 하더라도   insofar as ~하는 한에 있어서는

10. 조동사

정답   (c)

해석 수업 내용을 이해하는 것에 어려움을 겪는 학생들은 가정 교습을 찾는 것이 권장된다. 개별적으로 그 학생을 돌보는 것 외에도, 가정 교사는 학생이 쑥스러워 하지 않고 질문을 하는 것을 도와줄 수 있다.

해설 문장의 의미에 어울리는 조동사를 고르는 문제이다. 빈칸이 포함된 문장은 가정 교사가 학생에게 개별적으로 그 학생을 돌보는 것 외에 쑥스러워 하지 않고 질문을 하는 것을 도와준다는 내용인데, 이 내용은 가정 교사가 학생에게 제공할 수 있는 것을 의미하므로 가정 교사의 능력을 나타낸다. 따라서 '~할 수 있다'라는 의미로 능력을 나타내는 조동사 (c) can이 정답이다. 문제에는 가정 교습을 찾아보는 것이 권장된다고만 언급하였으며, 가정 교사의 의무나 당위성에 대해 언급한 것이 아니므로 must나 should는 오답이다.

어휘 have a hard time -ing: ~하는 것에 어려움을 겪다 lesson 수업 be recommended to 동사원형: ~하는 것이 권장되다 aside from ~외에도 give attention 돌보다, 귀를 기울이다, 주의하다 individual 개별적인, 개인적인 embarrassed 쑥스러운, 당황스러운

11. 가정법 과거

정답 (d)

단서 If ~ considered

해석 지난 20년 동안에 걸쳐, 인도의 도시마다 교통 혼잡이 증가해, 끔찍한 교통 체증을 초래해왔다. 더 많은 현지 주민들이 대중 교통을 대신 이용하는 것을 고려한다면, 특히 분주한 도시 지역에서 교통 체증의 규모가 줄어들 것이다.

해설 동사 decrease의 알맞은 형태를 고르는 문제이다. If절의 동사가 가정법 과거를 나타내는 과거시제(considered)일 때, 주절의 동사는 「would/could/might + 동사원형」과 같은 형태가 되어야 알맞으므로 (d) would decrease가 정답이다.

어휘 traffic congestion 교통 혼잡 result in ~을 초래하다, ~라는 결과를 낳다 terrible 끔찍한 traffic jam 교통 체증 local 현지의, 지역의 resident 주민 consider -ing ~하는 것을 고려하다 public transport 대중 교통 instead 대신 particularly 특히, 특별히 urban 도시의 decrease 줄어들다, 감소하다

12. 준동사 – to부정사

정답 (b)

단서 he called the city council's waste disposal department (완전한 절)

해석 마빈은 자신이 사는 거리의 한쪽 옆에 방치되어 있는 낡고 버려진 소파를 보는 게 지겨웠다. 짜증이 나서, 그는 그 가구를 가능한 한 빨리 치우도록 요청하기 위해 시의회의 폐기물 처리 담당 부서에 전화를 걸었다.

해설 동사 ask의 알맞은 형태를 고르는 문제이다. 빈칸 앞에 주어 he와 동사 called, 목적어 the city council's waste disposal department로 구성된 완전한 절이 위치해 있으므로 빈칸에는 동명사가 들어갈 수 없다. 문맥상 빈칸 뒤의 내용과 함께 빈칸에 들어갈 동사 ask는 마빈이 시 의회의 폐기물 처리 담당 부서에 전화를 건 목적을 나타내야 알맞으므로 '~하기 위해'라는 의미로 목

적을 나타낼 때 사용하는 to부정사 (b) to ask가 정답이다.

어휘 be tired of ~을 지겨워하다 discard ~을 버리다, 폐기하다 sit (사물이) 방치되어 있다, 놓여 있다 annoyed 짜증이 난 council 의회 disposal 처리, 처분 as A as possible: 가능한 한 A하게 remove ~을 치우다, 없애다

13. 시제 – 미래진행

정답 (a)

단서 later today

해석 브래들리는 여자친구가 직장에서 승진했다는 사실을 알게 된 후에 축하의 인사를 전했다. 이 일을 기념하기 위해, 그는 오늘 이따가 여자친구가 가장 좋아하는 레스토랑으로 그녀를 데리고 가서 비싼 식사를 사 줄 것이다.

해설 동사 take의 알맞은 형태를 고르는 문제이다. 빈칸이 포함된 문장 맨 뒤에 부사 later today가 있는데, later today처럼 미래를 나타내는 부사가 쓰이면 미래시제 또는 미래진행시제가 되어야 하므로 미래진행시제인 (a) will be taking이 정답이다.

어휘 congratulate ~에게 축하의 말을 하다, ~을 축하하다 find out that ~임을 알게 되다 promotion 승진, 진급 mark ~을 기념하다 occasion 일, 사건, 경우, 때 later today 오늘 이따가, 오늘 중 나중에

14. 가정법 과거완료

정답 (c)

단서 If ~ had succumbed

해석 작년에, 터너 코퍼레이션의 대표인 데이빗 밋첼은 자동차 사고로 인해 크게 부상 당했다. 당시에 회사의 대표이사였던 밋첼 씨가 그 부상으로 쓰러졌다면, 최고 운영 이사가 대표직을 맡았을 것이다.

해설 동사 assume의 알맞은 형태를 고르는 문제이다. If절의 동사가 had succumbed와 같이 가정법 과거완료를 나타내는 「had p.p.」일 때, 주절의 동사는 「would/could/might + have p.p.」와 같은 형태가 되어야 알맞으므로 (c) would have assumed가 정답이다.

어휘 injure ~에게 부상을 입히다 succumb to (병 등) ~로 쓰러지다, ~에 굴복하다 assume (책임, 직책 등) ~을 맡다

15. 준동사 – 동명사

정답 (d)

단서 allows

해석 연구에 따르면, 알코올 소비는 현실 속의 감정과 책임에서 벗어나려는 충동과 연관되어 있다. 술에 취해 있는 상태가 우리의 걱정거리들을 잊게 해주기 때문에, 많은 알코올 중독자들은 알코올 소비를 무감각해지는 경험이라고 생각한다.

해설 동사 forget의 알맞은 형태를 고르는 문제이다. 빈칸 앞에 현재시제로 쓰여 있는 동사 allows는 동명사를 목적어로 취하므로 (d) forgetting이 정답이다. 이때, (b) having forgotten과 같은 완료동명사의 형태는 사용하지 않는다.

어휘 based on ~에 따르면, ~을 바탕으로 consumption 소비 be linked to ~와 연관되어 있다 urge to 동사원형: ~하려는 충동 escape ~에서 벗어나다 responsibility 책임 state 상태 numbing 무감각해지는, 마비시키는 consume 먹다, 섭취하다

16. 관계사절

정답 (c)

단서 Her brother(사람 선행사)

해석 니나와 그녀의 남동생은 뒤뜰에서 바비큐 파티를 열고 있었다. 그릴에 고기를 굽던 그녀의 남동생이 너무 오래 요리하는 바람에 고기가 타서 모든 맛을 잃어버렸다. 파티 손님들이 불평했을 때, 니나의 남동생은 대신 포장 음식을 주문했다.

해설 명사 brother를 뒤에서 수식할 관계사절로 알맞은 것을 고르는 문제이다. brother가 사람을 의미하므로 사람 명사를 수식할 수 있는 「who + 불완전한 절」의 구조로 된 선택지를 정답으로 고른다. 따라서 정답은 (c) who grilled the meat이다. 참고로, 소유격 관계대명사 whose 뒤에는 관사 또는 한정사가 없는 명사가 위치하고 그 뒤에 불완전한 절이 이어지는데, (a)는 whose 뒤에 명사가 위치하지 않고 주어가 없는 불완전한 절이 이어져 있으므로 오답이다.

어휘 host (행사 등) ~을 열다, 주최하다 flavour 맛, 풍미 complain 불평하다 takeout food 포장 음식 instead 대신 grill ~을 그릴에 굽다

17. 가정법 과거

정답 (a)

단서 if ~ were

해석 팜빌 리조트의 책임자는 손님들에게 지역 투어에 참가하도록 권장한다. 그는 손님들이 이러한 활동들을 무시하게 된다면, 그 섬의 관광청이 홍보하고 있는 모든 놀라운 관광지와 명소들을 놓칠 것이라고 말한다.

해설 동사 miss out의 알맞은 형태를 고르는 문제이다. if절의 동사가 가정법 과거를 나타내는 과거시제(were)일 때, if절과 연결되는 절의 동사는 「would/could/might + 동사원형」과 같은 형태가 되어야 알맞으므로 (a) would miss out이 정답이다.

어휘 recommend A to 동사원형: A에게 ~하도록 권하다, 추천하다 join ~에 참가하다, 함께 하다 local 지역의, 현지의 be to 동사원형: ~하게 되다, ~해야 하다, ~할 예정이다 ignore ~을 무시하다 sights 관광지, 명소 attraction 명소, 인기 장소 promote ~을 홍보하다 miss out on ~을 놓치다, 지나치다, 빠트리다

18. 당위성을 나타내는 동사원형

정답 (b)

단서 advise that

해석 적절한 복장은 사파리 방문객들에게 중요하다. 공원 경비대는 사파리 참가자들이 공원 투어에 참가할 때 어떤 화려한 의류도 착용하지 말도록 강력히 권고한다. 이는 동물의 공격 가능성을 낮추는

데 도움이 된다.

해설 동사 wear의 알맞은 형태를 고르는 문제이다. 빈칸은 동사 advise의 목적어 역할을 하는 that절의 동사 자리인데, advise와 같이 주장/요구/명령/제안 등을 나타내는 동사의 목적어 역할을 하는 that절의 동사는 조동사 should 없이 동사원형으로 당위성을 나타낸다. 또한 해당 that절의 동사를 부정하는 경우에 단순히 동사원형 앞에 not만 추가하므로 이에 해당되는 (b) not wear가 정답이다.

어휘 appropriate 적절한, 알맞은 participant 참가자 garment 의류, 옷 join ~에 참가하다, 함께 하다 help 동사원형: ~하는 데 도움이 되다 reduce ~을 낮추다, 줄이다

19. 준동사 - 동명사

정답 (d)

단서 avoid

해석 사람들에게 충치가 더 많이 생기는 한 가지 이유는 우리가 흔히 물보다 설탕이 든 음료를 선택하기 때문이다. 충치 발생 위험성을 줄이기 위해, 우리는 당분이 높은 음료를 마시는 것을 피해야 한다.

해설 동사 drink의 알맞은 형태를 고르는 문제이다. 빈칸 앞에 원형으로 쓰여 있는 동사 avoid는 동명사를 목적어로 취하므로 (d) drinking이 정답이다. 이때, (b) having drunk와 같은 완료동명사의 형태는 사용하지 않는다.

어휘 cavity 충치(= tooth decay) sugary 설탕이 들어 있는 soda 탄산 음료 over (비교, 대상) ~보다, ~ 대신 reduce ~을 줄이다, 낮추다 risk 위험(성) avoid -ing ~하는 것을 피하다 beverage 음료 be high in ~가 높다

20. 시제 - 미래완료진행

정답 (c)

단서 By the end of the new soccer season, for nearly two decades

해석 우리 축구팀의 골키퍼 버트 랜싱은 한 시즌 더 계약을 연장하였다. 새로운 축구 시즌이 종료될 때쯤이면, 이 골키퍼는 거의 20년 동안 선수로 뛰는 중일 것이다. 여전히, 그는 계속해서 최고 수준의 경기력을 보여주고 있다!

해설 동사 play의 알맞은 형태를 고르는 문제이다. 첫 문장에 현재완료시제 동사(has extended)와 함께 계약을 연장하는 일이 현재 완료되어 있는 상태임을 나타내는 말이 쓰여 있어 빈칸 앞에 위치한 By 전치사구가 새롭게 연장한 계약에 따라 20년 동안의 선수 활동이 종료되는 미래 시점을 의미한다는 것을 알 수 있다. 이렇게 미래의 종료 시점을 나타내는 By 전치사구와 for nearly two decades와 기간을 나타내는 「for + 숫자 기간」 표현은 과거 또는 현재에 시작된 일이 미래의 특정 시점까지 지속되는 기간을 나타내어 미래완료진행시제와 함께 사용되므로 (c) will have been playing이 정답이다.

어휘 extend ~을 연장하다 contract 계약(서) by the end of ~가 종료될 때쯤이면 nearly 거의 decade 10년 continue to 동사원형: 계속 ~하다 perform 하다, 실시하다, 수행하다

21. 시제 – 과거완료진행

정답 (a)

단서 was diagnosed, after ~ overdosed

해석 로빈 윌리엄스의 팬들은 TV 프로그램과 영화 속에서 보이는 모습만큼 그가 행복한 사람이라고 생각했다. 그들이 알지 못했던 것은 이 코미디언이 처방약을 과다 복용한 후에 진단받게 된 우울증에 계속 대처하고 있었다는 사실이다.

해설 동사 deal의 알맞은 형태를 고르는 문제이다. 빈칸 뒤에 과거시제 동사(was diagnosed와 overdosed)와 함께 과거 시점에 처방약을 과다 복용하고 우울증을 진단 받은 사실이 쓰여 있으므로 그 우울증에 대처하던 것은 진단 받은 과거 시점보다 더 이전의 과거에 이미 일어나고 있었던 일임을 알 수 있다. 이렇게 특정 과거 시점보다 더 이전의 과거 시점에 발생된 일을 나타낼 때 과거완료시제 또는 과거완료진행시제를 사용하므로 과거완료진행시제 (a) had been dealing이 정답이다.

어휘 as A as B: B만큼 A한 realize ~을 알게 되다, 깨닫다 depression 우울증 diagnose ~을 진단하다 overdose on ~을 과다 복용하다 prescription medication 처방약 deal with ~에 대처하다, ~을 처리하다, ~을 다루다

22. 가정법 과거완료

정답 (b)

단서 had he participated

해석 빌은 직장에서 승진을 거절 당한 직후에 아내에게 전화했다. 그는 회의 시간마다 더 열정적으로 참여했더라면 승진될 수 있었을 거라고 말했는데, 부서장이 많은 기여를 하는 직원을 선호했기 때문이었다.

해설 동사 get의 알맞은 형태를 고르는 문제이다. 빈칸 뒤에 「had + 주어 + p.p.」가 위치해 있으므로 가정법 과거완료의 if절이 도치된 형태로 쓰였음을 알 수 있다. 도치된 if절의 동사가 had participated와 같이 가정법 과거완료를 나타내는 「had p.p.」일 때, if절과 연결되는 절의 동사는 「would/could/might + have p.p.」와 같은 형태가 되어야 알맞으므로 (b) could have gotten이 정답이다.

어휘 rejection 거절, 거부 promotion 승진, 진급 participate in ~에 참여하다, 참가하다 enthusiastically 열정적으로, 열심히 prefer ~을 선호하다 make a contribution 기여하다, 공헌하다 significant 많은, 상당한

23. 준동사 – 동명사

정답 (a)

단서 banned

해석 수년 동안에 걸쳐, 고객들은 직원들이 비전문적으로 보인다는 의견을 제시해왔다. 어제, 우리 CEO는 우리 회사에서 평상복을 착용하는 것을 금지하고 대신 새 근무용 유니폼을 제공할 것이라고 발표하셨다.

해설 동사 put on의 알맞은 형태를 고르는 문제이다. 빈칸 앞에 현재완료시제로 쓰여 있는 동사 ban은 동명사를 목적어로 취하므로 (a) putting on이 정답이다. 이때, (c) having put on과 같은 완료

동명사의 형태는 사용하지 않는다.

어휘 comment that ~라는 의견을 제시하다, ~라고 발언하다 ban -ing ~하는 것을 금지하다 instead 대신 provide ~을 제공하다 put on ~을 착용하다

24. 시제 – 현재완료진행

정답 (d)

단서 since she began

해석 낸시는 심지어 새로운 일을 시작한 후에도 계속 배울 수 있도록 주말 운전 교습 시간을 찾아봤다. 다행히, 시간이 되는 강사를 한 명 찾았고, 그래서 그녀는 일하기 시작한 이후로 주말마다 계속 운전 실력을 향상시켜오고 있다.

해설 동사 improve의 알맞은 형태를 고르는 문제이다. 빈칸 뒤에 위치한 접속사 since가 이끄는 절에 과거시제 동사(began)가 쓰여 있는데, 이렇게 since절에 과거시제 동사가 쓰일 때 주절에 현재완료시제 또는 현재완료진행시제로 된 동사를 함께 사용하므로 (d) has been improving이 정답이다.

어휘 continue -ing 계속 ~하다 available (사람) 시간이 나는, (사물) 이용 가능한, 구입 가능한 instructor 강사 since ~한 이후로 improve ~을 향상시키다, 개선하다

25. 가정법 과거

정답 (a)

단서 If ~ were

해석 오늘 아침 일찍, 티모시가 올해의 회사 야유회를 준비하도록 선정되었다. 난 내가 그라면, 우리가 어떤 지루함이나 실망감이든 피할 수 있도록 직원들이 관심을 가질 만한 활동들을 조사해 볼 것이다.

해설 동사 research의 알맞은 형태를 고르는 문제이다. if절의 동사가 가정법 과거를 나타내는 과거시제(were)일 때, 주절의 동사는 「would/could/might + 동사원형」과 같은 형태가 되어야 알맞으므로 (a) would research가 정답이다.

어휘 choose ~을 선정하다, 선택하다 organize ~을 준비하다, 조직하다 inform A that: A에게 ~라고 알리다 be interested in ~에 관심이 있다 avoid ~을 피하다 boredom 지루함 disappointment 실망(감)

26. 관계사절

정답 (c)

단서 Mariana Trench, (사물 선행사와 콤마)

해석 마리아나 해구의 맨 밑부분까지 내려가본 다이버는 거의 없었다. 마리아나 해구는 모든 해구들 중에서 가장 깊은 곳으로, 희귀한 꼼치나 넙치 종 같은 아주 다양한 독특한 생물체의 서식지이다.

해설 명사 Mariana Trench를 뒤에서 수식할 관계사절로 알맞은 것을 고르는 문제이다. Mariana Trench가 사물을 의미하므로 사물 명사를 수식할 수 있으면서 콤마와 함께 삽입되는 구조에 쓰일 수 있는 관계사 which가 이끄는 (c) which has the greatest depth among all oceanic trenches가 정답이다. (a)의 what은 명사를 뒤에서 수식하는 역할을 하지 않으며, (b)의 that은 콤

마와 함께 삽입되는 구조에 쓰이지 않는다.

어휘   trench 해구(깊은 해저의 움푹 들어간 좁고 긴 곳) descend to
~로 내려가다, 하강하다 the very bottom of ~의 맨 밑부분 a
wide range of 아주 다양한 unique 독특한, 특별한 organism
생물체 rare 희귀한, 드문 species (동식물의) 종 depth 깊이
oceanic 대양의, 바다의

10회 문법 모의고사

문제집 p.58

TEST 10 | 정답 및 문제 유형

1. (b) 시제	2. (c) 가정법	3. (a) 당위성	4. (d) 준동사
5. (b) 시제	6. (a) 접속사	7. (b) 가정법	8. (c) 준동사
9. (a) 관계사절	10. (d) 시제	11. (c) 접속부사	12. (d) 가정법
13. (a) 준동사	14. (c) 관계사절	15. (b) 가정법	16. (a) 조동사
17. (c) 시제	18. (b) 준동사	19. (d) 조동사	20. (c) 가정법
21. (b) 시제	22. (d) 당위성	23. (c) 준동사	24. (d) 가정법
25. (a) 준동사	26. (d) 시제		

1. 시제 – 미래진행

정답 (b)

단서 once ~ buys

해석 제너 씨는 이웃 사람들에게 그들의 담장에 걸쳐 자신의 정원 안으로 넘어와 있는 나무에 대해 불평했지만, 그들은 이 문제에 대해 아무 것도 하지 않았다. 짜증이 나서, 그는 몇몇 공구를 구입하는 대로 이 나무로부터 가지들을 잘라버릴 것이다.

해설 동사 cut의 알맞은 형태를 고르는 문제이다. 빈칸 뒤에 접속사 once가 이끄는 절이 쓰여 있는데, once처럼 조건이나 시간을 나타내는 절에 현재시제 동사(buys)가 쓰이면 주절의 동사는 미래시제 또는 미래진행시제가 되어야 하므로 미래진행시제인 (b) will be cutting이 정답이다.

어휘 complain to A about B: A에게 B에 대해 불평하다, 불만을 제기하다 lean over ~ 위로 걸쳐 있다 annoyed 짜증이 난 branch 나뭇가지 once ~하는 대로, ~하자마자 tool 공구, 도구

2. 가정법 과거완료

정답 (c)

단서 if ~ had been

해석 해마다 나오는 『NY 푸드 가이드』의 집필진은 브로드웨이 비스트로의 소유주에게 이 책자에 포함될 가능성을 높이기 위해 메뉴를 현대화할 것을 권장했다. 이 레스토랑의 소유주가 변화를 줄 의향이 있었다면, 아마 올해의 가이드에 포함되었을 것이다.

해설 수동태 be included의 알맞은 형태를 고르는 문제이다. If절의 동사가 had been과 같이 가정법 과거완료를 나타내는 「had p.p.」일 때, 주절의 동사는 「would/could/might + have p.p.」와 같은 형태가 되어야 알맞으므로 (c) would have been included가 정답이다.

어휘 annual 해마다의, 연례적인 modernize ~을 현대화하다 improve ~을 개선하다, 향상시키다 inclusion 포함 be willing to 동사원형: ~할 의향이 있다, 기꺼이 ~하다 make a change 변화를 주다 include ~을 포함하다

3. 당위성을 나타내는 동사원형

정답 (a)

단서 it is essential that

해석 고도의 운전 실력이 없다면, 경찰관은 차량에 타고 있는 용의자를 쫓을 수 없게 되어 범죄자들에 대한 체포 가능성이 낮아진다. 따라서, 경찰관이 경력 기간 중에 주기적으로 사전 운전 교육을 받는 것이 필수적이다.

해설 동사 take의 알맞은 형태를 고르는 문제이다. 빈칸은 「it is ~ that절」 구조로 된 가주어/진주어 문장에서 진주어 역할을 하는 that절의 동사 자리인데, that 앞에 essential과 같이 필수/의무/중요성 등을 나타내는 형용사가 쓰이면 that절의 동사는 조동사 should 없이 동사원형으로 당위성을 나타내므로 (a) take가 정답이다.

어휘 without ~이 없다면, ~가 아니라면 highly developed 고도의 pursue ~을 쫓다, 추적하다 suspect 용의자 vehicle 차량 arrest 체포 criminal 범죄자 unlikely 가능성이 낮은, ~할 것 같지 않은 as such 따라서, 그러므로 advance ⑧ 사전의, 미리 하는

4. 준동사 – 동명사

정답 (d)

단서 recommend

해석 일반적으로 요리에 사용되기는 하지만, 사람들은 물에 희석시킨 레몬즙을 머리 색을 밝게 하는 데 사용하기도 한다. 실제로, 어떤 사람들은 그 효과를 극대화하기 위해 레몬즙을 직접 머리에 바르는 것을 추천한다.

10회 문법 모의고사 정답 및 해설   87

| 해설 | 동사 put의 알맞은 형태를 고르는 문제이다. 빈칸 앞에 현재시제로 쓰여 있는 동사 recommend는 동명사를 목적어로 취하므로 (d) putting이 정답이다. 이때, (b) having put과 같은 완료동명사의 형태는 사용하지 않는다. |

| 어휘 | typically 일반적으로, 보통 diluted with ~에 희석시킨 lighten ~을 밝게 하다 maximize ~을 극대화하다 effect 효과, 영향 |

5. 시제 – 현재완료진행

정답	(b)
단서	since ~ picked
해석	몰리가 아홉 살에 불과할 수는 있지만, 물감으로 그린 초상화로 여러 전문 미술가들에게 이미 깊은 인상을 남겼다. 부모님의 말씀에 따르면, 몰리는 다섯 살이었을 때 처음 붓을 붙잡은 이후로 계속 이렇게 그림을 그려오고 있다.
해설	동사 paint의 알맞은 형태를 고르는 문제이다. 빈칸 뒤에 위치한 접속사 since가 이끄는 절에 과거시제 동사(picked)가 쓰여 있는데, 이렇게 since절에 과거시제 동사가 쓰일 때 주절에 현재완료시제 또는 현재완료진행시제로 된 동사를 함께 사용하므로 (b) has been painting이 정답이다.
어휘	impress ~에게 깊은 인상을 남기다, 감동을 주다 portrait 초상화 according to ~에 따르면 since ~한 이후로 pick up ~을 집어 들다

6. 접속사

정답	(a)
해석	고대의 인구수는 징병 연령의 남성과 그들의 과세 재산을 계산했을 뿐이기 때문에 신중하게 총계가 내어져야 한다. 여성, 아동, 그리고 노인들은 이 초기의 인구 조사 형태에 포함되지 않았다.
해설	문장의 의미에 어울리는 접속사를 고르는 문제이다. 빈칸 앞의 문장은 '고대 인구수는 신중하게 총계가 내어져야 한다'는 내용이며, 빈칸 뒤의 문장은 '그것들은 징병 연령의 남성과 그들의 과세 재산을 계산했을 뿐이다'라는 내용이다. 징병 연령의 남성과 과세 재산만 계산했으므로 인구수의 총계를 계산할 때 신중하게 해야 한다는 내용임을 알 수 있으므로 이 두 문장의 의미관계는 뒷문장이 앞문장의 이유에 해당된다. 따라서 '(왜냐하면) ~ 때문에'라는 의미로 이유 또는 원인을 나타내는 접속사 (a) because가 정답이다.
어휘	ancient 고대의 population 인구 figure 수, 수치 tally 총계를 내다 with caution 신중하게 count 계산하다, 총 수를 세다 military age 징병 연령 taxable 과세의, 세금이 붙는 property 재산 the elderly 노인, 고연령층 early 초기의 form 형태 census-taking 인구 조사

7. 가정법 과거

정답	(b)
단서	If ~ could speak
해석	켄은 미키보다 훨씬 더 높은 연봉을 받는다. 이는 아마 켄이 많은 우리의 고객들이 사용하는 언어인 일본어와 표준 중국어를 구사할 수 있기 때문일 것이다. 미키가 여러 언어를 구사할 수 있다면, 그의 연봉도 아마 바로 그만큼 높아질 것이다.

| 해설 | be동사의 알맞은 형태를 고르는 문제이다. If절의 동사가 가정법 과거를 나타내는 과거시제(could speak)일 때, 주절의 동사는 「would/could/might + 동사원형」과 같은 형태가 되어야 알맞으므로 (b) would probably be가 정답이다. |

| 어휘 | much (비교급 강조) 훨씬 annual salary 연봉 several 여럿의, 몇몇의 |

8. 준동사 – to부정사

정답	(c)
단서	waiting for krill
해석	대왕고래는 아주 능숙하게 먹이를 먹는 동물이라서 하루에 3.6백만 톤의 크릴 새우를 섭취할 수 있다. 이렇게 하기 위해, 대왕고래는 바다 속에서 천천히 움직이면서 크릴 새우가 가까이 다가오는 것을 기다렸다가 거대한 입을 벌린다.
해설	동사 come의 알맞은 형태를 고르는 문제이다. 빈칸 앞에 분사 형태로 쓰여 있는 동사 wait은 「wait for 명사 to부정사」와 같이 for 전치사구(to부정사의 행위 주체)와 to부정사와 결합해 '~가 …하기를 기다리다'라는 의미를 나타내므로 (c) to come이 정답이다.
어휘	such A that B: 아주 A해서 B하다 efficient 능숙한, 유능한, 효율적인 feeder 먹이를 먹는 동물 consume ~을 섭취하다 metric ton 1톤(1,000킬로그램) krill 크릴 새우 close (위) 가까이, 바짝 다가와 gigantic 거대한

9. 관계사절

정답	(a)
단서	Abdul-Jabbar, (사람 선행사와 콤마)
해석	카림 압둘자바는 NBA에서 통산 최다 득점 기록을 보유하고 있다. 로스앤젤레스 레이커스의 센터로서 역사를 만든 압둘자바는 30년에 걸쳐 이어진 프로 농구 선수 경력 중에 38,387점을 득점했다.
해설	명사 Abdul-Jabbar를 뒤에서 수식할 관계사절로 알맞은 것을 고르는 문제이다. Abdul-Jabbar가 사람 이름이므로 사람 명사를 수식할 수 있으면서 콤마와 함께 삽입되는 구조에 쓰일 수 있는 who 또는 whose가 이끄는 절 중에서 하나를 골라야 한다. 또한, 「who + 불완전한 절」 또는 「whose + 완전한 절」의 구조가 되어야 하므로 이 두 가지 중 하나에 해당되는 (a) who made history as the center of the Los Angeles Lakers가 정답이다. (c)는 whose 뒤에 동사가 빠진 불완전한 절이므로 맞지 않으며, (b)의 that은 콤마와 함께 삽입되는 구조에 쓰이지 않는다. (d)의 what은 명사를 뒤에서 수식하는 역할을 하지 못한다.
어휘	hold the record for ~에 대한 기록을 보유하다 span 기간: ~에 걸쳐 이어지다, ~ 동안 지속되다

10. 시제 – 과거진행

정답	(d)
단서	when they knocked
해석	로이는 친구들이 밤에 함께 영화를 보기 위해 그의 아파트로 찾아오기 전에 업무 프로젝트를 끝마치기로 결정했다. 안타깝게도, 그

88   시원스쿨 지텔프 최신 기출 유형 문법 모의고사 12회

는 시간 가는 줄 모르고 있다가 손님들이 도착할 예정이라는 사실을 알아차리지 못했다. 친구들이 문을 두드렸을 때, 로이는 여전히 일을 하고 있던 중이었다.

해설 　동사 work의 알맞은 형태를 고르는 문제이다. 빈칸 뒤에 과거시제 동사(knocked)를 포함한 when절이 쓰여 있어 이 when절이 가리키는 과거 시점에 열심히 작업하는 일이 일시적으로 진행되던 상황을 나타내야 자연스러우므로 이러한 의미로 쓰이는 과거진행 시제 (d) was still working이 정답이다.

어휘 　decide to 동사원형: ~하기로 결정하다 come over to ~로 찾아오다, 건너 오다 unfortunately 안타깝게도, 아쉽게도 lose track of time 시간 가는 줄 모르다 realize (that) ~임을 알아차리다, 깨닫다 be due to 동사원형: ~할 예정이다 arrive 도착하다

11. 접속부사

정답 　(c)

해석 　중국의 병사들은 메시지를 전달하기 위해 연기 신호를 자주 이용했다. 여러 가지 다른 물질들이 다른 유형의 연기를 만들어내는 데 이용되었다. 예를 들어, 늑대 배설물과 초석, 그리고 황을 넣은 혼합물을 태우면 짙은 검은색 연기가 만들어지곤 했다.

해설 　빈칸에 알맞은 접속부사를 고르는 문제이므로 앞뒤 문장들의 의미 관계를 확인해야 한다. 빈칸 앞에는 연기를 만드는 데 여러 가지 다른 물질이 이용되었다는 말이, 빈칸 뒤에는 특정 물질들을 넣은 혼합물로 짙은 검은색 연기를 만들었다는 말이 각각 쓰여 있다. 이는 여러 다른 물질을 이용한 것의 예시를 말하는 의미 관계로 볼 수 있으므로 '예를 들어'를 뜻하는 (c) For example이 정답이다.

어휘 　convey ~을 전달하다 material 물질, 재료, 물품 create ~을 만들어내다 mixture 혼합물 thick 짙은, 자욱한, 두꺼운, 걸쭉한, 빽빽한 in addition 추가적으로, 게다가 on the contrary 대조적으로, 반대로 for example 예를 들어 after all 결국

12. 가정법 과거완료

정답 　(d)

단서 　If ~ had hung

해석 　스콧은 캠핑 중에 젖은 옷을 말리기 위해 넣어 두어야 했다. 하지만, 모닥불에서 충분히 멀리 떨어진 곳에 놓아두지 않았다. 그러자 옷이 불길에 휩싸였다. 그가 더 멀리 떨어진 곳에 옷을 넣어놓기만 했어도, 불이 붙어 타지 않았을 것이다.

해설 　동사 catch의 알맞은 형태를 고르는 문제이다. If절의 동사가 had hung과 같이 가정법 과거완료를 나타내는 「had p.p.」일 때, 주절의 동사는 「would/could/might + have p.p.」와 같은 형태가 되어야 알맞으므로 (d) would not have caught가 정답이다.

어휘 　hang up ~을 넣어놓다, 걸어놓다 however 하지만, 그러나 far enough away from ~에서 충분히 멀리 떨어진 곳에 go up in flames 불길에 휩싸이다, 불이 붙어 타오르다 catch fire 불이 붙다

13. 준동사 - 동명사

정답 　(a)

단서 　quit

해석 　샌드라는 자신이 대기 오염의 원인이 되고 싶지 않다는 결정을 내리기 전까지 자동차 운전 방법을 배우기를 간절히 원했다. 그래서, 그녀는 운전 교습을 예약하는 것을 그만두었으며, 내신 자전거를 구입할 것이다.

해설 　동사 book의 알맞은 형태를 고르는 문제이다. 빈칸 앞에 과거 시제로 쓰여 있는 동사 quit은 동명사를 목적어로 취하므로 (a) booking이 정답이다. 이때, (b) having booked와 같은 완료동 명사의 형태는 사용하지 않는다.

어휘 　be eager to 동사원형: ~하기를 간절히 원하다, ~하는 데 열심이다 how to 동사원형: ~하는 법 decide that ~라는 결정을 내리다 contribute to ~에 대한 원인이 되다, ~에 기여하다 atmospheric pollution 대기 오염 purchase ~을 구입하다 instead 대신 book ~을 예약하다

14. 관계사절

정답 　(c)

단서 　a popular, charismatic leader, (사람 선행사와 콤마)

해석 　쿠데타는 정부와 그 권력에 대한 장악 및 축출이다. 쿠데타가 효과적이기 위해서는, 흔히 대립 정당의 일원이면서 인기 있고 카리스마 넘치는 지도자에 의한 체제를 필요로 한다.

해설 　명사 a popular, charismatic leader를 뒤에서 수식할 관계 사절로 알맞은 것을 고르는 문제이다. a popular, charismatic leader가 사람을 가리키므로 사람 명사를 수식할 수 있으면서 콤마와 함께 삽입되는 구조에 쓰일 수 있는 who가 이끄는 (c) who is often a member of an opposing political party가 정답이다. (b)의 that은 콤마와 함께 삽입되는 구조에 쓰이지 않으며, (d)의 what은 명사를 뒤에서 수식하는 역할을 하지 못하므로 오답이다.

어휘 　coup d'état 쿠데타 seizure 장악, 점령 removal 축출, 제거, 없앰 effective 효과적인 organization 체제, 조직(화), 구성 charismatic 카리스마 있는 opposing 대립하는, 반대하는 political party 정당

15. 가정법 과거

정답 　(b)

단서 　If ~ were

해석 　국립생명기술협회는 생명 기술과 관련된 저널 및 연구 논문을 보관하는 온라인 기록 보관소를 유지하고 있다. 하지만 오직 이 협회의 회원들만 이용 권한을 가진다. 그것이 일반 대중에게 공개된다면, 모든 사람이 그 기록 보관소를 이용할 수 있을 것이다.

해설 　동사 access의 알맞은 형태를 고르는 문제이다. If절의 동사가 가정법 과거를 나타내는 과거시제(were)일 때, 주절의 동사는 「would/could/might + 동사원형」과 같은 형태가 되어야 알맞으므로 (b) could access가 정답이다.

어휘 　maintain ~을 유지하다 archive 기록 보관소 research paper 연구 논문 related to ~와 관련된 biotechnology 생명

기술 access ⑲ 이용 (권한), 접근 (권한), ⑤ ~을 이용하다, ~에
접근하다 the general public 일반 대중

16. 조동사

정답 (a)

해석 충동 구매란 어떠한 합리적인 사고도 하지 않은 갑작스러운 구매
를 가리킨다. 이는 종종 공격적인 광고로 인해 사람들이 질이 떨어
지는 제품을 구입하는 것을 초래한다. 우리 눈에 들어오는 첫 제품
을 구입하는 게 솔깃한 일이기는 하지만, 우리는 제품을 구입하기
전에 다른 선택권들도 고려해야 한다.

해설 문장의 의미에 어울리는 조동사를 고르는 문제이다. 빈칸이 속한
문장은 '제품을 구입하기 전에 다른 선택권들도 고려해야 한다'와
같이 충동 구매를 자제하기 위한 충고나 권고의 의미가 되어야 알
맞으므로 '~해야 하다'를 뜻하는 (a) should가 정답이다.

어휘 impulse 충동, 충동적인 행위 refer to ~을 가리키다, 일컫다
sudden 갑작스러운 rational 합리적인, 이성적인 A result
in B ~ing: A가 B에게 ~하도록 초래하다, A로 인해 B가 ~하는
결과를 낳다 inferior 질이 낮은, 열등한, 하급의 due to ~로 인해,
~ 때문에 aggressive 공격적인 tempting 솔깃한, 유혹적인
consider ~을 고려하다 make a purchase 구입하다

17. 시제 – 미래완료진행

정답 (c)

단서 By the end of this year, for 18 months

해석 지역 정부가 더 많은 관광객들을 끌어들이기 위해 세인트 마크 성
당을 개조하기로 결정했다. 그래서 그곳의 외관을 개선하기 위해
작업자들을 고용했다. 올 연말쯤이면, 작업자들이 18개월 동안 그
대성당을 복구하는 중일 것이다.

해설 동사 restore의 알맞은 형태를 고르는 문제이다. 빈칸 앞에 위치
한 By the end of this year와 같이 미래의 특정 시점을 나타내
는 By 전치사구와 for 18 months처럼 기간을 나타내는 「for +
숫자 기간」 표현은 과거 또는 현재에 시작된 일이 미래의 특정 시
점까지 지속되는 기간을 나타내어 미래완료진행시제와 함께 사용
되므로 (c) will have been restoring이 정답이다. 참고로, 과거
의 특정 시점을 나타내는 By 전치사구는 과거완료시제 또는 과거
완료진행시제로 된 동사와 함께 사용한다.

어휘 local 지역의, 현지의 decide to 동사원형: ~하기로 결정하다
renovate ~을 개조하다, 향상시키다 attract ~을 끌어들이다
hire ~을 고용하다 improve ~을 개선하다, 향상시키다
appearance 외관, 겉모습 by ~쯤이면 cathedral 대성당
restore ~을 복구하다, 복원하다, 회복시키다

18. 준동사 – to부정사

정답 (b)

단서 employees work from home (완전한 절)

해석 2020년에 시작된 코로나 바이러스 유행병이 여러 업무 습관 및 회
사 정책에 있어 상당한 변화를 초래했다. 많은 회사들은 직원들에
게 그 바이러스의 확산을 줄이기 위해 재택 근무를 하도록 권했다.

해설 동사 reduce의 알맞은 형태를 고르는 문제이다. 빈칸 앞에 that

절의 주어 employees와 동사 work, 전치사구 from home이
있는데, work는 목적어나 보어를 가지지 않는 자동사이므로 완
전한 절을 이루고 있다. 따라서 빈칸에는 목적어 또는 보어로서
동명사가 위치할 수 없으며, 문맥상 빈칸에 들어갈 동사 reduce
는 직원들이 재택 근무를 하는 목적을 나타내야 알맞으므로 '~하
기 위해'라는 의미로 목적을 나타낼 때 사용하는 to부정사 (b) to
reduce가 정답이다.

어휘 pandemic 유행병, 전염병 cause ~을 초래하다, 야기하다
significant 상당한, 많은 policy 정책 work from home 재택
근무하다 spread 확산, 전파 reduce ~을 줄이다, 감소시키다

19. 조동사

정답 (d)

해석 창조성의 벽은 한 사람의 내적 창의력에 접근할 수 없는 상태로 설
명될 수 있다. 작가, 음악가, 미술가와 같이 창의성이 필요한 직업
을 가지고 있는 사람들은 종종 창조성의 벽에 영향을 받을 가능성
이 높은데, 그것은 며칠, 몇 주, 몇 달, 심지어 1년 이상 지속될 수 있
다.

해설 문장의 의미에 어울리는 조동사를 고르는 문제이다. 빈칸이 속한
절은 선행사 creative blocks를 수식하는 관계대명사절이며, '창
조성의 벽이 며칠, 몇 주, 몇 달, 심지어 1년 이상 지속된다'는 내용
이다. 이는 지속 기간을 정확하게 언급할 수 없어서 며칠, 몇 주, 몇
달, 1년 이상이라는 여러 기간을 언급하고 그 중에 하나가 해당될
수 있다는 가능성을 언급하는 내용이므로 '~할 수 있다'라는 의미
로 가능성을 나타내는 조동사 (d) can이 정답이다.

어휘 creative block 창조성의 벽(창의적인 아이디어가 더 이상
떠오르지 않는 상태) describe 설명하다, 묘사하다 inability
불능, 할 수 없음 access 접근하다 internal 내부의, 내적인
creativity 창의성 those who ~하는 사람들 creative 창의적인
profession 직업 more likely to 동사원형: ~할 가능성이 높다,
~할 것 같다 affect 영향을 주다 last 지속되다

20. 가정법 과거완료

정답 (c)

단서 Had she registered

해석 켈리는 비즈니스 교육 기관에 회원으로 등록하지 않았다. 그래서
그녀가 그곳의 세미나들 중 한 곳에 갔을 때, 25달러의 입장료를
지불해야 했다. 그녀가 회원으로 등록했다면, 무료로 그 세미나에
참석할 수 있었을 것이다.

해설 동사 attend의 알맞은 형태를 고르는 문제이다. 빈칸 앞에 「had
+ 주어 + p.p.」가 위치해 있으므로 가정법 과거완료의 if절이 도
치된 형태로 쓰였음을 알 수 있다. 도치된 if절의 동사가 had
registered와 같이 가정법 과거완료를 나타내는 「had p.p.」일
때, 주절의 동사는 「would/could/might + have p.p.」와 같은
형태가 되어야 알맞으므로 (c) could have attended가 정답이
다.

어휘 sign up for ~에 등록하다, ~을 신청하다 training 교육, 훈련
admission fee 입장료, 입회비 register 등록하다 for free
무료로 attend ~에 참석하다

21. 시제 – 현재진행

정답 (b)

단서 right now

해석 비키는 휴대전화기의 지도를 따라가는 데 어려움을 겪는다. 그녀는 방향 감각이 아주 좋지 못해서 바로 지금 맴돌면서 걷고 있다. 그래서 그녀가 제때 구직 면접 장소에 도착하기를 원한다면, 누군가에게 길을 물어봐야 할 것이다.

해설 동사 walk의 알맞은 형태를 고르는 문제이다. 빈칸 바로 뒤에 위치한 right now가 '바로 지금'이라는 의미를 나타내어 현재 일시적으로 진행되는 일을 뜻하는 현재진행시제 동사와 어울려 쓰이므로 (b) is walking이 정답이다. 현재시제인 (a) walks는 일반적으로 반복되거나 불변하는 일 등을 나타내므로 맞지 않는다.

어휘 have difficulty -ing ~하는 데 어려움을 겪다, 문제가 있다 in circles 맴돌면서, 뱅뱅 돌면서 a sense of direction 방향 감각 make it to ~로 가다, ~에 도착하다 on time 제때

22. 당위성을 나타내는 동사원형

정답 (d)

단서 urged that

해석 펜튼 엔터프라이즈가 최근 있었던 보건 안전 점검에서 좋지 못한 점수를 받으면서, 그곳의 공장이 폐쇄될 수 있다는 소문을 초래했다. 해당 안전 조사관은 그 회사에 낡은 조립 라인 기계를 즉시 교체하도록 촉구했다.

해설 동사 replace의 알맞은 형태를 고르는 문제이다. 빈칸은 동사 urged의 목적어 역할을 하는 that절의 동사 자리인데, urge와 같이 주장/요구/명령/제안 등을 나타내는 동사의 목적어 역할을 하는 that절의 동사는 조동사 should 없이 동사원형으로 당위성을 나타내므로 선택지 중에 동사원형이 포함된 (d) immediately replace가 정답이다.

어휘 recent 최근의 health and safety inspection 보건 안전 점검 result in ~을 초래하다, ~라는 결과를 낳다 urge that ~하도록 촉구하다, 강력히 권고하다 firm 회사, 업체 outdated 낡은, 구식의 assembly 조립 machinery 기계(류) immediately 즉시 replace ~을 교체하다, 대체하다

23. 준동사 – to부정사

정답 (c)

단서 decided

해석 여러 기술 회사들이 지난 수년 동안에 걸쳐 캘리포니아에서 텍사스로 자리를 옮겼다. 아마 그 회사들이 그곳으로 이전하기로 결정한 주된 이유들 중의 하나는 더 낮은 생활비일 것이다.

해설 동사 relocate의 알맞은 형태를 고르는 문제이다. 빈칸 앞에 과거시제로 쓰여 있는 동사 decide는 to부정사를 목적어로 취하므로 (c) to relocate이 정답이다. 이때, (a) to have relocated와 같은 완료부정사의 형태는 사용하지 않는다.

어휘 primary 주된, 주요한 decide to 동사원형: ~하기로 결정하다 relocate 이전하다, 이사하다

24. 가정법 과거

정답 (d)

단서 If ~ were

해석 험버사이드 마을 의회는 다가오는 마을 축제에서 공연하기로 합의한 모든 지역 음악가들에게 감사하게 생각하고 있다. 그들이 아니라면, 이 축제는 아마 일부 참석자들에게 따분한 행사가 될 것이다.

해설 동사 turn out의 알맞은 형태를 고르는 문제이다. If절의 동사가 가정법 과거를 나타내는 과거시제(were)일 때, 주절의 동사는 「would/could/might + 동사원형」과 같은 형태가 되어야 알맞으므로 (d) would maybe turn out이 정답이다.

어휘 grateful 감사하게 생각하는 local 지역의, 현지의 agree to 동사원형: ~하기로 합의하다, ~하는 데 동의하다 perform 공연하다, 연주하다 upcoming 다가오는, 곧 있을 If it weren't for A: A가 아니라면, A가 없다면 dull 따분한, 재미없는 attendee 참석자 turn out 형용사: ~한 것이 되다, ~한 것으로 드러나다

25. 준동사 – 동명사

정답 (a)

단서 consider

해석 우리는 진실을 말하도록 노력해야 하지만, 선의의 거짓말이 때로는 더 좋은 생각이다. 선의의 거짓말은 불필요하게 누군가를 언짢게 만드는 것을 피하는 유용한 방법이 될 수 있다. 이런 이유로, 우리는 누군가의 감정이 상할 수 있는 경우에 선의의 거짓말을 하는 것을 고려해야 한다.

해설 동사 tell의 알맞은 형태를 고르는 문제이다. 빈칸 앞에 원형으로 쓰여 있는 동사 consider는 동명사를 목적어로 취하므로 (a) telling이 정답이다. 이때, (b) having told와 같은 완료동명사의 형태는 사용하지 않는다.

어휘 white lie 선의의 거짓말 useful 유용한, 쓸모 있는 way to 동사원형: ~하는 방법 avoid -ing ~하는 것을 피하다 unnecessarily 불필요하게 upset ~을 언짢게 만들다, 속상하게 만들다 consider -ing ~하는 것을 고려하다 in cases where ~하는 경우에

26. 시제 – 과거완료진행

정답 (d)

단서 for two years, before he finally found

해석 닉은 『어메이징 판타지』 만화책 15권으로 자신의 만화책 수집을 막 완료했다. 그는 이 희귀 만화책을 한 지역의 벼룩시장에서 발견하기 전까지 2년 동안 전국 각지에서 열린 여러 만화책 컨벤션에서 계속 찾아 다니고 있었다.

해설 동사 search의 알맞은 형태를 고르는 문제이다. 빈칸이 속한 문장 끝부분에 「for + 숫자 기간」 표현인 for two years가 있고, 그 뒤에 과거시제 동사(found)를 포함한 before절이 쓰여 있어 이 과거 시점에 발견한 것보다 2년 전부터 희귀 만화책을 찾아 다녔다는 의미가 되어야 자연스럽다. 이렇게 특정 과거 시점보다 더 이전의 과거 기간 동안 지속된 일을 나타낼 때 과거완료진행시제를

사용하므로 과거완료진행시제 (d) had been searching이 정
답이다.

어휘   complete ~을 완료하다 collection 수집, 모음(집) rare 희귀한,
       드문 local 지역의, 현지의 flea market 벼룩시장

11회 문법 모의고사

TEST 11 | 정답 및 문제 유형

1. (c) 준동사	2. (b) 가정법	3. (a) 접속사	4. (d) 시제
5. (c) 당위성	6. (a) 준동사	7. (a) 가정법	8. (c) 시제
9. (b) 준동사	10. (d) 접속부사	11. (b) 준동사	12. (c) 가정법
13. (a) 시제	14. (d) 조동사	15. (a) 준동사	16. (c) 시제
17. (b) 관계사절	18. (d) 가정법	19. (c) 시제	20. (b) 조동사
21. (a) 가정법	22. (c) 시제	23. (b) 준동사	24. (d) 당위성
25. (d) 가정법	26. (a) 관계사절		

1. 준동사 – to부정사

정답 (c)

단서 This is done (완전한 절, 수동태)

해석 밀집된 도시 지역에서는, 고가도로가 흔히 지어진다. 이는 대도시에서 흔한 교통 혼잡을 피하기 위해 만들어졌으며, 이것이 돌아다니는 것을 아주 어렵게 만든다.

해설 동사 avoid의 알맞은 형태를 고르는 문제이다. 빈칸 앞에 주어 This와 수동태 is done이 위치하여 완전한 절을 이루고 있으므로 빈칸에는 동명사가 들어갈 수 없다. 또한 빈칸은 주어 This가 가리키는 '고가도로를 짓는 일'의 목적을 나타내야 알맞으므로 '~하기 위해'라는 의미로 목적을 말할 때 사용하는 to부정사 (c) to avoid가 정답이다.

어휘 dense 밀집된, 조밀한 urban 도시의 elevated motorway 고가도로 traffic congestion 교통 혼잡 make it A to 동사원형: ~하는 것을 A하게 만들다 get around 돌아다니다 avoid ~을 피하다

2. 가정법 과거완료

정답 (b)

단서 Had he researched

해석 지난 달에, 마크는 새 노트북 컴퓨터를 구입했지만, 그 후에 더 적은 돈을 들여 더 나은 것을 구입할 수 있었다는 사실을 알게 되었다. 그가 다른 모델들을 조사했다면, 그렇게 많은 돈을 소비하지 않았을 것이다.

해설 동사 spend의 알맞은 형태를 고르는 문제이다. 빈칸 뒤에 「had + 주어 + p.p.」의 어순으로 된 Had he researched가 쓰여 있는데, 이는 가정법 과거완료 문장의 if절에서 if가 생략되고 had가 주어 앞으로 이동하면서 도치된 구조이다. 따라서, 빈칸에 가정법 과거완료 문장의 if절과 연결되는 절에 쓰이는 「would/could/ might + have p.p.」와 같은 형태로 된 동사가 쓰여야 알맞으므

로 (b) would not have spent가 정답이다.

어휘 then 그 후에, 그래서, 그때 realize (that) ~임을 알게 되다, 깨닫다 for less 더 적은 돈으로 research on ~을 조사하다

3. 접속사

정답 (a)

해석 암컷 사마귀는 흔히 짝짓기 의식 후에 흔치 않은 행동을 보인다. 특히 일부 암컷은 짝짓기를 한 후에 상대의 머리를 물어뜯는다.

해설 문장의 의미에 어울리는 접속사를 고르는 문제이다. 빈칸이 속한 주절을 읽어보면, '일부 암컷은 짝짓기를 한 후에 상대의 머리를 물어뜯는다'와 같은 의미가 되어야 가장 자연스러우므로 '~한 후에'를 뜻하는 (a) after가 정답이다.

어휘 praying matis 사마귀 exhibit (행동, 감정 등) ~을 보이다, 나타내다 unusual 흔치 않은, 드문 behavior 행동 following ~ 후에 mating ritual 짝짓기 의식 specifically 특히 bite A off B: B에서 A를 물어뜯다 mate with ~와 짝짓기하다 since ~이래로, ~이므로 as long as ~하는 한

4. 시제 – 현재완료진행

정답 (d)

단서 are feeling, for ninety minutes

해석 콘서트의 첫 절반을 마친 후, 우리 오케스트라 단원들은 이미 피곤함을 느끼고 있다. 우리는 90분 동안 계속 연주해오고 있었지만, 콘서트를 끝마치려면 여전히 90분을 더 연주해야 한다.

해설 동사 perform의 알맞은 형태를 고르는 문제이다. 첫 문장에 현재진행시제 동사(are feeling)와 함께 콘서트의 첫 절반을 마친 현재 시점에 피곤함을 느끼고 있는 상태임을 나타내는 말이 쓰여 있어 빈칸 뒤에 위치한 for ninety minutes가 과거에서 현재까지 계속 공연을 해온 기간을 의미한다는 것을 알 수 있다. 이렇게 과거

에서 현재까지 지속되어 온 일을 나타낼 때 현재완료시제 또는 현재완료진행시제를 사용하므로 (d) have been performing이 정답이다.

어휘　another + 시간/기간: ~만큼 한 번 더 perform 연주하다, 공연하다

5. 당위성을 나타내는 동사원형

정답　(c)

단서　It is crucial that

해석　기관 절개술은 사람이 호흡하도록 돕기 위해 기관지 안으로 튜브를 삽입하는 일을 수반하는 수술이다. 제대로 숨을 쉴 수 없게 되면 치명적일 수 있기 때문에 이 수술이 사람에게 지체 없이 실시되는 것이 중요하다.

해설　수동태 be conducted의 알맞은 형태를 고르는 문제이다. 빈칸은 「It is ~ that절」 구조로 된 가주어/진주어 문장에서 진주어 역할을 하는 that절의 동사 자리인데, that 앞에 crucial과 같이 필수/의무/중요성 등을 나타내는 형용사가 쓰이면 that절의 동사는 조동사 should 없이 동사원형으로 당위성을 나타내므로 수동태 동사원형인 (c) be conducted가 정답이다.

어휘　tracheostomy 기관 절개술 procedure 수술, 절차 involve ~을 수반하다, 포함하다, ~을 관련시키다 insertion 삽입 windpipe 기관지 help A 동사원형: A가 ~하도록 돕다 breathe 호흡하다, 숨을 쉬다 promptly 지체 없이, 즉각 inability to 동사원형: ~할 수 없음 properly 제대로, 적절히 fatal 치명적인 conduct ~을 실시하다, 수행하다

6. 준동사 - 동명사

정답　(a)

단서　stand

해석　내가 최근에 그림을 한 점 구입해서 거실에 걸어 놓기는 했지만, 애초에 생각했던 것보다 덜 매력적이라는 것을 알아 차렸다. 며칠 후에, 난 그 작품을 쳐다보는 것을 참을 수 없어서 즉시 떼어냈다.

해설　동사 look의 알맞은 형태를 고르는 문제이다. 빈칸 앞에 원형으로 쓰여 있는 동사 stand가 '~을 참다'라는 의미를 나타낼 때 동명사를 목적어로 취하므로 (a) looking이 정답이다. 이때, (c) having looked와 같은 완료동명사의 형태는 사용하지 않는다.

어휘　recently 최근에 purchase ~을 구입하다 hang ~을 걸다, 매달다(hung은 과거형 또는 과거분사형) notice 알아 차리다 attractive 매력적인 originally 애초에, 원래 stand -ing ~하는 것을 참다 take A down: A를 떼어내다, (해체해) 치우다 immediately 즉시

7. 가정법 과거완료

정답　(a)

단서　had we only performed

해석　오늘 저녁의 패배로 인해 그 축구팀은 컵 대회 결승전 진출 기회를 잃었다. 경기를 되돌아보면서, 감독은 "우리가 더 수준 높게 경기하기만 했어도 결승전에 이르렀을 것입니다."라고 말했다.

해설　동사 reach의 알맞은 형태를 고르는 문제이다. 빈칸 뒤에 「had + 주어 + p.p.」의 어순으로 된 had we only performed가 쓰여 있는데, 이는 가정법 과거완료 문장의 if절에서 if가 생략되고 had가 주어 앞으로 이동하면서 도치된 구조이다. 따라서, 빈칸에 가정법 과거완료 문장의 if절과 연결되는 절에 쓰이는 「would/could/might + have p.p.」와 같은 형태로 된 동사가 쓰여야 알맞으므로 (a) would have reached가 정답이다.

어휘　defeat 패배 A cost B C: A로 인해 B가 C를 잃다, A가 B에게 C를 희생하게 만들다 advance to the final 결승전에 진출하다 remark 말하다, 발언하다 perform 하다, 실행하다, 실시하다 at a higher standard 더 수준 높게 reach ~에 이르다, 도달하다

8. 시제 - 미래진행

정답　(c)

단서　for next month

해석　필리핀으로 떠나는 피트의 여행이 다음 달로 준비되어 있다. 그는 현재 동료 직원들에게 업무와 관련해 자신에게 전화해야 하는 경우에 누사 리조트에서 첫 5일 동안 머무르고 있을 것이라고 알리고 있다.

해설　동사 stay의 알맞은 형태를 고르는 문제이다. 첫 문장에 다음 달로 (for next month) 휴가가 준비되어 있다는 말이 쓰여 있어 빈칸이 속한 that절에 언급된 Nusa Resort에서 첫 5일 동안 머무르는 기간이 다음 달에 해당되는 미래 시점임을 알 수 있으므로 미래진행시제인 (c) will be staying이 정답이다.

어휘　organize ~을 준비하다, 마련하다, 조직하다 currently 현재 inform A that: A에게 ~라고 알리다 coworker 동료 직원 should + 주어 + 동사원형: ~해야 하는 경우에(if 생략·도치)

9. 준동사 - 동명사

정답　(b)

단서　suggest

해석　최근의 한 연구에 따르면, 많은 사람들이 여전히 물을 충분히 마시지 않고 있다. 건강 전문가들은 수분 공급과 혈액 순환, 그리고 다양한 생리 기능을 향상시키기 위해 일일 수분 섭취량을 늘리는 것을 제안한다.

해설　동사 increase의 알맞은 형태를 고르는 문제이다. 빈칸 앞에 원형으로 쓰여 있는 동사 suggest는 동명사를 목적어로 취하므로 (b) increasing이 정답이다. 이때, (a) having increased와 같은 완료동명사의 형태는 사용하지 않는다.

어휘　according to ~에 따르면 recent 최근의 expert 전문가 suggest -ing ~하는 것을 제안하다 consumption 섭취, 소비 improve ~을 향상시키다, 개선하다 hydration 수분 공급 circulation 순환 physiological 생리적인 function 기능, 작용

10. 접속부사

정답　(d)

해석　먼로 씨는 한때 지역 내 최상위 리그에서 경기하는 야구팀의 일원이었다. 하지만, 선수 생활 중에 여러 부상을 당한 후에, 결국 어쩔

해석   수 없이 운동을 완전히 그만두게 되었다.

해설   빈칸에 알맞은 접속부사를 고르는 문제이므로 앞뒤 문장들의 의미 관계를 확인해야 한다. 빈칸 앞에는 한때 지역 야구팀에 속해 있었다는 말이, 빈칸 뒤에는 부상으로 인해 운동을 그만두었다는 말이 각각 쓰여 있다. 이는 한 사람의 선수 활동과 관련된 대조적인 상황을 말하는 의미 관계에 해당되므로 '하지만, 그러나'라는 뜻으로 대조나 반대를 나타낼 때 사용하는 (d) However가 정답이다.

어휘   local 지역의, 현지의 sustain (피해 등) ~을 당하다, 입다 several 여럿의, 몇몇의 injury 부상 be forced to 동사원형: 어쩔 수 없이 ~하게 되다 eventually 결국, 마침내 quit ~을 그만두다 altogether 완전히, 모두 합쳐, 전체적으로, 전적으로 therefore 따라서, 그러므로 furthermore 더욱이, 게다가 otherwise 그렇지 않으면 however 하지만, 그러나

11. 준동사 - to부정사

정답   (b)

단서   was reluctant

해석   닐의 여동생이 닐에게 전화를 하였을 때, 닐은 막 저녁을 먹기 시작했었다. 그는 전화를 받는 것을 주저하였는데, 그는 하루 종일 아무것도 먹지 않았고, 그가 저녁 식사 후에 그녀에게 다시 전화를 할 수 있을 것이라고 생각했기 때문이다.

해설   동사 answer의 알맞은 형태를 고르는 문제이다. 빈칸 앞에 과거시제로 쓰인 be reluctant는 to부정사와 함께 쓰여 '~하는 것을 주저하다', '~하는 것을 망설이다'라는 의미를 나타내므로 to부정사인 (b) to answer가 정답이다. 이때 「to have p.p.」 형태로 문장의 동사보다 더 앞선 시제를 나타내는 완료부정사는 쓸 수 없다.

어휘   be reluctant to 동사원형: ~하는 것을 주저하다, ~하는 것을 망설이다 the whole day 하루 종일 call back 다시 전화하다

12. 가정법 과거

정답   (c)

단서   If ~ were

해석   많은 사람들은 우주 비행사들이 보고한 목격 사례가 없음에도 불구하고 여전히 우주에서 중국의 만리장성을 볼 수 있다고 생각한다. 만리장성이 정말로 우주에서 보일 수 있다면, 우주 비행사들이 그 구조물을 알아보는 게 불가능할 것이다.

해설   be동사의 알맞은 형태를 고르는 문제이다. If절의 동사가 가정법 과거를 나타내는 과거시제(were)일 때, 주절의 동사는 「would/could/might + 동사원형」과 같은 형태가 되어야 알맞으므로 (c) would be가 정답이다.

어휘   space 우주 despite ~에도 불구하고 sighting 목격(한 것) astronaut 우주 비행사 indeed 정말로, 실제로 notice ~을 알아보다, ~에 주목하다 structure 구조(물)

13. 시제 - 현재진행

정답   (a)

단서   At the moment

해석   민디는 토론토에 본사를 둔 대기업에서 실내 디자이너로 근무하고 있다. 그녀의 주된 역할은 최적의 건물 실내 공간 배치를 선택하도록 고객들을 돕는 것이다. 바로 지금, 그녀는 오타와 시내에 자리 잡은 호텔의 로비를 디자인하고 있다.

해설   동사 design의 알맞은 형태를 고르는 문제이다. 빈칸 바로 앞에 위치한 At the moment가 '바로 지금'이라는 의미를 나타내어 현재 일시적으로 진행되는 일을 뜻하는 현재진행시제 동사와 어울려 쓰이므로 (a) is designing이 정답이다. 현재시제인 (b) designs는 일반적으로 반복되거나 불변하는 일 등을 나타내므로 맞지 않는다.

어휘   based in ~에 본사를 둔, ~을 기반으로 하는 primary 주된 choose ~을 선택하다 optimal 최적의 layout 배치(도) situated in ~에 자리잡은, ~에 위치한

14. 조동사

정답   (d)

해석   어제 아침 일찍, 십대 소녀인 제프의 딸이 알람을 무시해서 제때 학교에 가지 못했다. 제프는 그날 늦게 딸에게 오직 주말에만 늦잠을 잘 수 있다고 말했다.

해설   문장의 의미에 어울리는 조동사를 고르는 문제이다. 빈칸이 속한 that절은 '오직 주말에 늦잠을 잘 수 있다'와 같은 의미가 되어야 가장 자연스러우며, 과거시제로 쓰인 주절의 동사 told와 시제가 일치된 과거 시점의 일을 나타내야 한다. 따라서, '~할 수 있다', '~해도 된다'라는 뜻으로 허가를 의미할 때 사용하는 can의 과거형 (d) could가 정답이다. '

어휘   ignore ~을 무시하다 make it to ~로 가다, ~에 도착하다 on time 제때, 제시간에 sleep late 늦잠 자다

15. 준동사 - to부정사

정답   (a)

단서   intended

해석   올리버는 예상보다 더 일찍 영화관에 도착했다. 그래서 그는 친구를 기다리는 동안 간식을 좀 찾아 둘러보려고 생각했다. 그는 친구가 나타났을 때 거의 15분 동안 어느 스낵을 구입할지 고르고 있었다.

해설   동사 look의 알맞은 형태를 고르는 문제이다. 빈칸 앞에 과거시제로 쓰여 있는 동사 intend는 to부정사를 목적어로 취하므로 (a) to look이 정답이다.

어휘   arrive 도착하다 than expected 예상보다 then 그래서, 그 후에, 그때 intend to 동사원형: ~할 작정이다, ~하려 생각하다 refreshments 간식, 다과 while -ing ~하는 동안 choose ~을 고르다, 선택하다 turn up 나타나다, 모습을 보이다

16. 시제 - 미래완료진행

정답   (c)

단서   for almost four months, by the time ~ celebrates

해석   레이첼은 최선의 노력에도 불구하고 여전히 무직 상태이다. 일자리를 찾을 가능성을 높이기 위해, 지원 가능한 모든 공석에 관해

문의하고 있다. 전체적으로, 그녀가 6월에 있을 자신의 생일을 기념할 때쯤이면 거의 4개월 동안 계속 지원하는 중일 것이다.

해설 동사 apply의 알맞은 형태를 고르는 문제이다. 빈칸 뒤에 「for + 숫자 기간」 표현인 for almost four months와 「by the time + 주어 + 현재시제동사(celebrates)」의 구조로 된 절이 쓰여 있는데, 기간을 나타내는 표현과 by the time이 이끄는 절에 현재시제로 된 동사가 쓰이면 주절에 미래완료시제 또는 미래완료진행시제로 된 동사가 쓰여야 하므로 미래완료진행시제인 (c) will have been applying이 정답이다. 참고로, by the time이 이끄는 절의 동사가 과거시제이면 주절에 과거완료시제로 된 동사가 함께 쓰여야 한다.

어휘 unemployed 무직인, 실업 상태인 despite ~에도 불구하고 inquire about ~에 관해 문의하다 vacancy 공석, 빈 자리 available (이용, 구입 등이) 가능한 altogether 전체적으로, 모두 합쳐, 완전히, 전적으로 by the time ~할 때쯤이면 celebrate ~을 기념하다, 축하하다 apply 지원하다, 신청하다

17. 관계사절

정답 (b)

단서 *OK Computer,* (사물 선행사와 콤마)

해석 영국의 록밴드 라디오헤드가 1997년에 <오케이 컴퓨터>를 발매했을 때 평단의 극찬을 받았다. <오케이 컴퓨터>는 라디오헤드의 세 번째 앨범으로, 여전히 음악 평론가들의 호평을 받고 있는데, 이들은 흔히 수록곡들의 복잡한 구조 및 전자 악기의 혁신적인 활용에 관해 말한다.

해설 콤마와 함께 삽입되어 특정 명사(선행사)를 설명하는 역할을 할 관계사절로 알맞은 것을 고르는 문제이다. 빈칸 앞에 위치한 *OK Computer*가 사물(밴드의 앨범)에 해당되므로 사물 명사를 수식하는 관계대명사 that 또는 which가 이끄는 절 중에서 하나를 골라야 하는데, 콤마와 함께 삽입되는 구조에 쓰일 수 있는 것은 which이므로 (b) which is Radiohead's third album이 정답이다. (a)의 that은 콤마와 함께 삽입되는 구조에 쓰이지 않는다.

어휘 release ~을 발매하다, 출시하다, 개봉하다 to critical acclaim 평단의 극찬을 받아, 평론가들의 호평을 받아 be highly praised 호평을 받다, 극찬을 받다 critic 평론가, 비평가 comment on ~에 관해 말하다, 발언하다 intricate 복잡한 structure 구조(물) innovative 혁신적인 electronics 전자 악기, 전자 장치

18. 가정법 과거

정답 (d)

단서 If ~ were

해석 케리가 유튜브에서 운영하는 영화 후기 채널은 치열해진 경쟁으로 인해 최근에 계속 상황이 좋지 못한 상태이다. 내가 그녀라면, 덜 알려진 영화감독들을 노출시키려 하는 것보다는 인기 있는 주류 영화들에 대한 후기 영상을 만드는 데 집중할 것이다.

해설 동사 concentrate의 알맞은 형태를 고르는 문제이다. If절의 동사가 가정법 과거를 나타내는 과거시제(were)일 때, 주절의 동사는 「would/could/might + 동사원형」과 같은 형태가 되어야 알맞으므로 (d) would concentrate이 정답이다.

어휘 review ⑲ 후기, 평가, 의견, ⑮ ~에 대한 후기를 만들다, ~을 평가하다 recently 최근 due to ~로 인해 increased 늘어난, 증가한 competition 경쟁 mainstream 주류의 rather than ~하는 것보다는, ~하는 대신 give exposure to ~을 노출시키다 lesser-known 덜 알려진 concentrate on ~에 집중하다

19. 시제 – 과거완료진행

정답 (c)

단서 for three weeks already, when ~ decided

해석 댄서들로 구성된 한 팀에게 시의 기념일 축하 행사에서 춤을 공연하는 일이 맡겨졌다. 해당 행사 진행 책임자가 갑자기 춤 공연을 뮤지컬 공연으로 바꾸기로 결정했을 때 이들은 이미 3주 동안 자신들의 공연을 준비하고 있던 중이었다.

해설 동사 work의 알맞은 형태를 고르는 문제이다. 빈칸 뒤에 과거시제 동사(decided)를 포함한 when절이 쓰여 있어 이 과거 시점에 공연 방식을 변경하기로 결정한 것보다 더 이전의 과거에 3주 동안(for three weeks already) 공연을 준비했다는 의미가 되어야 자연스럽다. 이렇게 특정 과거 시점보다 더 이전의 기간 동안 지속해온 나타낼 때 과거완료진행시제를 사용하므로 과거완료진행시제 (c) had been working이 정답이다.

어휘 be tasked with ~하는 일이 맡겨지다, ~하는 임무를 맡게 되다 perform ~을 공연하다, 연주하다 routine 춤 동작 anniversary (해마다 돌아오는) 기념일 celebration 축하 행사, 기념 행사 performance 공연, 연주 event coordinator 행사 진행 책임자 suddenly 갑자기 decide to 동사원형: ~하기로 결정하다 switch ~을 바꾸다

20. 조동사

정답 (b)

해석 조셉의 직장에서는, 직원이 하루 만에 20건이 넘는 판매를 성사시키는 경우에 "보너스"가 지급된다. 판매 자체를 통해 얻는 수수료뿐만 아니라, 해당 직원은 25달러 상당의 상품권도 받을 것이다.

해설 문장의 의미에 어울리는 조동사를 고르는 문제이다. 첫 문장에 현재시제 동사(is awarded)와 함께 특정 조건을 충족하는 직원에게 일반적으로 보너스가 지급된다는 사실이 쓰여 있다. 따라서, 해당 직원이 25달러 상당의 상품권을 받는 것도 직원이 하루만에 20건이 넘는 판매를 성사시키는 경우를 나타내는 if절의 조건이 그대로 적용되어 추가적인 보상을 언급하는 것임을 알 수 있다. if절의 동사가 현재시제 동사(makes)이므로 빈칸이 포함된 문장은 미래시제로 쓰이는 것이 자연스럽다. 따라서 정답은 (b) will이다. 하루에 20건 이상의 판매를 성사시킬 경우 항상 25달러 상당의 상품권이 제공되는 것이므로, 상품권을 받지 못하는 경우 또한 언급하게 되는 '~할 수 있다'라는 의미로 가능성을 나타내는 can이나 '~할지도 모른다'라는 추측을 나타내는 may와 might는 빈칸에 쓰일 수 없다.

어휘 award ~을 주다, 수여하다 make sales 판매하다 in addition to ~뿐만 아니라, ~ 외에도 commission 수수료 gain ~을 얻다, 받다 oneself (명사 뒤에 쓰여) ~ 자체 receive ~을 받다, 얻다 gift certificate 상품권

21. 가정법 과거

정답 (a)

단서 if ~ closed

해석 셔우드 엔터테인먼트 단지의 성공에도 불구하고, 시의회는 그곳을 폐쇄하는 것을 고려하고 있다. 그곳이 아주 인기 있는 곳이라서, 그 오락 시설 단지가 갑자기 문을 닫는다면 많은 지역 주민들이 불만을 제기할 것이다.

해설 동사 complain의 알맞은 형태를 고르는 문제이다. if절의 동사가 가정법 과거를 나타내는 과거시제(closed)일 때, 주절의 동사는 「would/could/might + 동사원형」과 같은 형태가 되어야 알맞으므로 (a) would complain이 정답이다.

어휘 despite ~에도 불구하고 success 성공 entertainment 오락, 여흥 complex 단지, 복합 건물 council 의회 consider -ing ~하는 것을 고려하다 shut A down: A를 폐쇄하다, 닫다 local 지역의, 현지의 resident 주민 suddenly 갑자기 complain 불만을 제기하다, 불평하다

22. 시제 – 과거진행

정답 (c)

단서 interrupted, while

해석 지난 주말에, 데니스는 단편 소설 집필에 관한 담화를 개최했다. 이 담화 시간 중에, 청중 중에 몇몇 사람이 그가 서사 구조에 관해 설명하던 중에 관련 없는 질문을 하는 것으로 그를 방해했다.

해설 동사 explain의 알맞은 형태를 고르는 문제이다. 빈칸이 속한 절을 이끄는 접속사 while은 '~하는 사이, ~하는 동안'이라는 의미로 동시 진행 상황을 나타내므로 while 앞에 위치한 주절에 쓰인 과거시제 동사(interrupted)가 가리키는 과거 시점에 서사 구조에 관해 설명하는 일이 일시적으로 진행되던 상황을 의미해야 한다. 따라서, 과거진행시제로 된 동사가 빈칸에 쓰여야 알맞으므로 (c) was explaining이 정답이다.

어휘 hold ~을 개최하다, 열다 short story 단편 소설 several 여럿의, 몇몇의 audience 청중, 관객, 시청자들 interrupt ~을 방해하다, ~에 지장을 주다 irrelevant 관련 없는, 적합하지 않은 while ~하는 중에, ~하는 동안 narrative structure 서사 구조 explain 설명하다

23. 준동사 – 동명사

정답 (b)

단서 ended up

해석 마커스는 음악 재생 서비스인 스포티파이를 그의 무료 체험기간이 끝나기 전까지 한달간 이용해오고 있었다. 그는 어떠한 광고도 없이 그 모든 종류의 서비스를 즐기고 싶어했기 때문에 그는 결국 매달 10달러로 가입하였다.

해설 동사 subscribe의 알맞은 형태를 고르는 문제이다. 빈칸 앞에 과거시제로 쓰여 있는 동사 end up은 동명사를 목적어로 취하므로 (b) subscribing이 정답이다. 이때, (c) having subscribed와 같은 완료동명사의 형태는 사용하지 않는다.

어휘 streaming (음성, 동영상 등의) 재생 free trial period 무료 체험 기간 end up -ing 결국 ~하게 되다 one's full range of 모든

24. 당위성을 나타내는 동사원형

정답 (d)

단서 proposed that

해석 1999년에 개봉한 영화 <맨 온 더 문>에서, 짐 캐리는 실제 코미디언 앤디 커프만을 연기했다. 이 영화의 감독은 그에게 연기를 더욱 자연스럽고 의식적이지 않게 만들기 위해 일부 대사를 즉석에서 하는 것을 제안했다.

해설 동사 improvise의 알맞은 형태를 고르는 문제이다. 빈칸은 동사 proposed의 목적어 역할을 하는 that절의 동사 자리인데, propose와 같이 주장/요구/명령/제안 등을 나타내는 동사의 목적어 역할을 하는 that절의 동사는 조동사 should 없이 동사원형으로 당위성을 나타내므로 동사원형인 (d) improvise가 정답이다.

어휘 portray ~을 연기하다, 묘사하다 real-life 실제의 line (영화, 연극의) 대사 make A 형용사: A를 ~하게 만들다 performance 연기 spontaneous 의식적이지 않은, 저절로 일어나는, 즉흥적인 improvise ~을 즉석에서 하다

25. 가정법 과거완료

정답 (d)

단서 If ~ had known

해석 제라드는 오직 주요 출연진의 공연을 보고 싶다는 이유만으로 콘서트가 끝날 때까지 머물러 있었다. 그가 마지막 공연자가 얼마나 엉망이었는지 알았다면, 더 일찍 콘서트장을 떠났을 것이다.

해설 동사 leave의 알맞은 형태를 고르는 문제이다. If절의 동사가 had known과 같이 가정법 과거완료를 나타내는 「had p.p.」일 때, 주절의 동사는 「would/could/might + have p.p.」와 같은 형태가 되어야 알맞으므로 (d) would have left가 정답이다.

어휘 headlining act 주요 출연진의 공연 performer 공연자, 연주자 leave ~에서 떠나다, 나가다

26. 관계사절

정답 (a)

단서 the cartoonist Quentin Blake(사람 선행사)

해석 아동 도서 작가 로알드 달은 소속 출판사의 사무실에서 우연한 만남을 갖게 되었다. 달이 자신의 많은 책에 삽화를 그려 넣은 만화가 쿠엔틴 블레이크를 만난 곳이 바로 그곳이었다. 두 사람은 각자 활동 기간 중에 18권의 책에 대해 협업했으며, 그 중 많은 책이 전 세계에서 여전히 인기를 얻고 있다.

해설 명사구 the cartoonist Quentin Blake를 뒤에서 수식할 관계사절로 알맞은 것을 고르는 문제이다. the cartoonist Quentin Blake가 사람 명사이므로 사람 명사를 수식할 수 있는 who 또는 whom이 이끄는 절 중에서 하나를 골라야 하는데, 「who + 주어 없는 불완전한 절」 또는 「whom + 목적어 없는 불완전한 절」의 구조가 되어 하므로 이 두 가지 중 하나에 해당되는 (a) who

illustrated many of Dahl's books가 정답이다. whom이 이
끄는 (c)는 whom 뒤로 주어가 없는 불완전한 구조로 된 절이 쓰
여 있으므로 오답이다.

어휘   author 작가, 저자 have a chance encounter 우연한 만남을
갖다 cartoonist 만화가 collaborate 협업하다, 공동 작업하다
remain 형용사: 여전히 ~한 상태이다, ~한 상태로 계속 남아 있다
illustrate ~에 삽화를 그려 넣다

문제집 p.70

TEST 12 | 정답 및 문제 유형

1. (a) 시제	2. (d) 가정법	3. (b) 시제	4. (d) 접속사
5. (c) 준동사	6. (a) 가정법	7. (c) 관계사절	8. (d) 시제
9. (c) 준동사	10. (a) 조동사	11. (b) 가정법	12. (d) 준동사
13. (b) 시제	14, (a) 조동사	15. (d) 시제	16. (c) 준동사
17. (d) 가정법	18. (b) 당위성	19. (a) 접속사	20. (b) 가정법
21. (c) 준동사	22. (c) 시제	23. (a) 관계사절	24. (d) 가정법
25. (b) 준동사	26. (d) 당위성		

1. 시제 – 현재진행

정답 (a)

단서 Right now

해석 모니카는 다음 달에 한 음악 경연대회에 참가할 예정이다. 그녀의 훌륭한 작곡 및 연주 능력으로, 그녀의 선생님이신 가워 씨는 그녀가 경연대회에서 우승할 것이라고 확신하고 있다. 바로 지금, 그들은 그녀의 작품을 예행 연습하고 있다.

해설 동사 rehearse의 알맞은 형태를 고르는 문제이다. 빈칸 바로 앞에 위치한 Right now가 '바로 지금'이라는 의미를 나타내어 현재 일시적으로 진행되는 일을 뜻하는 현재진행시제 동사와 어울려 쓰이므로 (a) are rehearsing이 정답이다. 현재시제인 (b) rehearse는 일반적으로 반복되거나 불변하는 일 등을 나타내므로 맞지 않는다.

어휘 take part in ~에 참가하다 competition 경연대회, 경기대회 ability 능력 be sure that ~임을 확신하다 composition (음악, 글 등의) 작품, 작곡, 작문 rehearse ~을 예행 연습하다

2. 가정법 과거완료

정답 (d)

단서 if ~ had known

해석 러셀의 회사는 최근 임금 인하를 발표했으며, 그는 현재 새 아파트 월세를 지불하는 것을 우려하고 있다. 그는 급여 삭감을 당한다는 사실을 알기만 했어도, 지난 주에 그곳으로 이사하지 않았을 것이라고 말한다.

해설 동사 move의 알맞은 형태를 고르는 문제이다. if절의 동사가 had known과 같이 가정법 과거완료를 나타내는 「had p.p.」일 때, if절과 연결되는 절의 동사는 「would/could/might + have p.p.」와 같은 형태가 되어야 알맞으므로 (d) would not have moved into가 정답이다.

어휘 recently 최근 wage 임금, 급여 decrease 인하, 하락, 감소 be concerned about ~을 우려하다 monthly 월간의, 달마다의 rent 집세, 임대료 receive a pay cut 급여 삭감을 당하다

3. 시제 – 미래완료진행

정답 (b)

단서 by the end of this year, for around 135 years

해석 유나이티드 웨이 월드와이드는 미국에서 가장 큰 비영리 단체로, 전 세계에서 가장 오래되고 가장 큰 성공을 거둔 자선 단체들 중의 하나이다. 실제로, 올 연말쯤이면, 이곳은 설립된 이후로 약 135년 동안 지속적으로 모금하는 중일 것이다.

해설 동사 raise의 알맞은 형태를 고르는 문제이다. 빈칸 앞에 위치한 by the end of this year와 같이 미래의 특정 시점을 나타내는 by 전치사구와 for around 135 years와 같이 「for + 숫자 기간」으로 기간을 나타내는 표현은 미래완료시제 또는 미래완료진행시제로 된 동사와 함께 사용하므로 미래완료진행시제인 (b) will have been raising이 정답이다. 참고로, 과거의 특정 종료 시점을 나타내는 by 전치사구는 과거완료시제 또는 과거완료진행시제로 된 동사와 함께 사용한다.

어휘 non-profit 비영리의 organization 단체, 기관 charitable 자선의 in fact 실제로, 사실 by ~쯤이면 continuously 지속적으로, 계속해서 around 약, 대략 since ~한 이후로 found ~을 설립하다 raise (자금 등) ~을 모으다

4. 접속사

정답 (d)

해석 누난 씨의 일은 어떤 방해도 없이 집중해야 할 필요가 있다. 이것이 바로 그녀가 사무실에 있을 때마다 반드시 자신의 직원들에게 조용히 일하면서 어떤 소음도 내는 것을 삼가도록 지시하는 이유이다.

해설 문장의 의미에 어울리는 접속사를 고르는 문제이다. 빈칸 앞의 문

장은 누난 씨가 방해 없이 일을 해야 하므로 직원들에게 조용히 일하라고 지시한다는 내용이며, 빈칸 뒤의 문장은 그녀가 사무실에 있다는 내용이다. 문맥상 그녀가 사무실에 있을 때 직원들이 조용히 일하고 소음을 내지 않는 것이 자연스러우므로 시간과 때에 관련된 접속사가 적절하다는 것을 알 수 있다. 선택지 중에서 시간과 때에 관련된 접속사는 '~할 때마다'라는 의미를 가진 whenever이므로 정답은 (d)이다.

어휘　A require B to 동사원형: A로 인해 B가 ~할 필요가 있다, A가 B에게 ~하도록 요구하다 concentrate 집중하다 interruption 방해, 지장 make sure to 동사원형: 반드시 ~하도록 하다, ~하는 것을 확실히 해두다 instruct A to 동사원형: A에게 ~하도록 지시하다 refrain from -ing ~하는 것을 삼가다 make noise 소음을 내다 wherever ~하는 곳은 어디든, 어디에서 ~하든 however 아무리 ~해도, 어떻게 ~하든 whichever ~하는 어느 것이든, 어느 쪽을 ~하든 whenever ~할 때마다, ~할 때는 언제든

5. 준동사 – 동명사

정답　(c)

단서　adores

해석　채드 베커는 자동차 경주 서킷에서 유명한 드라이버이다. 전문적으로 자동차 경주를 하는 것 외에도, 그는 자신의 자동차들을 운전하는 것도 아주 좋아한다. 그는 경주 선수로서의 경력이 끝난 후에 주기적으로 모터쇼 행사에 참석할 계획인 것으로 전해지고 있다.

해설　동사 drive의 알맞은 형태를 고르는 문제이다. 빈칸 앞에 현재시제로 쓰여 있는 동사 adore은 동명사를 목적어로 취하므로 (c) driving이 정답이다.

어휘　prominent 유명한 rally (자동차, 오토바이 등의) 경주 circuit 서킷, 경주로 apart from ~ 외에도 professionally 전문적으로 adore -ing ~하는 것을 아주 좋아하다 reportedly 전해지는 바에 의하면, 알려진 바에 따르면 plan to 동사원형: ~할 계획이다 regularly 주기적으로 attend ~에 참석하다 career 경력, 활동 기간, 직장 생활

6. 가정법 과거

정답　(a)

단서　If ~ were

해석　노마는 몇몇 팁을 부탁할 수 있도록 자신의 음악적 우상들과 이야기할 수 있다면 좋겠다고 생각한다. 살아 있든 아니면 죽은 사람이든 상관없이, 어떤 음악가라도 만나는 것이 가능하다면, 그녀는 분명 자신이 가장 좋아하는 노래 "이매진"을 작곡한 존 레논과 만나기를 선택할 것이다.

해설　동사 choose의 알맞은 형태를 고르는 문제이다. If절의 동사가 가정법 과거를 나타내는 과거시제(were)일 때, 주절의 동사는 「would/could/might + 동사원형」과 같은 형태가 되어야 알맞으므로 (a) would definitely choose가 정답이다.

어휘　wish ~라면 좋겠다고 생각하다 idol 우상 ask A for B: A에게 B를 부탁하다, 요청하다 favorite 가장 좋아하는 definitely 분명히, 확실히 choose to 동사원형: ~하기를 선택하다, ~하기로 결정하다

7. 관계사절

정답　(c)

단서　height(사물 선행사)

해석　'통일의 조각상'은 전 세계에서 가장 높은 조각상이다. 182미터에 이르는 높이로, 이 조각상은 중국의 '중위안다포'보다 60미터나 더 높다. 이 조각상은 인도의 구자라에 위치해 있으며, 인도의 정치가 발라브바이 파텔을 묘사하고 있다.

해설　명사 height를 뒤에서 수식할 관계사절로 알맞은 것을 고르는 문제이다. 빈칸 앞에 위치한 height가 사물에 해당되므로 사물 명사를 수식하는 관계대명사 that 또는 which가 이끄는 절 중에서 하나를 골라야 한다. 또한, 타동사 reaches 뒤에 도달 길이를 나타내는 목적어 182 meters가 위치한 구조가 되어야 알맞으므로 (c) that reaches 182 meters가 정답이다. (d) which 182 meters reaches는 동사 reaches가 주어인 182 meters를 서술할 수 없는 의미이고, 타동사 reach 뒤에 목적어도 없으므로 오답이다.

어휘　statue 조각상 height 높이, 키 be located in ~에 위치해 있다 depict ~을 묘사하다, 그리다 statesman 정치가 reach ~에 이르다, 도달하다

8. 시제 – 미래진행

정답　(d)

단서　beginning next month

해석　직장 내 사고 발생 가능성을 낮추기 위해, 공장 관리 책임자는 새로운 안전 교육을 도입하기를 원한다. 이것이 바로 다음 달부터, 우리가 직원들에게 안전한 업무 관행에 관해 가르치기 위해 매주 수요일에 안전 세미나를 개최하고 있을 이유이다.

해설　동사 hold의 알맞은 형태를 고르는 문제이다. 빈칸 앞에 미래 시점 표현 beginning next month가 쓰여 있어 단순히 미래 시점에 발생될 일을 나타내는 시제로 된 동사가 필요하므로 미래진행 시제인 (d) will be holding이 정답이다. (c)와 같은 미래완료시제는 과거 또는 현재에 시작된 일이 지속되어 미래의 특정 시점까지 완료되는 경우에 사용하므로 오답이다.

어휘　in order to 동사원형: ~하기 위해, ~하려면 reduce ~을 낮추다, 감소시키다 introduce ~을 도입하다, 소개하다 training 교육, 훈련 beginning + 시점: ~부터 practice 관행, 관례, 실행, 실천, 연습 hold ~을 개최하다, 열다

9. 준동사 – to부정사

정답　(c)

단서　was told (수동태)

해석　데이브는 지난 월요일에 직장에서 전문 직업인답지 못한 방식으로 행동했기 때문에 질책을 받았다. 그는 회사의 월간 경영진 회의 시간에 있었던 대표이사님의 연설 중에 잠을 자지 말라는 말을 들었다.

해설　동사 sleep의 알맞은 형태를 고르는 문제이다. 빈칸 앞에 과거시제 수동태로 쓰여 있는 동사 be told는 to부정사와 결합해 '~하라는 말을 듣다'의 의미를 나타낸다. 빈칸 앞에 있는 부정어 not과 함께 쓰여 '~하지 말라는 말을 듣다'라는 의미가 되기 위해 (c) to sleep이 정답이다. 참고로, be caught를 제외한 수동태 뒤에는 to부정사가 위치하여 부사의 역할을 한다. (be caught 뒤에는 동명사 위치)

어휘 reprimand ~을 질책하다 behave 행동하다 in a ~ manner ~한 방식으로 unprofessional 전문 직업인답지 못한, 비전문적인 be told (not) to 동사원형: ~하라는(하지 말라는) 말을 듣다

10. 조동사

정답 (a)

해석 대학에서의 첫 날에, 브라이언은 곧장 첫 번째 수업 시간에 갔지만, 그제서야 학우들이 강당에서 열리는 신입생환영 강연에 참석하고 있었다는 사실을 알게 되었다. 그는 실수를 피하기 위해 자신의 일정표를 확인했어야 했다.

해설 문장의 의미에 어울리는 조동사를 고르는 문제이다. 첫 문장에 엉뚱한 장소로 갔던 사실이 쓰여 있어 빈칸이 속한 문장이 '일정표를 확인했어야 했다'라는 의미가 되어야 가장 자연스러우므로 have p.p. 동사와 함께 '~했어야 했다'라는 뜻을 나타낼 때 사용하는 (a) should가 정답이다.

어휘 go straight to ~로 곧장 가다 only to 동사원형: (결과) 그제서야 ~하게 되다, 그저 ~할 뿐이다 find out (that) ~임을 알게 되다 attend ~에 참석하다 avoid ~을 피하다 should have p.p. ~했어야 했다 would have p.p. ~했을 것이다 might have p.p. ~했을지도 모르다, ~했을 수도 있다

11. 가정법 과거완료

정답 (b)

단서 would not have gotten(주절)

해석 어젯밤에, 이브는 날짜가 지난 음식을 좀 먹었다. 그 결과, 그녀는 오늘 아침 속이 좋지 않았다. 그녀는 "유통기한이 만료된 음식을 먹지 않았다면, 아프지 않았을 텐데."라고 계속 생각했다.

해설 동사 eat의 알맞은 형태를 고르는 문제이다. If절이 포함된 가정법 문장에서, 주절의 동사가 「would/could/might + have p.p.」와 같은 형태일 때, If절의 동사는 가정법 과거완료를 나타내는 「had p.p.」가 되어야 알맞으므로 (b) had not eaten이 정답이다.

어휘 out-of-date 날짜가 지난 as a result 그 결과, 결과적으로 ill 몸이 좋지 않은, 아픈 keep -ing 계속 ~하다 expired 유통기한이 지난, 기간이 만료된 get 형용사: ~한 상태가 되다

12. 준동사 – to부정사

정답 (d)

단서 It's marked (완전한 절, 수동태)

해석 영령 기념일은 흔히 붉은 양귀비 꽃을 옷에 부착하는 일과 연관되는 영국의 연례적인 휴일이다. 이 날은 2차 세계 대전 중에 전사한 모든 용감한 병사들을 기리기 위해 기념된다.

해설 동사 remember의 알맞은 형태를 고르는 문제이다. 빈칸 앞에 주어 It과 수동태 is marked가 위치해 있어 완전한 절을 구성하고 있으므로 빈칸에는 동명사가 위치할 수 없다. 또한 주어 It이 지

칭하는 Remembrance Day가 기념되는(marked) 목적을 나타내는 표현으로 remember가 빈칸에 들어가야 하므로 '~하기 위해'라는 의미로 목적을 나타낼 때 사용하는 to부정사 (d) to remember가 정답이다.

어휘 annual 연례적인, 해마다의 be associated with ~와 연관되다 wearing 부착, 착용 poppy 양귀비 mark (중요 사건을) 기념하다 brave 용감한

13. 시제 – 과거완료진행

정답 (b)

단서 died, prior to his death

해석 필립 세이무어 호프먼은 많은 팬을 가진 수상 경력이 있는 배우였다. 그가 2021년에 사망했을 때, 많은 사람들이 그 소식에 충격을 받았다. 그제서야 그의 가까운 친구들이 그가 사망 전에 약물 중독으로 힘겨워하고 있었다는 사실을 인정했다.

해설 동사 struggle의 알맞은 형태를 고르는 문제이다. 앞선 문장에는 과거시제 동사(died)와 함께 Philip Seymour Hoffman이 과거 시점에 이미 사망한 사실이, 빈칸 뒤에는 그보다 더 이전의 과거 시점을 나타내는 prior to his death가 쓰여 있어 사망한 것보다 더 이전의 과거에 약물 중독 문제를 겪었다는 것을 알 수 있다. 이렇게 특정 과거 시점보다 더 이전의 과거에 발생된 일을 나타낼 때 과거완료시제 또는 과거완료진행시제를 사용하므로 과거완료진행시제 (b) had been struggling이 정답이다.

어휘 award-winning 수상 경력이 있는 It was only then that 그제서야 ~했다, ~한 것이 바로 그때였다 admit that ~임을 인정하다 addiction 중독 prior to ~ 전에, ~에 앞서 struggle 힘겨워 하다, 발버둥치다

14. 조동사

정답 (a)

해석 피오나는 매우 영리하다. 그녀는 두 살 때 100까지 숫자를 세기 시작했으며, 네 살이었을 때 덧셈과 뺄셈을 하는 법을 배웠다. 지금, 여덟 살이 된 그녀는 이미 십대들을 대상으로 하는 수학 문제들을 풀 수 있다.

해설 문장의 의미에 어울리는 조동사를 고르는 문제이다. 빈칸이 속한 문장은 '십대들을 대상으로 하는 수학 문제들을 풀 수 있다'와 같이 피오나가 현재 지니고 있는 능력을 말하는 의미가 되어야 가장 자연스러우므로 '~할 수 있다'라는 뜻으로 능력 등을 나타낼 때 사용하는 (a) can이 정답이다.

어휘 intelligent 영리한, 지능적인 how to 동사원형: ~하는 법 add 더하다 subtract (수, 양 등을) 빼다 solve (문제 등) ~을 풀다, 해결하다 intended for ~을 대상으로 하는

15. 시제 – 과거진행

정답 (d)

단서 when ~ arrived, while

해석 제임스는 자신이 저녁 식사 파티를 개최하려던 날 밤에 새로운 음식을 요리하기로 결정했다. 복잡한 조리법으로 인해 요리하는 데 너무 오랜 시간이 걸렸다. 그는 심지어 여전히 음식을 요리하고 있

는 동안 언제 파티 손님들이 도착했는지조차 알아차리지 못했다.

해설 동사 cook의 알맞은 형태를 고르는 문제이다. 빈칸이 속한 절을 이끄는 접속사 while은 '~하는 사이, ~하는 동안'이라는 의미로 동시 진행 상황을 나타내므로 while 앞에 위치한 when절에 쓰인 과거시제 동사(arrived)가 가리키는 과거 시점에 여전히 요리하는 일이 일시적으로 진행되던 상황을 의미해야 한다. 따라서, 과거진행시제로 된 동사가 빈칸에 쓰여야 알맞으므로 (d) was still cooking이 정답이다.

어휘 decide to 동사원형: ~하기로 결정하다 host ~을 개최하다, 주최하다, 맞이하다 complicated 복잡한 recipe 조리법 take A to 동사원형: ~하는 데 A의 시간이 걸리다 notice ~을 알아차리다 arrive 도착하다 while ~하는 동안, ~인 반면

16. 준동사 – 동명사

정답 (c)

단서 include

해석 테니스 동호회 회장인 마이크 코스그로브 씨는 여러 가지 중요한 일들을 책임지고 있다. 이러한 책임들은 동호회 회원들을 위해 시설물과 서비스를 개선하는 일을 포함한다. 그는 동호회 상황을 더 좋게 만들 수 있도록 자주 회원들에게 의견을 요청한다.

해설 동사 improve의 알맞은 형태를 고르는 문제이다. 빈칸 앞에 현재시제로 쓰여 있는 동사 include는 동명사를 목적어로 취하므로 (c) improving이 정답이다.

어휘 in charge of ~을 책임지고 있는, 맡고 있는 several 여럿의, 몇몇의 responsibility 책임 include ~을 포함하다 facility 시설(물) ask A for B: A에게 B를 요청하다 feedback 의견 so that ~할 수 있도록 make things better 상황을 더 좋게 만들다 improve ~을 개선하다, 향상시키다

17. 가정법 과거

정답 (d)

단서 If ~ had

해석 재스민은 마을에서 일어나는 절도 사건의 증가로 인해 자신의 운동 장비를 우려하고 있다. 그녀의 집이 꽤 작기 때문에, 일부 장비를 마당에 보관해야 한다. 그녀의 집에 공간이 더 있다면, 그것을 실내에 보관할 것이다.

해설 동사 store의 알맞은 형태를 고르는 문제이다. If절의 동사가 가정법 과거를 나타내는 과거시제(had)일 때, 주절의 동사는 「would/could/might + 동사원형」과 같은 형태가 되어야 알맞으므로 (d) would store가 정답이다.

어휘 increase in ~의 증가 theft 절도 A make B 형용사: A로 인해 B가 ~한 상태가 되다, A가 B를 ~한 상태로 만들다 concerned about ~에 대해 우려하는 equipment 장비 quite 꽤, 상당히 indoors 실내에 store ~을 보관하다, 저장하다

18. 당위성을 나타내는 동사원형

정답 (b)

단서 suggest that

해석 극도의 피로는 인지 능력을 상당히 손상시켜, 운전 같은 복잡한 행동을 아주 어렵게 그리고 위험하게 만든다. 이것이 바로 의사들이 운전자들에게 극도의 피로감을 느낄 때 휴식을 잘 취하는 것을 제안하는 이유이다.

해설 동사 take의 알맞은 형태를 고르는 문제이다. 빈칸은 동사 suggest의 목적어 역할을 하는 that절의 동사 자리인데, suggest와 같이 주장/요구/명령/제안 등을 나타내는 동사의 목적어 역할을 하는 that절의 동사는 조동사 should 없이 동사원형으로 당위성을 나타내므로 동사원형인 (b) take가 정답이다.

어휘 exhaustion 극도의 피로, 탈진, 기진맥진 significantly 상당히, 많이 impair ~을 손상시키다 cognitive ability 인지 능력 make A 형용사: A를 ~한 상태로 만들다 complex 복잡한 physician (내과) 의사 rest 휴식 exhausted 극도로 피로한, 탈진한, 기진맥진한

19. 접속사

정답 (a)

해석 우리는 지난 달에 바베이도스에 있는 한 5성급 리조트에 머물렀다. 그 리조트는 놀라웠으며, 직원들은 아주 세심했다. 실제로, 우리가 로비에 도착하자마자, 안내 담당 직원이 즉시 우리에게 약간의 간식을 제공해주었다.

해설 문장의 의미에 어울리는 접속사를 고르는 문제이다. 빈칸이 속한 문장을 읽어보면, '우리가 로비에 도착하자마자, 안내 담당 직원이 즉시 약간의 간식을 제공해주었다'와 같은 의미가 되어야 가장 자연스러우므로 '~하자마자, ~하는 대로'를 뜻하는 (a) as soon as가 정답이다.

어휘 attentive 세심한, 주의를 기울이는 arrive 도착하다 concierge (호텔의) 안내 담당 직원 immediately 즉시 serve A B: (음식 등) A에게 B를 제공하다, 내오다 refreshments 간식, 다과 as soon as ~하자마자, ~하는 대로 since ~하기 때문에, ~한 이후로 even if 비록 ~일지라도

20. 가정법 과거완료

정답 (b)

단서 Had she been

해석 로라는 공부하는 것보다 친구들과 어울리는 것을 좋아한다. 지난 주에, 그녀는 역사 시험에서 어떤 문제에 대해서도 답을 쓸 수 없었기 때문에 수치스러운 기분이 들었다. 그녀가 공부와 관련해 더 분별 있게 행동했다면, 충분한 지식을 갖추고 있었을 것이다.

해설 동사 have의 알맞은 형태를 고르는 문제이다. If 빈칸 뒤에 「had + 주어 + p.p.」의 어순으로 된 Had she been이 쓰여 있는데, 이는 가정법 과거완료 문장의 if절에서 if가 생략되고 had가 주어 앞으로 이동하면서 도치된 구조이다. 따라서, 빈칸에 가정법 과거완료 문장의 if절과 연결되는 절에 「would/could/might + have p.p.」와 같은 형태로 된 동사가 쓰여야 알맞으므로 (b) would have had가 정답이다.

어휘 socialize with ~와 어울리다 ashamed 수치스러운, 창피한, 부끄러운 sensible 분별 있는, 판단력 있는

102   시원스쿨 지텔프 최신 기출 유형 문법 모의고사 12회

21. 준동사 – 동명사

정답 (c)

단서 advised

해석 어젯밤에 어떤 영화를 봐야 할지 알지 못해서, 베로니카는 남동생에게 추천을 부탁했다. 그녀의 남동생은 시사 문제에 대한 이해를 높일 수 있도록 다큐멘터리를 검색하는 것을 조언해주었다.

해설 동사 search의 알맞은 형태를 고르는 문제이다. 빈칸 앞에 과거시제로 쓰여 있는 동사 advise는 동명사를 목적어로 취하므로 (c) searching이 정답이다. 문맥상 문장의 동사인 advised보다 앞선 시제를 나타내는 완료동명사 형태 「having p.p.」로는 쓸 수 없으므로 (d)는 오답이다.

어휘 ask A for B: A에게 B를 부탁하다 recommendation 추천, 권장 advise 조언해주다, 권고하다 enhance ~을 높이다, 향상시키다, 강화하다 current events 시사 문제 search for ~을 찾아보다, ~을 검색하다

22. 시제 – 현재완료진행

정답 (c)

단서 for nine months now

해석 론다는 일본어를 공부하기로 한 자신의 결정을 후회하기 시작하고 있다. 그녀는 지금까지 9개월 동안 계속 이 언어를 배워오고 있지만, 일본어를 잘 말하는 것이 여전히 힘겹다고 생각한다.

해설 동사 learn의 알맞은 형태를 고르는 문제이다. 빈칸 뒤에 위치한 for nine months now는 「for + 숫자 기간 + now」 형태로, 과거에서 현재까지 이어지는 기간을 나타내는 표현이므로 현재완료시제 또는 현재완료진행시제로 된 동사와 어울려 쓰인다. 따라서 정답은 현재완료진행시제인 (c) has been learning이다.

어휘 regret ~을 후회하다 decision to 동사원형: ~하기로 한 결정 find oneself 형용사 to 동사원형: (스스로) ~하는 것을 …하다고 생각하다 struggling 힘겨워하는, 발버둥치는

23. 관계사절

정답 (a)

단서 Fury, (사람 선행사와 콤마)

해석 타이슨 퓨리는 딜런 화이트와 일전을 치른 후에 복싱계에서 은퇴할 것이다. 헤비급 세계 챔피언인 퓨리는 최근 있었던 기자회견에서 자신의 결정을 발표했다. 퓨리는 활동 기간 중에 33번 싸웠으며, 여전히 무패인 상태이다.

해설 명사 Fury를 뒤에서 수식할 관계사절로 알맞은 것을 고르는 문제이다. Fury가 사람 이름에 해당되므로 사람 명사를 수식할 수 있는 who, whose, 또는 whom이 이끄는 절 중에서 하나를 골라야 한다. 그래서 「who + 동사」, 「whose + 명사 + 동사」, 또는 「whom + 주어 + 동사」와 같은 어순으로 각각 관계사절이 구성되어야 한다. 선택지 중 이 세 가지 중 하나에 해당되는 (a) who is the world heavyweight champion이 정답이다. 소유격 관계대명사 whose는 뒤에 명사가 위치해야 하므로 (b)는 오답이며, 목적격 관계대명사 whom은 뒤에 목적어 없이 주어와 동사가 위치해야 하므로 (c)도 오답이다.

어휘 retire from ~에서 은퇴하다 bout 일전, 시합, 한바탕 하는 것

announce ~을 발표하다, 알리다 decision 결정 recent 최근의 press conference 기자회견 career 활동 기간, 경력, 직장 생활 remain 형용사: 여전히 ~한 상태이다, 계속 ~한 상태로 남아 있다 undefeated 무패인, 진 적이 없는

24. 가정법 과거

정답 (d)

단서 If ~ were

해석 달이 지구에게 중요한 이유는 그 중력이 우리 지구를 한결 같은 기울기로 유지되도록 해주기 때문이다. 달이 갑자기 사라지게 된다면, 아마 지구의 기울기가 크게 달라지면서, 극한의 날씨와 빙하시대 발생 가능성을 초래하게 될 것이다.

해설 동사 vary의 알맞은 형태를 고르는 문제이다. If절의 동사가 가정법 과거를 나타내는 과거시제(were)일 때, 주절의 동사는 「would/could/should/might + 동사원형」과 같은 형태가 되어야 알맞으므로 (d) would likely vary wildly가 정답이다.

어휘 gravitational force 중력 planet 행성 consistent 한결 같은, 일관된 tilt 기울기 be to 동사원형: ~하게 되다, ~해야 하다, ~할 예정이다 suddenly 갑자기 vanish 사라지다 result in ~을 초래하다, ~라는 결과를 낳다 extreme 극한의, 극도의 likely 아마, ~할 것 같은 vary 달라지다, 다르다 wildly 크게, 대단히

25. 준동사 – to부정사

정답 (b)

단서 needed

해석 리엄은 상사들로부터 회사 차량 이용을 승인하지 않는다는 조건으로 비즈니스 경영 세미나에 참석하도록 허락 받았다. 대신, 그는 개인 소유의 차량을 운전해야 했다.

해설 동사 drive의 알맞은 형태를 고르는 문제이다. 빈칸 앞에 과거시제로 쓰여 있는 동사 need는 '~해야 한다'라는 의미를 나타낼 때 to부정사를 목적어로 취하므로 (b) to drive가 정답이다.

어휘 be permitted to 동사원형: ~하도록 허락 받다, 허용되다 on one condition 한 가지 조건을 걸고, 조건부로 authorize ~을 승인하다 instead 대신 vehicle 차량, 탈 것 drive 운전하다

26. 당위성을 나타내는 동사원형

정답 (d)

단서 it's best that

해석 조는 자신의 첫 집을 구입하고 싶어서, 담보 대출 상담 전문가인 그웬 씨와 만나고 있다. 그녀는 그에게 좋은 신용 등급을 유지하는 것 외에도, 대출 선택권을 향상시키기 위해 많은 금액을 예금하는 게 좋다고도 말했다.

해설 동사 save의 알맞은 형태를 고르는 문제이다. 빈칸은 「it is ~ that절」 구조로 된 가주어/진주어 문장에서 진주어 역할을 하는 that절의 동사 자리인데, that 앞에 best와 같이 권고/필수/의무/중요성 등을 나타내는 형용사가 쓰이면 that절의 동사는 조동사 should 없이 동사원형으로 당위성을 나타내므로 (d) save가 정답이다.

어휘   mortgage 담보 대출   advisor 상담 전문가, 조언자, 자문   aside from ~ 외에도, ~뿐만 아니라   credit rating 신용 등급   it's best that ~하는 것이 좋다, 최선이다   deposit 예금(액)   improve ~을 향상시키다, 개선하다   lending 대출